L'ORTHOGRAPHE COMPLÈTE

ET LA

SIGNIFICATION DES MOTS.

MANUEL à l'usage des Instituteurs primaires.

L'ORTHOGRAPHE COMPLÈTE

ET LA

SIGNIFICATION DES MOTS,

COURS COMPLET

D'ORTHOGRAPHE FRANÇAISE ET DE SIGNIFICATION DES MOTS,

Comprenant

DES NOTIONS SUR LA CONJUGAISON DES VERBES
ET SUR L'ANALYSE GRAMMATICALE,

RÉDIGÉ

SUR UN PLAN ENTIÈREMENT NEUF,

PAR F.-A. JACQUIOT,

Instituteur supérieur,

Pourvu du Certificat d'aptitude aux fonctions d'Inspecteur
de l'Instruction primaire,

> La science ne doit entrer que
> goutte à goutte dans le cerveau
> de l'enfance. (ROLLIN.)

MANUEL DU MAITRE.

Prix, cartonné : 3 fr.

———⋙⋘———

A Laon,

CHEZ A. OYON, IMPRIMEUR-LIBRAIRE, RUE DU BOURG, 15,

Et à Coucy-le-Château,

CHEZ L'AUTEUR.

——

1858.

Aux Instituteurs.

C'est à vous spécialement, chers Confrères, que je m'empresse de venir offrir ce *Manuel d'Orthographe*.

L'administration supérieure de l'Instruction publique sait que nous sommes tous animés du désir de servir la France, notre chère patrie; elle sait que nous sommes jaloux de consacrer tout notre temps et tous nos soins à la première éducation d'une jeunesse qui fait l'espoir du pays en attendant qu'elle en devienne la puissance et la gloire ; elle sait surtout que le zèle le plus affectueux nous anime en expliquant à nos Elèves les premiers éléments des sciences.

Notre mission est une humble mission, chers Confrères, mais aussi, qu'elle est honorable! puisque nous tenons de la confiance d'un Gouvernement paternel l'autorisation d'élever les enfants de la première Nation du monde.

Je sais, mes amis, et je me hâte d'avouer avec vous que nous sommes souvent environnés de dégoûts, constamment assiégés par la pétulance et par l'étourderie, que nous parcourons une carrière parfois semée de rudes épreuves.

C'est pour rétrécir le cercle de nos peines, c'est pour vous en alléger le poids, c'est aussi dans l'intérêt des Elèves de nos écoles que je viens, non pas vous proposer de nouvelles règles de grammaire, mais vous offrir une nouvelle méthode pour l'enseignement de l'orthographe, vous confier quelques réflexions, fruit d'une expérience de seize années passées avec plaisir au milieu de la jeunesse.

Si vous voulez bien parcourir mon *Manuel d'Orthographe*, si vous voulez bien examiner la distribution des leçons qui en composent la première partie ; la valeur des initiales et des désinences , le petit jardin de la langue française qui en forment la seconde partie ; la signification des noms des principaux personnages de la Bible , j'ose espérer que vous le trouverez utile et que vous l'accueillerez favorablement.

Veuillez bien me savoir gré de la pensée que j'ai eue d'introduire dans mon travail quelques expressions latines. Mieux que moi, vous savez que la plupart des mots de notre langue ont été empruntés du latin , et qu'en passant de cette dernière langue dans la nôtre, ils n'ont subi que quelques légères modifications. Les étymologies latines ne vous effraieront donc pas ; j'en suis persuadé ; leur étude aura, au contraire, pour vous de l'attrait ; puisqu'elle vous servira à résoudre sans peine quantité de difficultés qu'on éprouve pour écrire correctement un grand nombre de mots de l'Orthographe dite d'usage. A l'aide de ces étymologies, vous saurez pourquoi les mots *abondance , circonstance , persévérance,* etc., prennent *a* ; pourquoi *absence, démence , prudence,* etc. , prennent *e* ; pourquoi *défense, offense, récompense,* etc., se terminent par *se* et non pas par *ce* ; pourquoi on écrit *admission, permission, rémission,* etc., par *ss —* *contrition , résolution ,* etc., par *t — fluxion, réflexion,* etc., par *x* ; pourquoi enfin les participes passés en *mis, pris,* se terminent par *s* au masculin singulier, tandis que ceux en *dit, duit, fert, int, scrit, struit, vert* se terminent par un *t*.

En résumé , très-chers Confrères , vous rendre plus facile l'enseignement de l'orthographe , et son étude attrayante pour nos Elèves , tel a été mon but en composant ce travail.

INTRODUCTION.

De la formation des mots.

Quand on réfléchit sur l'origine des mots français, on découvre, sans peine, qu'ils sont formés, les uns, par *imitation*; les autres, par *dérivation*; d'autres, enfin, par *composition*.

Mots formés par imitation.

Beaucoup de mots ont été formés par *imitation*, c'est-à-dire, que, pour les créer, on a eu égard à la nature du son qu'ils expriment : ainsi, on a appelé *Coucou* cet oiseau qui prononce exactement son nom ; *Coq* est ainsi appelé parce qu'il commence son chant par l'unique syllabe de son nom ; le mot *Hibou* peint admirablement le cri lugubre de cet oiseau. Les mots suivants : *bêlement*, *bruissement*, *frémissement*, *glou-glou*, *gloussement*, *hennissement*, *hurlement*, *miaulement*, *mugissement*, *roucoulement*, *sifflement*, *tic-tac*, sont de véritables onomatopées.

Les mots *flamme*, *fleuve*, *flot*, *fluide*, *souffle*, *souffler*, *couler*, *glisser*, *rouler*, etc., qui peignent la fluidité, la légèreté, la rapidité ; les mots *stable*, *stupeur*, *stagnation*, *consister*, *rester*, etc., qui peignent l'immobilité, la fixité ; les mots *rude*, *âpre*, *âcre*, *roc*, *rocher*, *tonnerre*, *torrent*, etc., qui peignent la rudesse, l'âpreté, le bruit, sont encore des mots formés par imitation.

Mots formés par dérivation.

Les mots formés par *dérivation* sont ceux qui ont un primitif d'où on les a fait dériver. Par exemple, du mot CAP, on a fait *capacité*, *capitaine*, *capitainerie*, *capital*, *capiteux*, *capitol*, *capitoul*, *capitoulat*, *cape*, *capote*, *capuce*, *capuchon*, *capucin*,

capucine, capucinade. — Du mot COQ, on a fait co-
quet, coquette, coquetterie, coqueter, coquerico,
coquetier, cocarde (par corruption pour coquarde),
coquelicot. — Du mot DOUX, on a fait douce, douceâtre, doucement, doucerette, doucereux, douce-
reuse, doucet, doucette, doucettement, douceur. —
Du mot NOURRIR, on a fait nourriture, nourrisson,
nourrice, nourricier, nutrition, nutritif. — Du mot
ROC, on a fait roche, rocher, rocheux, rocaille, rocailleux.

Mots formés par composition.

Les mots formés par composition sont ceux qui
consistent dans la réunion de plusieurs mots simples
en un seul mot; comme: abat-jour, chèvre-feuille,
coupe-gorge, rouge-gorge, arc-en-ciel, œil-de-bœuf,
chauve-souris, basse-cour, cerf-volant, etc.; et les
suivants, bien qu'ils s'écrivent sans trait-d'union:
appréhender, conduire, contredire, gendarme, médire, permission, supposer, transmettre, etc. — Les
mots composés sont très-nombreux. (Boinvilliers).

Des différentes espèces de mots.

La langue française compte dix espèces différentes
de mots, savoir: le substantif, l'article, l'adjectif, le
pronom, le verbe, le participe, l'adverbe, la préposition, la conjonction, et l'interjection.

NOTA. Les noms des dix parties du discours sont tirés des
expressions latines suivantes: substantivum, articulus, adjec-
tivus, pronomen, verbum, participium, adverbum, præpositio,
conjonctio, interjectio.

SUBSTANTIF.

Le substantif est un mot qui représente un être ou un
objet, soit qu'il existe dans la nature, comme: homme,
lion, tableau; femme, lionne, table; soit qu'il existe
seulement dans notre imagination, comme: charité,
douleur, perfection, vaillance.

ARTICLE.

L'article est un petit mot que l'on met avant les

substantifs communs , pour désigner qu'ils vont être pris dans un sens déterminé. Il n'y a , en français, qu'un article, c'est le mot *le* ; il fait *la* au féminin singulier ; et *les* au pluriel des deux genres : LE *père*, LA *mère*, LES *frères et* LES *sœurs*.

ADJECTIF.

L'adjectif est un mot qui exprime les qualités des êtres ou des objets : BON *père*, BELLE *femme* , GRAND *jardin* , *maison* NEUVE ; ou bien les différentes manières d'être du substantif : UN *enfant* , CET *enfant* , MON *enfant,* QUELQUES *enfants*.

PRONOM.

Le pronom est un mot qu'on met généralement à la place du substantif, pour en rappeler l'idée, et pour en épargner la répétition : *Charles a récité sa leçon* , *et* IL L'*a sue*. Les mots *il* , *l'* (pour *la*) , sont des pronoms : le premier rappelle l'idée de *Charles* ; le second, celle de *leçon*.

Les pronoms personnels de la première et de la seconde personne , soit du singulier , soit du pluriel , ne rappellent pas l'idée d'un substantif énoncé précédemment. Les pronoms indéfinis ne rappellent pas, non plus, l'idée d'un substantif.

VERBE.

Le verbe est un mot qui exprime l'état, le sentiment ou l'action : *Charles* EST *docile* ; *Charles* AIME *son père* ; *Charles* ÉCRIT.

Les verbes *être et exister* expriment l'état ; quelques verbes expriment le sentiment : *aimer* , *adorer* , *chérir* , *détester* , *haïr* , *honorer* , *respecter* ; etc. La plupart des verbes expriment l'action : *courir* , *écrire* , *danser*.

PARTICIPE.

Le participe est un mot qui a tout à la fois les propriétés de l'adjectif et celles du verbe. Il exprime ensemble la qualité et l'action : *un enfant* AIMANT *Dieu* ; *un enfant* AIMÉ *de ses parents*.

ADVERBE.

L'adverbe est un mot qui modifie un verbe, un adjectif ou un autre adverbe : *Cet orateur parle* ÉLOQUEMMENT ; *il est* TRÈS-*éloquent* ; *il parle* BIEN ÉLOQUEMMENT.

PRÉPOSITION.

La préposition est un mot qui sert à exprimer ou à désigner les différents rapports que les choses ont les unes aux autres : *Aller* SUR *l'eau*, SOUS *l'eau* ; VERS *l'eau*, CONTRE *l'eau.*

CONJONCTION.

La conjonction est un mot qui sert à joindre ensemble des phrases ou des parties de phrase : *La science* ET *la vertu sont deux choses bien estimables* ; *allons nous promener aux Tuileries* OU BIEN *au bois de Boulogne* ; *travaillons si nous voulons acquérir des talents*, CAR *le temps s'enfuit*, ET *persuadons-nous bien qu'il ne revient plus.*

INTERJECTION.

L'interjection est un mot qui sert à exprimer les divers sentiments ou les différents mouvements de l'âme : AH ! *que n'ai-je pas souffert depuis que je ne vous ai vu !* — OUF ! *quel déchirement !* — COURAGE ! *mes amis.*

Des variables et des invariables.

Le substantif, l'article, l'adjectif, le pronom, le verbe et le participe sont variables, c'est-à-dire, qu'ils sont susceptibles de changer de terminaison. Le substantif est essentiellement variable ; les cinq autres mots le sont accidentellement.

L'adverbe, la préposition, la conjonction et l'interjection sont invariables, parce que ces quatre espèces de mots ne modifient pas le substantif.

On n'éprouve pas de difficulté pour écrire correctement l'article et le pronom. Il n'en est pas de même pour le substantif, l'adjectif, le verbe et le participe. Les règles suivantes feront disparaître toutes les difficultés.

LIVRE PREMIER.

De l'Orthographe.

L'Orthographe est l'art d'être correct dans l'emploi des caractères et des signes orthographiques. Les caractères sont les lettres de l'alphabet ; les signes orthographiques sont : les *accents*, l'*apostrophe*, la *cédille*, le *tréma*, le *trait-d'union*, et la *parenthèse*.

CHAPITRE PREMIER.

ORTHOGRAPHE DU SUBSTANTIF.

Des substantifs masculins.

Il n'est guère possible de donner des règles fixes sur l'orthographe finale des substantifs masculins ; ces substantifs admettent dans leur terminaison presque toutes les lettres de notre alphabet. Exemples :

*Dahli*A , *plomb* , *jonc* , *pied* , *arbre* , *pavé* , *nerf* , *hareng*, *punch*, *étui*, *autel*, *daim*, *talon*, *zéro* , *four*, *coq*, *rocher*, *corps*, *bonnet*, *fichu*, *lynx*, *tilbury*, *nez*.

C'est donc l'usage seul qu'il faut consulter.

On peut cependant poser les principes suivants :

1 — *E* muet termine tous les substantifs masculins en :

age : Etage, ménage, potage ;

ège : Collége, manége, sortilége ;

aire formés d'un mot plus court : Actionn[1]aire (de action), dentaire (de *dent*), fractionnaire (de *fraction*) ;

fice : Bénéfice, maléfice, sacrifice ;

---

(1) Les substantifs en *ionnaire* formés d'un substantif en *ion* doublent la consonne N.

ismE : Christianisme, civisme, pédantisme ;
istE : Légiste, publiciste, puriste ;

Et beaucoup d'autres qui n'ont aucune de ces terminaisons. Exemple : foiE (organe sécréteur de la bile), parapluiE, mondE, dômE.

2 — L'est, au singulier, la dernière lettre des substantifs masculins en :

aiL : BercaiL, soupiraiL, tramaiL (pas d'exception).

eiL : AppareiL, éveiL, soleiL (pas d'exception).

euiL, ueiL : CerfeuiL, écueiL, recueiL, treuiL (pas d'exception).

eL : AppeL, auteL, dueL.

Sont exceptés : Modèle, libelle, *rebelle[1], vermicelle, poêle (morceau d'étoffe, drap mortuaire, ou sorte de fourneau pour chauffer un appartement).

iL : BabiL, fusiL, outiL.

Sont exceptés : Edile, évangile, reptile, ustensile, *pupille, quadrille.

On écrit Style avec un y (du grec Stu²los).

3 — N'est, au singulier, la lettre finale de tous les substantifs masculins en :

aiN, iN qui servent à désigner des rapports de société, d'office, de profession, etc. Exemples : Puritain, chapelain, écrivain, médecin, rabbin, marin.

ieN qui désignent le lieu, l'origine, la doctrine, la profession d'un art, d'une science, etc. Exemples : Parisien, Prussien, Cartésien, platonicien, comédien, musicien.

oN qui désignent la partie d'un tout composé de parties semblables. Exemples : Glaçon (de glace) ;

---

(1) L'astérisque, en tête de certains substantifs, indique qu'ils ne doivent pas être confondus avec d'autres substantifs d'un genre différent, ou avec des adjectifs.

(2) L'u des Grecs se remplace toujours par un y dans les mots français qui viennent du Grec. Exemples :

Crupto-onuma, Stulos, Sullabe,
Cryptonyme, Style, Syllabe.

ballon (de *balle*) ; peloton (de *pelote*) ; chaînon (de *chaîne*).

— 4 — R est, au singulier, la dernière lettre des subs-tantifs masculins en :

eur qui représentent celui qui fait, qui a coutume de faire , qui exerce un métier ; une profession. Ex. : Créateur, docteur, voleur, trompeur ; acteur , sculp-teur.

ier qui expriment particulièrement l'habitude, l'at-tachement, le métier même, Exemple : Grimacier , tracassier, rancunier, cuirassier , cordier.

er terminent aussi beaucoup de noms d'arbres. Exemple : Abricotier, pêcher, prunier.

— 5 — IS , désinence qui donne l'idée d'un mélange de choses confuses et pêle-mêle. Exemple : Barbouillis, salmis, patrouillis, gâchis.

— 6 — T est, au singulier, la dernière lettre des subs-tantifs masculins en :

at qui désignent : 1°, un office , un grade , ou une dignité ; comme : consulat, épiscopat , canonicat ; 2° une personne pourvue d'un office , d'un grade , comme : magistrat, légat, primat ; 5°, une espèce particulière d'action ou son résultat , comme : atten-tat, combat, péculat.

ot qui indiquent l'assemblage , le volume , la capa-cité, comme dans : tricot, fagot, ballot. — Ou la pe-titesse, la dégradation, comme dans : minot, marmot, nabot, cagot.

1re LEÇON.
Des substantifs féminins en général.

Règle. Les substantifs féminins qui se terminent par les sons é, ai, eu, i, oi, ou, u, doivent finir par un e muet : fumée, plaie, queue, vie, joie, boue, rue.

Sont exceptés les substantifs féminins : paix ; bre-bis, fourmi , merci , nuit, perdrix, souris , croix , foi, fois , loi , noix , poix , voix ; bru, glu, tribu , vertu.

Remarque. Quelques substantifs masculins ayant le son final *i*, *é*, prennent un *e* muet ; ce sont : *amphibie*, *génie*, *incendie*, *impie*, *parapluie.* — *Apogée*, *athée*, *athénée*, *caducée*, *colisée*, *corycée*, *coryphée*, *élysée*, *hyménée*, *lycée*, *mausolée*, *musée*, *périgée*, *pygmée*, *scarabée*, *trophée.*

NOTA. Ces substantifs masculins viennent de mots grecs ou latins dans lesquels on remarque une syllabe finale que peut bien remplacer l'*e* muet : In - cen - di - um — Hy - me - nœ - us.
Ta - cen - di - e. Hy - me - né - e.

DICTÉE.

Une année. Cette araignée. Un amphibie. Une avenue. Un athée. Une baie. Cette boulaie. La barbarie. Une bergerie. La boue. Une bévue. La berlue. Une brebis. La baulieue. Ma bru. La chaussée. Votre cheminée. De la chicorée. Sa cognée. Une contrée. Une coudée. La cérémonie. Votre compagnie. La charrue. La crue d'un fleuve. La croix de Jésus. Le caducée de Mercure. Un coryphée. La destinée. Une dragée. L'épée du soldat. Cette écurie. L'Elysée - Bourbon. La folie. Une fourmi. Votre giroflée. De la glu. Une haie. Une harpie. La houe. Mon idée. Cet impie. L'incendie d'une maison. La journée. Une lieue. Le lycée Napoléon. Une mosquée. De la monnaie. Ta modestie. La maladie. Une noix. Sa poupée. Ce parapluie. Une perdrix. La queue d'un chien. La raillerie. De la rosée. La roue d'une voiture. Cette rue. Votre retenue. De la soie. Une statue. La souris. La tortue. Un trophée. La vallée. Le chemin de la vertu. La voix de l'homme. La revue d'une armée.

2ᵉ LEÇON.

Des substantifs féminins en ÉE.

La terminaison *ée* appartient aux substantifs féminins qui expriment assemblage, réunion de plusieurs choses formant un corps, un tout. Ex. : *brassée*, *cuillerée*, *potée.*

Cette terminaison appartient encore aux substantifs

féminins formés de verbes correspondants. Ex.: *armée, levée, volée* (de *armer, lever, voler*).

Règle.

Les substantifs féminins qui expriment assemblage,
réunion de plusieurs choses formant un corps, un
tout ; et ceux qui sont formés d'un verbe, se terminent
par *ée*. Ex.: *bouchée, hottée ; pensée, traînée.*

(1) Les substantifs suivants expriment réunion de
plusieurs choses ou sont formés d'un verbe :

Aiguillée	Gorgée	Allée	Jonchée
Aiguiérée	Goulée	Armée	Lampée
Airée	Guenlée	Arrivée	Levée
Assiettée	Hottée	Assemblée	Mêlée
Augée	Jalée	Bouffée	Menée
Batelée	Jattée	Bourrée	Montée
Boisselée	Jointée	Chaussée	Ordonnée
Bouchée	Litée	Cognée	Pensée
Brassée	Maisonnée	Couchée	Percée
Brochée	Navée	Coulée	Pesée
Cagée	Nichée	Couvée	Pipée
Cardée	Panerée	Criée	Poussée
Carrossée	Pincée	Croisée	Prisée
Cassetée	Platée	Dinée	Purée
Cavée	Plumée	Donnée	Rangée
Cuvée	Poêlée	Durée	Risée
Chambrée	Poêlonnée	Echappée	Saignée
Charretée	Poignée	Entrée	Tournée
Chaudronnée	Potée	Etuvée	Traînée
Corbeillée	Quenouillée	Fessée	Tranchée
Cruchée	Ratelée	Fricassée	Traversée
Cuillerée	Sachée	Flaquée	Trouée
Ecuellée	Tablée	Fumée	Veillée
Fauchée	Terrinée	Gelée	Visée
Fourchetée	Truellée	Gerbée	Volée
Fournée	—	Huée	

(1) Dans chacune des leçons sur l'orthographe, du substantif et
de l'adjectif, se trouve une liste de mots fréquemment employés.

DICTÉE.

Une aiguillée de fil. Une assiettée de soupe. Cette becquée de mangeaille. La bouchée de pain. Votre bouffée de tabac. Cette brassée de bois. Notre brochée de viande. Ta cavée de vin. Sa cassetée d'eau. Une cardée de laine. Cette chaudronnée d'eau. Une cruchée de cidre. La cuillerée de sirop. La cuvée de raisin. Mon écuellée de soupe. Cette fournée de pain. Votre fricassée de viande. Une gerbée de blé. La gorgée de vin. Une fourchetée de salade. Sa hottée d'herbe. Toute la maisonnée. Notre panerée de chiendent. Cette pelletée de fumier. Une pincée de poudre. Votre poignée de sable. Cette potée d'eau. Leur quenouillée de laine. Cette ratelée de foin. Toute la tablée. Une traînée de sang. Votre terrinée de lait.

3e LEÇON.

Des substantifs féminins en AILLE, EILLE, ELLE, ILLE, OUILLE.

La désinence, *aille* désigne la grandeur, la force, l'assemblage, la multitude, la collusion, etc. Ex. : Bataille, mitraille, volaille, etc. — A l'idée de multitude, se joint quelquefois l'idée de petitesse ou de mépris. Ex. : grenaille, valetaille, etc.

La désinence *ille* indique souvent la quantité de petites choses d'une même espèce. Ex. : charmille, ormille. — Elle indique surtout la petitesse. Ex. : faucille, vétille.

Règles.

1° Les substantifs féminins terminés par *aille* doublent la consonne *l* et prennent un *e* muet. Ex. : aumaille, futaille, trouvaille (pas d'exception).

2° Les substantifs féminins terminés par *eille* doublent la consonne *l* et prennent un *e* muet. Ex. : bouteille, corbeille, oseille (pas d'exception).

3° Les substantifs féminins terminés par *elle* dou-

blent la consonne *l* et prennent un *e* muet. Ex. : bre-
telle, demoi*selle*, nouve*lle*.

Sont exceptés les substantifs féminins : clien*tèle* ;
grèle, loqu*èle*, parall*èle*, philom*èle*, po*èle* (ustensile
de cuisine), qui ne prennent qu'une *l*.

4° Les substantifs féminins terminés par *ille* doublent la consonne *l* et prennent un *e* muet. Ex. : étri*lle*,
pasti*lle*, véti*lle*.

Sont exceptés les substantifs féminins : arg*ile*, b*ile*,
h*uile*, p*ile*, t*uile*.

5° Les substantifs féminins terminés par *ouille*
doublent la consonne *l* et prennent un *e* muet. Ex. :
br*ouille*, d*ouille*, quen*ouille* (pas d'exception).

Voici les substantifs de ces terminaisons les plus
fréquemment usités :

Antiquaille	Représaille	Cannelle
Aumaille	Rocaille	Cervelle
*Bataille	Taille	Chandelle
Broussaille	Tenaille	Chapelle
Canaille	Trouvaille	Coupelle
Ecaille	Valetaille	Crécelle
Entaille	Volaille	Dauphinelle
Entrailles	Bouteille	Demoiselle
Féraille	Corbeille	Dentelle
Funérailles	Corneille	Echelle
Grenaille	Groseille	Ecuelle
Gueusaille	Merveille	Escarcelle
*Maille	Nompareille	*Eternelle
Mangeaille	Oreille	Etincelle
Mitraille	Orseille	Femelle
Muraille	Oseille	Ficelle
Ouaille	Treille	Filoselle
Paille	Veille	Gabelle
Poissonnaille		Gazelle
Prétintaille	Aisselle	Gravelle
Racaille	Aquarelle	Haridelle
Relevailles	Bretelle	Hirondelle

*Immortelle
Javelle
Jumelle
Kyrielle
Limoselle
Mamelle
Manivelle
Mérelle
Noëlle
Morelle
Nacelle
Nouvelle
Ombrelle
Parcelle
Pelle
Péronnelle
Poutrelle
Prunelle
Querelle
Ritournelle
Rouelle
Ruelle
Sarcelle
Sauterelle
Selle
Semelle
Sentinelle

Tourterelle
Truelle
Tutelle
Vielle
—
Aiguille
Anguille
Apostille
Béquille
Camomille
Castille
*Chenille
Cheville
Cochenille
Coquille
Effroudille
Esquille
Etoupille
Etrille
Famille
Faucille
*Grille
Guenille
Lentille
Morille
Pacotille
Pastille

*Pupille(*ll* non mouill.)
*Quadrille
Qaille
Ramille
Sébille(*ll* non mouill.)
Souquenille
Tortille
Vanille
Vétille
Ville (*ll* non mouillés)
Vrille
—
Andouille
Bouille
Bredouille
Brouille
Citrouille
Cornouille
Dépouille
Douille
Fouille
Gargouille
Grenouille
Houille
Patrouille
Quenouille
Rouille

DICTÉE.

La bataille d'Austerlitz. La béquille de ce vieillard. La clientèle du médecin. Une parallèle à la base d'un triangle. De l'huile d'olive. Un vase d'argile. La moëlle des os. La dépouille de l'ennemi. La surveille de la fête de Noël. Une maille de bas. La morelle des champs. La pelle de cet ouvrier. Une belle citrouille. Une grosse chenille. La vielle de ce Savoyard. Une kyrielle de reproches. Cette petite quille. La ville de Paris. La grande muraille de la Chine. La femelle du serin. L'apostille de Monsieur le Préfet. La nacelle de ce pêcheur.

Une cheville de bois. La quenouille de cette fileuse. La dentelle de ce bonnet. Une vive étincelle. La tenaille de ce serrurier. Une pastille de chocolat. L'oseille du jardin. La faucille de ce moissonneur. La rouille du cuivre. La chapelle de la Sainte Vierge.

4e LEÇON.

Des substantifs en ULE.

La désinence *ule* dans les substantifs, marque généralement petitesse et diminution. Ex.: animal*cule* (petit *animal*) ; cali*cule* (petit *calice*); pelli*cule* (petite *peau*); monti*cule* (petit *mont*).

NOTA. La désinence française *ule*, nous vient du latin *ulus, ula, ulum*.

Règle.

Les substantifs en *ule*, tant masculins que féminins, se terminent par un e muet précédé d'une seule *l*. Ex.: clavi*cule* ; fisti*ule*.

Sont exceptés les deux substantifs *bulle* et *tulle* qui doublent la consonne *l*.

Substantifs en *ule* :

Adminicule	Copule	Mandibule	Pellicule
Animalcule	Denticule	Matricule	Pendule
Aspérule	Emule	Minuscule	Péninsule
Auricule	Fascicule	Module	Pilule
Avicule	Fécule	Molécule	Pinnule
Bascule	Férule	Monticule	Pustule
Calicule	Fistule	Opuscule	Radicule
Canule	Follicule	Ovicule	Ranule
Canicule	Glandule	Panicule	Renoncule
Capitule	Globule	Papule	Somnambule
Capsule	Hercule	Particule	Spatule
Cédule	Lenticule	Pécule	Stipule
Cellule	Lobule	Pédicule	Tubercule
Clavicule	Majuscule	Pédoncule	Vestibule
Conciliabule			Virgule

DICTÉE.

Une canule en caoutchouc. Les chaleurs de la canicule. Le capitule de cet office. Une capsule de porcelaine. La cellule d'un religieux. Le déplacement de la clavicule. L'émule de mon frère. De la fécule de pommes de terre. Un coup de férule. Une bulle de savon. Une grande majuscule. Ce monticule couvert de gazon. Une particule conjonctive. La pellicule d'un œuf. Votre pendule de marbre. Cette pillule de quinquina. La renoncule des bois. La spatule d'ivoire. Une collerette de tulle. Ce précieux tubercule. Un vestibule magnifique. Le formidable hercule. Mon petit pécule. La base d'un pédoncule.

5ᵉ LEÇON.
Des substantifs féminins en URE.

La désinence *ure* désigne ordinairement :

1° L'effet, le produit, le résultat de l'action, du travail. Ex.: *créature, sculpture, peinture, piqûre, couture, suture*, etc.

2° L'état ou la disposition de certaines choses. Ex.: *chaussure, enflure, parure, moisissure, pourriture*, etc.

5° Des parties, des objets gâtés, retranchés ou rejetés pour raison de mauvaise qualité. Ex.: *balayures, ordure, raclure, rognure, sciure*, etc.

La terminaison *ure*[1] appartient aussi à nos quelques substantifs masculins qui ont cette consonnance finale. Ex.: *murmure, mercure, chlorure, sulfure*, etc.

Règle.

Les substantifs masculins et féminins à consonnance finale *ure* se terminent par un *e* muet précédé d'une seule *r*. Ex.: *flétrissure, marbrure, arséniure, tellure*.

Substantifs en *ure* fréquemment usités :
Agriculture   Armature   Aventure   Blessure
Allure   Armure   Baisure   Balayures,

---

(1) Sont exceptés les deux substantifs *admittatur* et *femur*, empruntés du latin.

Bouture	Découpure	Lavure	Posture
Brisure	Doublure	Lecture	Pourriture
Brochure	Echancrure	Levure	Procédure
Brossure	Echauffure	Ligature	Quadrature
Brûlure	Ecorchure	Limure	Questure
Bure	Ecriture	Littérature	Raclure
Chaussure	Effracture	Luxure	Rapure
Caricature	Egratignure	Magistrature	Ratissure
Carrelure	Egrugeure	Marbrure	Rayure
Carrure	Embrasure	Membrure	Réglure
Chevelure	Engelure	Mesure	Rinçure
Cirure	Enjolivure	Miniature	Rompure
Ciselure	Eraflure	Mouchure	Roture
Cléricature	Facture	Mouillure	Rouillure
Clôture	Feuillure	Moulure	Rupture
Coiffure	Filature	Mercure	Salissure
Conjecture	Foulure	Murmure	Sciure
Conjoncture	Fracture	Nature	Sculpture
Contexture	Frisure	Nervure	Serrure
Coulure	Friture	Noircissure	Souillure
Coupure	Froidure	Nomenclature	Structure
Courbature	Froissure	Nourriture	Sulfure
Courbure	Gravure	Peignures	Texture
Couverture	Hachure	Peinture	Tonsure
Criblure	Horticulture	Pelure	Tournure
Culture	Imposture	Piqûre	Verdure
Déconfiture	Injure	Pointure	

DICTÉE.

Une allure simple. Cette armure pesante. Une triste aventure. La blessure dangereuse. Une brûlure sur le bras. Une chaussure à l'antique. Sa chevelure en désordre. La clôture des débats. Un esprit sans culture. La doublure de ce manteau. Une écorchure à la jambe. Une lâche imposture. L'injure du temps. Une mesure d'avoine. Le murmure des fontaines. La nomenclature de la géométrie. La nourriture de l'âme. Une peinture à l'huile. Une pelure de pomme. La piqûre d'une guêpe. Une posture de suppliant. La rupture d'une veine. De la sciure de bois. Une serrure de sûreté. La structure d'un bâtiment. Du sulfure d'antimoine.

6ᵉ LEÇON.

Des substantifs féminins en ANCE et en ENCE.

Les substantifs terminés en *ance* et en *ence*, désignent l'existence, la durée, la manière d'être, l'état de subsister. Tous les mots qui se terminent par *ance* auraient dû s'écrire par *ence*; mais nos pères ont eu plus égard à la désinence latine qu'à la racine du mot.

Les substantifs de cette terminaison sont au nombre de plus de 500.

Règles.

1° Excepté *existence*, tous les mots en *stance* prennent *a* : *assistance, constance, instance*.

2° Les substantifs formés d'un participe présent prennent *a* : *abondance, complaisance, délivrance, souffrance*.

Sont exceptés : *affluence, conférence, convergence, déférence, influence, préférence, sentence, semence, violence* qui prennent *e*. Leurs correspondants latins prennent aussi *e*.

3° Les substantifs non formés d'un participe présent prennent *e* : *absence, cohérence, désinence, turbulence, virulence*.

Sont exceptés : *accointance, aisance, ambulance, balance, bombance, chance, concomitance, enfance, élégance, finance, garance, inadvertance, nuance, puissance, vigilance* qui prennent *a*.

Nota. Si de beaucoup de substantifs de cette famille, on retranche la syllabe finale *ce*, et qu'on la remplace par *tia*, on obtiendra des substantifs latins ayant la même signification :

Abondance. Abstinence. Arrogance. Audience. Constance. Diligence. Elégance.
Abundantia. Abstinentia. Arrogantia. Audientia. Constantia. Diligentia. Elegantia.

Finale *anse* | Finale *ense.*

Anse (*ansa*) | Accense (*accensus*)
Banse | Défense (*defensio*)
Contredanse (*dantz*) | Dépense (*depensus*)
Danse (allem. *tranz*) | Dispense (*dispenso*)
Ganse (*ansula*) | Hortense (*hortensis*)
Hanse (allem. am. *see*) | Offense (*offensio*)
Panse (*pantex*) | Récompense (*compensatio*)
Transe (angl. *trance*) | Suspense (*suspensus*)

Voici les substantifs en *ance* et ceux en *ence.*

Abondance 1
Absence 1
Abstinence 1
Accointance 5
Accoutumance 5
Acescence 2
Adhérence 1
Adolescence 1
Affluence 1
Agence 2
Aisance
Alcalescence 2
Allégeance 5
Alliance 5
Ambulance 2
Antécédence 2
Apparence 1
Appartenance 5
Appétence 1
Arrogance 1
Ascendance
Assistance 5
Assonance 5
Assurance 5
Audience 1
Avance 2
Balance 2
Bienveillance 5

Bienfaisance 5
Bienséance 5
Cadence 2
Carence 2
Chance 2
Circonférence 1
Circonstance 1
Clairvoyance 5
Clémence 1
Coalescence 2
Coexistence 2
Cohérence 1
Coïncidence 2
Compétence 1
Complaisance 5
Concomitance 2
Concordance 1
Concupiscence 1
Concurrence 2
Condescendance 5
Condoléance 5
Conférence 1
Confiance 5
Confidence 1
Connaissance 5
Connivence 1
Conscience 1
Conséquence 1

Considence 2
Consistance 5
Consonnance 5
Constance 1
Contenance 5
Continence 1
Contingence 2
Convalescence 2
Convenance 5
Convergence 2
Corpulence 1
Correspondance 5
Créance
Crédence (italien)
Croissance 5
Croyance 5
Décadence 2
Décence 2
Déchéance 5
Défaillance 5
Déférence 1
Défiance 5
Dégénérescence 2
Déhiscence 2
Déliquescence 2
Délitescence 2
Délivrance 5
Démence 1

Dépendance 5
Déplaisance 5
Dérogeance 3
Descendance 5
Déshérence 2
Désinence 1
Désobéissance 5
Désobligeance 5
Détumescence 2
Différence 1
Diligence 1
Disconvenance 5
Discordance 2
Dissemblance 5
Dissonnance 1
Distance 1
Divergence 2
Doléance 3
Echéance 5
Effervescence 1
Efflorescence 2
Effluence 1
Elégance 1
Eloquence 1
Eminence 1
Enfance 1
Engeance 2
Equipollence 1
Equipondérance 2
Espérance 5
Essence 1
Evidence 1
Excellence 1
Excroissance 5
Exigence 2
Existence 1
Expérience 1
Extravagance 5

Extumescence 2
Exubérance 1
Faïence (italien)
Féculence 1
Finance 5
Fréquence 1
Garance 1
Ignorance 5
Imminence 1
Impatience 1
Impeccance 2
Impénitence 1
Impertinence 2
Importance 5
Impotence 2
Imprévoyance 5
Imprudence 1
Impudence 1
Impuissance
Inadvertance
Inappétence 1
Incandescence 2
Incidence 2
Inclémence 1
Incohérence 2
Incompétence 1
Inconséquence 1
Inconsistance 5
Inconstance 1
Incontinence 1
Inconvenance 5
Indécence 1
Indéhiscence 2
Indépendance 5
Indifférence 2
Indigence 1
Indolence 1
Indulgence 1

Inélégance 1
Inexistence 1
Inexpérience 1
Inflorescence 2
Influence 1
Inhérence 1
Innocence 1
Inscience 1
Insignifiance 5
Insistance 5
Insolence 1
Insouciance 5
Instance 1
Insuffisance 5
Intelligence 1
Intempérance 5
Intendance 5
Intercadence 2
Intermittence 2
Intolérance 5
Intumescence 2
Invraisemblance 5
Irrévérence 1
Jactance 1
Jouissance 5
Jouvence 2
Jurisprudence 2
Lactescence 2
Laitance
Lance 2
Licence 1
Lieutenance 5
Luxuriance 2
Magnificence 1
Malfaisance 5
Malveillance 5
Manigance
Méconnaissance 5

Médisance 5
Méfiance 5
Mésalliance 5
Mésintelligence 2
Messéance 5
Munificence 1
Naissance 5
Négligence 1
Nonchalance 5
Nuance 2
Obédience 1
Obéissance 5
Obligeance 5
Observance 5
Occurrence 1
Omniscience 1
Opulence 1
Ordonnance 5
Outrance 5
Parlance 5
Patience 1
Pénitence 1
Permanence 2
Persévérance 1
Persistance 5
Pertinence 2
Pestilence 1
Pétulance 1
Phosphorescence 2
Pitance 1
Plaisance 5
Potence 1
Prédominence 1
Prééminence 1
Préexistence 1
Préférence 2
Prépondérance 2
Prescience 1

Préséance 5
Présence 1
Présidence 1
Prestance 1
Prévenance 5
Prévoyance 5
Procidence 1
Proéminence 1
Prominence 1
Protubérance 2
Providence 1
Prudence 1
Pubescence 2
Puissance 1
Purulence 1
Quintessence 1
Quittance 5
Rarescence 2
Reconnaissance 5
Récréance 5
Recrudescence 2
Redevance 5
Redondance 5
Régence 2
Réjouissance 5
Réminiscence 1
Remontrance 5
Renaissance 5
Repentance 5
Répugnance 5
Résidence 1
Résipiscence 1
Résistance 5
Résonnance 5
Ressemblance 5
Réticence 1
Révérence 1
Romance

Sapience 1
Science 1
Séance 1
Semence 1
Sentence 1
Séquence 1
Silence (silentium) masc.
Somnolence 1
Souffrance 5
Souvenance 5
Stance 1
Subséquence 1
Subsistance 5
Substance 1
Suffisance 5
Surabondance 5
Surintendance 5
Surséance 5
Surveillance 5
Survenance 5
Survivance 5
Tempérance 1
Tendance 5
Tolérance 1
Transcendance
Transparence 2
Turbulence 1
Turgescence 2
Urgence 2
Usance 5
Vacance 2
Vaillance
Véhémence 1
Vengeance 5
Vigilance 1
Violence 1
Virulence 1
Vraisemblance 5

2

Le chiffre 1 représente les substantifs dérivés des substantifs latins en *antia* ou *entia* ;

Le chiffre 2 représente les substantifs dérivés de mots latins où l'on remarque *a* ou *e* ;

Et le chiffre 3 représente les substantifs dérivés d'un participe présent français.

DICTÉE.

Abondance. Absence. Accoutumance. Afférence. Allégeance. Antécédence. Appartenance. Audience. Aisance. Bombance. Cadence. Chance. Circonférence. Circonstance. Clémence. Complaisance. Concurrence. Condoléance. Conférence. Connaissance. Conscience. Consistance. Décadence. Danse. Défense. Décontenance. Démence. Elégance. Eminence. Essence. Existence. Extravagance. Exubérance. Expérience. Finance. Fréquence. Garance. Ignorance. Imminence. Impertinence. Importance. Imprudence. Impudence. Inadvertance. Indolence. Insouciance. Instance. Intendance. Intempérance. Jouissance. Jouvence. Jurisprudence. Lance. Licence. Médisance. Méfiance. Munificence. Naissance. Obédience. Obéissance. Ordonnance. Outrance. Permanence. Plaisance. Prudence. Puissance. Purulence. Quittance. Quintessence. Reconnaissance. Réjouissance. Résistance. Sentence. Subsistance. Tolérance. Transparence. Vigilance. Véhémence. Violence.

7e LEÇON.
Des substantifs féminins en TÉ et en TIÉ.

Ces substantifs expriment généralement la qualité, l'état des personnes ou des choses : *charité*, qualité de ce qui est charitable ; *facilité*, qualité de ce qui est facile ; *propreté*, qualité de ce qui est propre ; *proximité*, qualité de ce qui est proche ; *vanité*, qualité de ce qui est vain.

Règle. Les substantifs féminins en *té* et en *tié* ne prennent pas d'e muet à la fin. Ex. : CHARITÉ, GÉNÉROSITÉ, AMITIÉ.

Nota. Si de la plupart des substantifs en *té*, on retranche l'*é* fermé qui les termine, et qu'on le remplace par *as*, on aura des substantifs latins ayant la même signification : ~

Avidité, Bénignité. Charité.Liberté. Magnanimité. Piété. Tranquillité. Vérité.
Aviditas. Benignitas.Caritas. Libertas. Magnanimitas, Pietas.Tranquillitas.Veritas.

Tous les substantifs suivants dérivent du latin :

Absurdité	Cité (civitas)	Fatuité
Accessibilité	Civilité	Fécondité
Acerbité	Clarté (claritas)	Félicité
Acidité	Commodité	Fidélité
Adversité	Concavité	Fétidité
Affabilité	Conformité	Flexibilité
Affinité	Congruité	Fragilité
Agilité	Contrariété	Fraternité
Ambiguité	Continuité	Généralité
Amabilité	Corruptibilité	Générosité
Animosité	Crédulité	Gracilité
Antiquité	Cruauté (crudelitas)	Gravité
Apreté (asperitas)	Crudité	Habileté (habilitas)
Aquosité	Cupidité	Habilité
Aridité	Curiosité	Hérédité
Aspérité	Déité	Hilarité
Assiduité	Déclivité	Honnêteté (honestas)
Austérité	Difficulté	Hospitalité
Atrocité	Dignité	Hostilité
Autorité (auctoritas)	Diversité	Humanité
Avidité	Divinité	Humilité
Bénignité	Docilité	Imbécilité (imbecillitas)
Bonté (bonitas)	Duplicité	Immobilité
Brévité	Edilité	Immensité
Calamité	Efficacité	Immortalité
Callosité	Equité	Immunité
Capacité	Eternité	Immutabilité
Captivité	Enormité	Impassibilité
Cavité	Exiguité	Impunité
Cécité	Extrémité	Incivilité
Célébrité	Facilité	Incommodité
Célérité	Faculté	Incorruptibilité
Charité	Familiarité	Incrédulité
Chasteté (castitas)	Fatalité	Indemnité

Indignité
Indocilité
Infidélité
Infirmité
Ingénuité
Inhospitalité
Inhumanité
Iniquité
Insatiabilité
Insolubilité
Intégrité
Inutilité
Invisibilité
Irrégularité
Lasciveté (lascivitas)
Latinité
Liberté
Liquidité
Longanimité
Longévité
Loquacité
Malignité
Magnanimité
Majesté
Maturité
Médiocrité
Mobilité
Mordacité
Morosité
Mortalité
Mutabilité
Nativité
Naturalité
Nécessité
Notabilité
Nudité
Obésité
Obliquité

Obscurité
Opportunité
Parité
Passibilité
Paternité
Pauvreté (paupertas)
Perpétuité
Perspicuité
Personnalité
Perversité
Piété
Pluralité
Popularité
Possibilité
Postériorité
Postérité
Principalité
Probabilité
Probité
Prodigalité
Prolixité
Proportionnalité
Propriété
Prospérité
Proximité
Puberté
Puérilité
Pureté (puritas)
Pusillanimité
Qualité
Quantité
Rapacité
Rareté (raritas)
Rationnalité
Réalité
Rigidité
Rivalité
Rotondité

Rusticité
Sagacité
Salubrité
Sanité
Santé (sanitas)
Satiété
Sécurité
Sensibilité
Sensualité
Sérénité
Sévérité
Société,
Siccité
Simplicité
Sobriété
Solennité
Solidité
Spécialité
Spiritualité
Spontanéité
Stabilité
Stupidité
Suavité
Sublimité
Subtilité
Témérité
Temporalité
Tenacité
Ténuité
Tortuosité
Tranquillité
Trinité
Unanimité
Uniformité
Universalité
Unité
Utilité
Vacuité

Validité   Vérité   Volubilité
Vanité   Viduité   Volonté (voluntas)
Variété   Virginité   Volupté
Vélocité   Virilité   Voracité
Vénalité   Vitalité   Vulgarité
Verbosité   Vivacité

DICTÉE

Une absurdité. L'affabilité. Mon amitié. L'âpreté. Sa bénignité. La banalité. La brutalité. Votre charité. Ta civilité. La conformité. Votre curiosité. La chasteté. Votre cordialité. Sa dignité. La difformité. Notre docilité. Leur dureté. L'éternité. L'efficacité. La facilité. Ma fermeté. Ta fierté. Sa gaîté. Votre générosité. Cette grossièreté. Ton habileté. L'hospitalité. L'hostilité. Votre humanité. Notre honnêteté. L'imbécilité. L'indignité. Son infirmité. Une indemnité. Ton ingénuité. La limpidité. La longanimité. La loquacité. Votre loyauté. La minorité. Cette moitié. Sa moralité. Votre malignité. Sa majesté. La naïveté. La netteté. La nécessité. Une nullité. Sa parenté. Votre piété. Votre pauvreté. La probité. La popularité. Sa pureté. La prospérité. La qualité. La rapidité de la vie. La sévérité de mon caractère. La santé de l'âme. La salubrité d'une classe. La volonté de Dieu.

8ᵉ LEÇON

Des substantifs féminins en EUR.

Règle. Les substantifs féminins en *eur* s'écrivent généralement sans *e* muet à la fin : *ardeur, candeur, ferveur, hauteur.* — Cette règle est applicable aux substantifs masculins ayant la même terminaison *eur*.

Remarque. Demeure, heure, substantifs féminins, prennent un *e* muet ; *beurre, leurre*, substantifs masculins, prennent aussi un *e* muet.

NOTA. Si de beaucoup de substantifs féminins en *eur*, on

retranché *eu*, et qu'on mette *o* à la place, on obtiendra des
substantifs latins ayant la même signification :

Ardeur	Couleur.	Douleur.	Erreur.	Faveur.	Ferveur.	Fureur	Rigueur	Terreur	Valeur
Ardor.	Color.	Dolor.	Error.	Favor.	Fervor.	Furor.	Rigor.	Terror.	Valor.

Substantifs féminins en *eur* :

Aigreur	Frayeur	Lueur	Rousseur
Ampleur	Froideur	Maigreur	Rumeur
Ardeur	Fureur	Moiteur	Saveur
Blancheur	Grandeur	Minceur	Senteur
Candeur	Grosseur	Noirceur	Sueur
Chaleur	Hauteur	Odeur	Sœur
Chandeleur	Horreur	Pâleur	Splendeur
Clameur	Humeur	Peur	Sapeur
Couleur	Impudeur	Pesanteur	Stupeur
Douleur	Laideur	Profondeur	Terreur
Erreur	Langueur	Puanteur	Tiédeur
Fadeur	Largeur	Pudeur	Torpeur
Faveur	Lenteur	Raideur	Tumeur
Ferveur	Liqueur	Rigueur	Vapeur
Fleur	Longueur	Rondeur	Verdeur
Fraîcheur	Lourdeur	Rougeur	Vigueur

DICTÉE.

L'aigreur d'un fruit. L'ampleur d'une robe. L'ardeur du feu. La blancheur de la peau. La candeur de l'âme. La chaleur de l'été. La fête de la Chandeleur. La couleur de rose. La douceur du sucre. La douleur de tête. L'épaisseur du mur. L'erreur de calcul. La demeure de mon père. La faveur du prince. La ferveur de la charité. La fleur du jardin. Un lion en fureur. La grandeur d'une action. La hauteur d'un nuage. L'horreur du vice. L'humeur du corps. La lueur d'une

---

(1) Souvent la voyelle d'un mot latin est remplacée par une diphtongue dans le mot français :

Ala.	Avena.	Color.	Hora.	Lana.	Nix.	Pix.	Vena.
Aile.	Avoine.	Couleur.	Heure.	Laine.	Noix.	Poix.	Veine.

lampe. La langueur de mon esprit. La largeur d'une
rivière. La longueur du chemin. La noirceur de l'é-
bène. L'odeur de la violette. La pâleur du visage. La
profondeur de la mer. La puanteur d'un endroit. Un
homme sans pudeur. La rigueur du froid. La rondeur
d'une boule. La rougeur de la joue. La saveur d'un
fruit. La splendeur du soleil. La terreur de son nom.
La tiédeur de l'eau. La valeur d'une chose. Une machine à vapeur. La verdeur de l'âge. La vigueur du
style.

9ᵉ LEÇON.

Des substantifs féminins en ION.

Les substantifs féminins en *ion* expriment l'action et
son effet ou son habitude ; l'action qu'on imprime et
celle qu'on reçoit, l'actif et le passif.

Dans ces substantifs, la finale *ion* est précédée tantôt
d'un *t*, tantôt d'une *s*, tantôt de *s s*, tantôt d'un *x*,
tantôt enfin d'un *c*.

Règles

1° Les substantifs à son final *ion*, ont le plus sou-
vent cette finale précédée d'un *t* : *action, agglomération, contrition, réduction, vibration.*

2° Les substantifs à son final *zion*, prennent une *s* :
conclusion, confusion, diffusion, occasion.

3° Les substantifs terminés en *cursion, mersion,
mulsion, pension, persion, pulsion, tersion, torsion,
version, vulsion*, prennent une *s* avant *ion* : *incursion, immersion, émulsion, propension, aspersion,
expulsion, abstersion, contorsion, aversion, convulsion.*

4° Les substantifs en *cession, fession, gression,
mission, passion, pression* prennent *ss* avant *ion* :
*concession, discussion, profession, transgression,
rémission, compassion, suppression.*

5° Les substantifs en *flexion, fluxion*, prennent *x*
avant *ion* : *génuflexion, fluxion.*

6° Les substantifs *appréhension*, *ascension*, *dimen-sion*, *expansion* ; *extension*, prennent une s: *con-nexion*, *complexion* prennent *x*: *succion* ; *suspicion*, prennent

Nota. Tous les substantifs en *ion* qui expriment l'action, sont formés des supins des verbes latins qui ont *t*, *s*, *ss*, *x*.

Supins : Actum. Cessum. Extensum. Fluxum. Missum. Connexum. Occasum.
Substantifs : Action. Cession. Extension. Fluxion. Mission. Connexion. Occasion.

Suspicion vient du latin *suspicio*.

DICTÉE.

Adoration. Accusation. Animadversion. Ascension. Compensation. Condensation. Compréhension. Connexion. Dimension. Dispensation. Expansion. Extermination. Effusion. Extension. Fabrication. Filiation. Fusion. Germination. Habitation. Jubilation. Irritation. Lamentation. Motion. Narration. Natation. Notion. Oppression. Omission. Occasion. Obstruction. Pension. Propension. Profusion. Réclusion. Suspension. Corruption. Immersion. Absolution. Abstersion. Accession. Agression. Compassion. Compression. Aversion. Convulsion. Déflexion. Défluxion. Dépression. Discussion. Dispersion. Distorsion. Effluxion. Émission. Émulsion. Excursion. Expression. Génuflexion. Impulsion. Inadmission. Incursion. Inflexion. Inversion. Permission. Prétermission. Perversion. Procession. Subversion. Succession. Suppression. Transfiguration. Transmission. Conception. Transgression. Version. Violation. Visitation. Souscription. Inscription.

10° LEÇON.

Revoir les règles sur l'orthographe des substantifs féminins.

DICTÉE RÉCAPITULATIVE.

La chicorée de votre jardin. La prairie de mon père. La monnaie de France. L'aversion du vice. L'échéance d'un billet. La captivité de Babylone. La queue d'une souris. Une panerée de salade. L'aspersion de l'eau. La fête de la Visitation. L'absolution d'une faute. La cherté du blé. La brutalité de cet homme. L'ignorance de cette personne. La propreté d'une maison. La conception de la Vierge. La dispense du service. Une brassée de bois. La pureté du langage. La valeur d'un objet. La solidité d'un ouvrage. La récompense du travail. La voix d'une mère. La voie de salut. La tribu de Benjamin. Le génie de cet orateur. Le musée de Versailles. L'expression de la pensée par la parole. L'épée de ce capitaine. La passion de Jésus-Christ. La confession d'un crime. L'heure du travail. La clémence du Prince. L'insolence de cet enfant. Le signe de la croix.

11ᵉ LEÇON.

Formation du pluriel dans les substantifs.

La lettre s est la caractéristique du pluriel dans les mots français, comme la lettre e est la caractéristique du féminin.

Règle générale.

On forme le pluriel dans les substantifs, en ajoutant une s au singulier : un homme, des hommes ; une table, des tables.

Remarque. On reconnaît qu'un substantif est du pluriel quand il représente plusieurs êtres ou plusieurs objets. Il est alors précédé de l'un des mots : des, les, ces, mes, tes, ses, nos, vos, leurs, plusieurs, quelques ou d'un adjectif numéral pluriel.

DICTÉE.

Une alouette. Des alouettes. La bécasse. Des bécasses. Votre canard. Vos canards. La demoiselle. Les demoiselles. Mon dindon. Mes dindons. Un enfant. Des enfants. Un écureuil. Plusieurs écureuils. La femme. Les femmes. Cette fille. Ces filles. La fête. Les fêtes. Une guêpe. Des guêpes. Ce hareng. Ces harengs. Une hirondelle. Des hirondelles. Un homme. Quatre

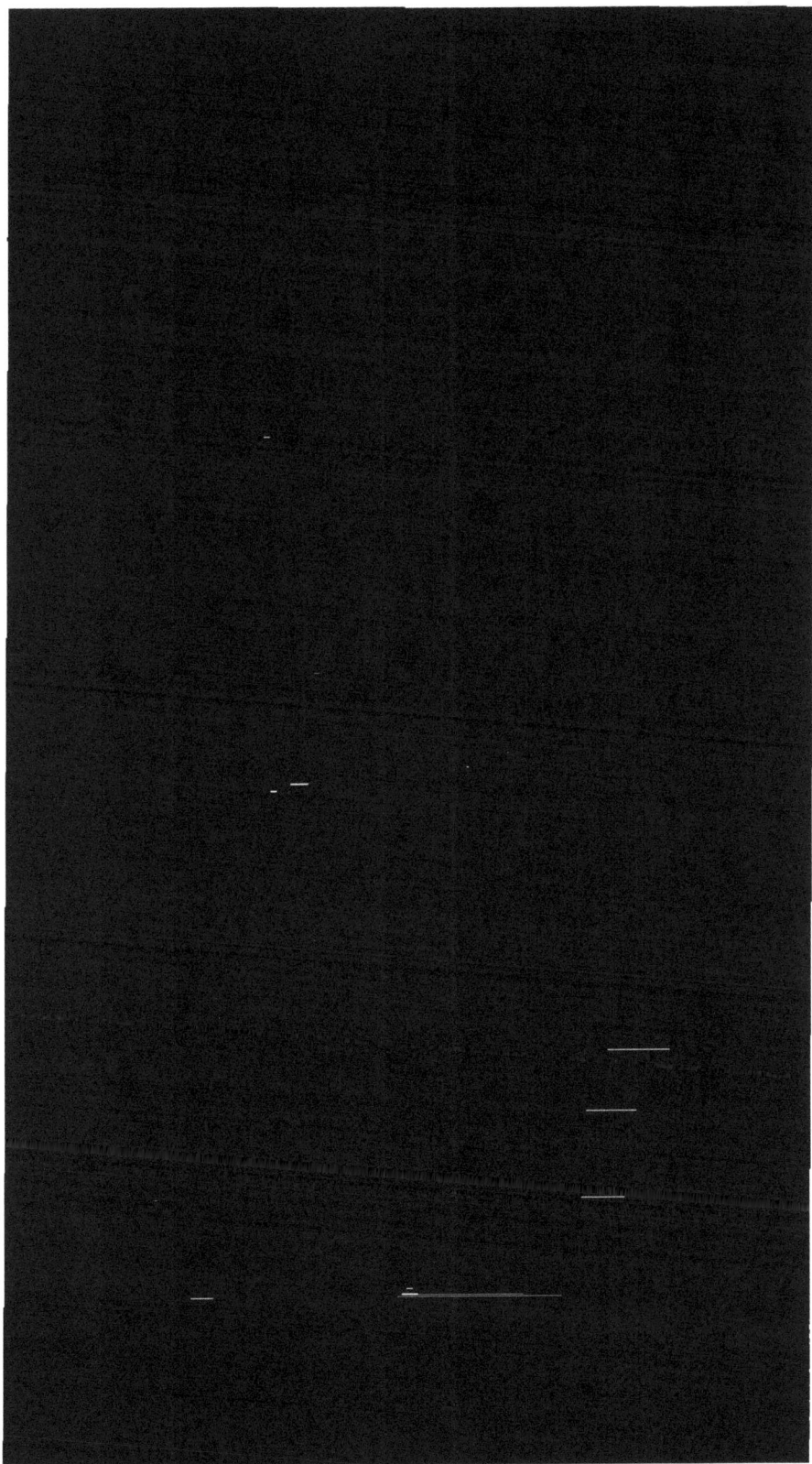

Houx	Paradis	Repas
Lambris	Parcours	Repos
Legs	Pays	Riz
Logis	Poids (pour peser)	Sens
Lynx	Pois (légume)	Souris
Marais	Poix (suc résineux)	Succès
Marquis	Prix	Taffetas
Matelas	Procès	Tamis
Matras	Progrès	Tapis
Mépris	Propos	Taux
Mets	Puits	Tracas
Mois	Rabais	Trépas
Nez	Radis	Univers
Noix	Ramas	Velours
Paix	Refus	Vernis
Palais	Remords	Voix

DICTÉE.

Un abcès. Des abcès. Un avis. Des avis. Le bas. Les bas. Mon bois. Mes bois. Ton bras. Tes deux bras. La brebis. Douze brebis. Un cabas. Quelques cabas. Votre cadenas. Vos cadenas. Notre carquois. Nos carquois. Le cervelas. Les cervelas. Un commis. Des commis. Ce compas. Ces compas. Le concours. Les concours. Le corps. Les corps. Un dais. Des dais. Votre devis. Ces devis. Cet échalas. Ces échalas. L'embarras. Les embarras. La faulx. Les faulx. Un gaz. Des gaz. Le grès. Les grès. Un haras. Des haras. Un legs. Des legs. Ce logis. Ces logis. Le marais. Les marais. Votre matelas. Vos matelas. Ce nez. Ces nez. Une noix. Cent noix. Le palais. Les palais. Un poids. Des poids. Le procès. Les procès. Un puits. Des puits. Le remords. Les remords. La souris. Les souris. Un tamis. Des tamis. La voix. Les voix.

13e LEÇON.

Du pluriel dans les substantifs en AU, EU.

La désinence au, dans les substantifs, est le plus

souvent diminutive : *arbrisseau*, petit arbre ; *cuveau*, petite cuve ; *lionceau*, petit lion ; *hoyau*, petite houe. Quelques substantifs en *au* sont pourtant augmentatifs: *bateau, tombereau, vaisseau.*

Règle.

Les substantifs terminés au singulier par *au* et par *eu* prennent *x* au pluriel : *un chameau , des chameaux ; un veau, des veaux ; un cheveu, des cheveux; un jeu, des jeux.* — La plupart des substantifs en *au* ont cette finale précédée d'un *e.*

Les substantifs suivants, fréquemment employés, ne prennent pas la lettre *e* avant *au* : *boyau, étau, gluau, hoyau, joyau, noyau, sarrau, tuyau* ; c'est probablement pour éviter la rencontre de plusieurs voyelles.

Landau (carrosse) fait son pluriel par l'addition d'une *s : des landaus.*

Plus de 200 substantifs sont terminés au singulier par *au* ; il y en a une vingtaine en *eu.*

Voici une partie des substantifs en *au* :

Agneau	Boisseau	Ciseau	Fourneau
Aisseau	Bordereau	Colombeau	Friponneau
Anneau	Bouleau	Copeau	Fuseau
Appeau	Bourreau	Corbeau	Gâteau
Arbrisseau	Boyau	Coteau	Gluau
Baleineau	Bureau	Couleuvreau	Hameau
Baliveau	Caniveau	Couteau	Hoyau
Bandeau	Carreau	Cuveau	Joyau
Bandereau	Caveau	Dindonneau	Jumeau
Barbeau	Cerceau	Drapeau	Linteau
Bardeau	Cerneau	Eau	Lionceau
Barreau	Cerveau	Echeveau	Louveteau
Batardeau	Chalumeau	Ecriteau	Maquereau
Bateau	Chameau	Etau	Marteau
Bécasseau	Chapeau	Etourneau	Moineau
Bedeau	Chapiteau	Faisandeau	Monceau
Berceau	Chaponneau	Fardeau	Morceau
Bigarreau	Château	Flambeau	Muséau
Blaireau	Chevreau	Fléau	Naseau

Niveau	Pourceau	Sceau	Tréteau
Noyau	Préau	Seau	Troupeau
Oiseau	Pruneau	Souriceau	Trousseau
Panneau	Radeau	Sarrau	Tuileau
Passereau	Rameau	Sureau	Tuyau
Perdreau	Rateau	Tableau	Vaisseau
Pipeau	Renardeau	Taureau	Vanneau
Pigeonneau	Réseau	Tombeau	Veau
Plateau	Rideau	Tombereau	Vermisseau
Plumeau	Roseau	Tonneau	Vipereau
Poireau	Rouleau	Tourtereau	Ormeau
Poteau	Ruisseau	Traîneau	Peau

DICTÉE.

Un agneau. Des agneaux. L'anneau. Les anneaux. Cet arbrisseau. Ces arbrisseaux. Un bandeau. Des bandeaux. Ce barreau. Ces barreaux. Le bateau. Les bateaux. Un boyau. Mes boyaux. Mon chapeau. Mes chapeaux. Un cheveu. Des cheveux. Votre château. Vos châteaux. Son ciseau. Ses ciseaux. Le corbeau. Les corbeaux. Un dindonneau. Des dindonneaux. Cet écriteau. Ces écriteaux. Le flambeau. Les flambeaux. Mon fourneau. Mes fourneaux. Un fuseau. Des fuseaux. Le gâteau. Les gâteaux. Un hameau. Plusieurs hameaux. Ton marteau. Tes marteaux. Un moyeu. Des moyeux. Le noyau. Les noyaux. Un landau. Des landaus. Ce joyau. Ces joyaux. Votre boyau. Vos boyaux. Son neveu. Ses neveux. L'oiseau. Les oiseaux. Un perdreau. Des perdreaux. Le roseau. Plusieurs roseaux. Le tableau. Les tableaux. Un vœu. Des vœux.

14e LEÇON.

Du pluriel dans les substantifs en OU.

Règle. Les substantifs *bijou, caillou, chou, genou, hibou, joujou, pou,* prennent *x* au pluriel ; les autres substantifs en *ou* suivent la règle générale, c'est-à-dire qu'ils prennent *s* au pluriel : *un cou, des cous ; un*

---

*Deux substantifs en AU sont féminins, savoir : *eau, peau.*

filou, des filous. — On compte une vingtaine de substantifs en *ou*.

DICTÉE.

Le bambou de mon père. Les bambous de mes
frères. Le bijou de ma mère. Les bijoux de mes sœurs.
Un canezou. Des canezous. Ce caillou. Ces cailloux. Le
chou du jardin. Les choux des jardins. Le genou de
cet enfant. Les genoux de ces enfants. Le clou d'une
porte. Les clous des portes. Un filou. Des filous. Un éta-
dou. Les étadous de ces peigniers. Le cou de la grue.
Les cous des grues. Un hibou. Des hiboux. L'écrou d'un
pressoir. Les écrous des pressoirs. Le coucou. Quelques
coucous. Le licou de notre cheval. Les licous de nos
vaches. Un matou. Des matous. Le joujou de cet enfant. Les joujoux de ces enfants. Un pou à la tête. Sept
poux à la tête. Un sapajou. Plusieurs sapajous. Le
trou d'une serrure. Les trous des serrures. Le verrou
d'une porte. Les verroux d'une porte. Un yacou. Des
yacous. Un sou de France. Des sous de Belgique.

15ᵉ LEÇON.

Du pluriel dans les substantifs en AL.

Règle. Les substantifs en *al* changent, au pluriel,
al en *aux* : *un amiral, des amiraux; un végétal,
des végétaux; un arsenal, des arsenaux.*

La finale plurielle *aux* de ces substantifs ne doit jamais être précédée d'un *e.*

Les substantifs *aval, bal, cal, cantal, carnaval,
chacal, nopal, pal, régal, serval,* forment leur pluriel
par l'addition d'une *s : un bal, des bals; un régal,
des régals.*

Voici les substantifs en *al* :

Aval *	Canal	Carnaval	Confessionnal
Bal	Cantal	Chacal	Corporal
Bocal	Caporal	Cheval	Cristal
Cal	Cardinal	Commensal	Cubital

* Quelques substantifs masculins en *al* prennent un *e* muet,
tels sont : *intervalle, mâle, râle.*

Fanal	Mal	Processionnal	Signal
Fécial	Maréchal	Quintal	Total
Frontal	Métal	Radical	Tribunal
Général	Minéral	Réal	Val
Journal	Pal	Régal	Vassal
Local	Piédestal	Rival	Végétal
Madrigal	Principal	Sénéchal	

DICTÉE.

Un aval. Des avals. Le bal. Des bals. Un bocal de cerises. Des bocaux d'eau-de-vie. Le canal du Languedoc. Les canaux de la France. Le caporal. Les caporaux. Un cardinal. Des cardinaux. Le carnaval. Les carnavals. Ce chacal. Ces chacals. Le cheval de mon oncle. Les chevaux de ce cultivateur. Le confessionnal de cette église. Les confessionnaux de ces églises. Un corporal. Des corporaux. Le journal de l'Aisne. Les journaux de Paris. Un maréchal de France. Les maréchaux de France. Le pal. Des pals. Ce madrigal. Ces madrigaux. Un quintal. Plusieurs quintaux. Le rival de mon ami. Deux rivaux. Un nopal. Des nopals. Le signal du combat. Des signaux. Un tribunal. Des tribunaux. Un vassal de la couronne de France. Les vassaux de la couronne de France. L'hôpital d'Avranches. Les hôpitaux de la capitale.

16e LEÇON.

Du pluriel dans les substantifs en AIL.

Règle. Les substantifs en *ail* forment leur pluriel par l'addition d'une *s* : *un camail , des camails ; un portail, des portails.*

Les substantifs *bail, corail, émail, soupirail, travail, vantail ,* font leur pluriel en changeant *ail* en *aux* : *baux, coraux, émaux, soupiraux, travaux, vantaux.*

Le substantif *travail* fait *travails* au pluriel , quand il représente des machines en bois où l'on ferre les chevaux vicieux.

Ail, espèce d'ognon, fait *ails* ou *aulx*. — On dit *bétail* au singulier, et *bestiaux* au pluriel.

DICTÉE.

Le camail de monsieur, le curé de la paroisse. Les camails des ecclésiastiques. Le détail de cette pièce. Les détails de ces pièces. L'éventail de cette dame. Les éventails de ces dames. Un épouvantail. Des épouvantails. Un bail à rente. Quelques baux à rente. Le poitrail de ce cheval. Les poitrails de ces chevaux. Le soupirail d'une cave. Les soupiraux de ma cave. Le portail de la cathédrale de Reims. Les portails des églises de Rome. Le bétail de votre fermier. Les bestiaux des fermiers de ce pays. Le tramail de ce pêcheur. Les tramails de ces pêcheurs. L'attirail de la chasse. Les attirails de la chasse. L'émail des prairies. Les émaux de Nevers. Le gouvernail d'un vaisseau. Les gouvernails des vaisseaux. Les sérails de la Turquie.

17ᵉ LEÇON.

Du pluriel dans les substantifs en ANT, ENT.

La terminaison *ment*, dans les substantifs, signifie la chose, ce qui est, ce qui signifie qu'une chose est, ou qu'elle est de telle sorte ; ainsi *raisonnement* veut dire le discours qui établit une raison ; *complément*, ce qui complète ; *tourment*, ce qui tord ; *document*, ce qui instruit ; *monument*, ce qui avertit.

Règle.

Quand les substantifs terminés au singulier par *ant* ou par *ent* sont employés au pluriel, il est plus rationnel d'y laisser le *t*, suivi de l's finale qu'on y ajoute.

DICTÉE.

L'accent de la douleur. Des accents. Un accident. Des accidents. Un arpent de terre. Quelques arpents de terre. Un arrondissement. Les arrondissements de la capitale. Le complément du substantif. Les compléments de ces verbes. Un compliment d'usage. Des compliments d'usage. Le chant du rossignol. Un poème en dix chants. Le diamant de la couronne. Les diamants de cette princesse. Le débordement d'un fleuve. Les débordements des rivières. Le tirant de ma bourse. Les tirants de mes bottes. Le commandant d'une place. Les commandants des armées. L'instrument du supplice. Les instruments du supplice. Un couvent d'hommes. Des couvents de femmes. Un gant de peau. Des gants de soie. Une dent de sagesse. Vos dents de sagesse. Un sarment de vigne. Des sarments de vigne. Un serpent à sonnettes. Des serpents boas.

18ᵉ LEÇON.

Revoir les règles sur la formation du pluriel dans les substantifs.

DICTÉE RÉCAPITULATIVE.

Les livres de mes frères et les bijoux de ma sœur. Les chameaux de l'Arabie. Plusieurs arpents de terre. Les carreaux de ces appartements. Les débris de ces maisons. Le décès de mes parents. Les dieux de la Fable. Les essieux de ces voitures. Les palais des rois. Le palais des Tuileries. Les principaux des collèges. Les poux de la tête. Les progrès de mes élèves. Les journaux du département. Les harnais de vos chevaux. Les préaux de cette salle d'asile. Les tapis de ces chambres. Les moments de bonheur. Le tracas du ménage. Les verrous de ces portes. Le vœu de chasteté. Les promenades de cette ville. Les eaux des fleuves et des rivières. Mes deux neveux. Les noms de tous les canaux de ces contrées. Les châteaux de la Bourgogne. Des fanaux sur des piédestaux ; des colonnes ou des pieux. Les troupeaux de moutons. Les qualités de ces élèves. Les clous de vos souliers.

CHAPITRE DEUXIÈME.

ORTHOGRAPHE DE L'ADJECTIF

19ᵉ LEÇON.

Formation du féminin dans les adjectifs.

Règle générale.

On forme le féminin, dans les adjectifs, en ajoutant un *e* muet au masculin : *assidu*, *assidue* ; *clair*, *claire* ; *lourd*, *lourde*.

DICTÉE.

Le reproche amer. La raillerie amère. Un travail assidu. Une ouvrière assidue. Un esprit badin. Ta lettre badine. Un cheveu blond. Une chevelure blonde. Le fait certain. La victoire certaine. Un régime direct. Une attaque directe. Le Verbe divin. La magnificence divine. Du fil écru. De la toile écrue. Un jeune homme enjoué. Une demoiselle enjouée. Le monde entier. Une année entière. L'homme fier. Cette voix fière. Cet air gai. Votre chanson gaie. Mon cousin germain. Ma cousine germaine. Le fruit mûr. La pomme mure. Votre habit noir. Cette robe noire. Ce fruit prématuré. La vieillesse prématurée. Un prompt retour. Une repartie prompte. Votre enfant têtu. Votre petite fille têtue. Le gazon vert. Une réponse verte. Mon bras seul. Leur naissance seule. Ce hardi projet. Une proposition hardie. Un ouvrage imparfait. La joie imparfaite.

20ᵉ LEÇON.

Des adjectifs terminés au masculin par un E muet.

Règle. Les adjectifs terminés au masculin singulier par un *e* muet, comme *aimable*, *extrême*, *faible*, ne changent pas de terminaison au féminin : *un homme aimable, une femme aimable* ; *un esprit faible, une mémoire faible*.

DICTÉE.

Le repas ample. Une ample récolte. Ce vieillard avare. L'humeur avare. Un homme avide de louanges. Une femme avide de louanges. L'esprit bizarre. L'humeur bizarre. Un auteur célèbre. Une ville célèbre. Un attentat énorme. Une contradiction énorme. Mon chien fidèle. Ma fidèle épouse. Notre revenu fixe. Cette étoile fixe. Le talent frivole. Cette parole frivole. Cet honnête homme. Cette honnête femme. Un terrain humide. Notre terre humide. Un être ignare. Une personne ignare. L'attribut incomplexe. Cette proposition incomplexe. Votre malheur nécessaire. Une peine nécessaire. Ce visage pâle. Cette figure pâle. Le pays pauvre. La composition pauvre. Un enfant salé. Une rue sale. Un crime atroce. Une âme atroce. Ce rebelle courage. Une maladie rebelle aux remèdes. Le discours ridicule. La posture ridicule.

21ᵉ LEÇON.

Des adjectifs en ILE.

La terminaison *ile*, dans les adjectifs, désigne simplement ce qui est, ce qui se fait.

Règle. Les adjectifs en *ile* prennent un *e* muet au masculin comme au féminin : *un champ fertile, une terre fertile ; un corps mobile, une fête mobile.*

Remarque. Par anomalie : *bissextil, civil, juvénil, puéril, subtil, vil, viril, volatil* ne prennent point la lettre *e* au masculin.

L'adjectif *tranquille* (tranquillis) prend toujours *ll* et un *e* muet.

NOTA. Les adjectifs en *ile* ne sont autre chose que des adjectifs neutres latins au nominatif singulier :

Adjectifs neutres latins : Agile. Docile. Facile. Habile. Hostile. Sterile. Utile.
Adjectifs français : Agile. Docile. Facile. Habile. Hostile. Stérile. Utile

Voici les adjectifs en *ile* et leurs irréguliers :

Agile	Facile	Inutile	Scissile
Alibile	Fébrile	Juvénil	Sénile
Aquatile	Fertile	Labile	Sessile
Biquintile	Fluviatile	Malhabile	Sextil
Bissextil	Fragile	Mercantile	Servile
Cantabile	Futile	Mobile	Stérile
Civil	Habile	Nubile	Subtil
Contractile	Hostile	Octile	Tactile
Déiviril	Imbécile	Plicatile	Tranquille
Delébile	Immobile	Projectile	Utile
Débile	Incivil	Puéril	Versatile
Difficile	Indélébile	Quintil	Vibratile
Docile	Indocile	Rétractile	Vil
Ductile	Inhabile	Ruptile	Viril
Exile	Intactile	Saxatile	Volatil

DICTÉE

Le suédois agile. Une main agile. Ce végétal aquatile. Cette plante aquatile. L'an bissextil. L'année bissextile. L'état civil. La guerre civile. Le caractère indélébile. Une encre indélébile. Votre estomac débile. Ma mémoire débile. Cet ouvrage difficile. Cette entreprise difficile. Un enfant docile aux lois du Seigneur. Une passion docile à la raison. Le devoir facile. La leçon facile. Un mouvement fébrile. La chaleur fébrile. Ton champ fertile. Ta terre fertile. Ce coquillage fluviatile. Cette plante fluviatile. Un vase fragile. De la porcelaine fragile. Un homme habile. Une jeune personne habile. Ce projet hostile. Cette femme hostile. L'esprit mercantile. La profession mercantile. Un corps mobile. Une fête mobile. Un bonheur tranquille. La joie d'une conscience tranquille. Un emploi utile. Une lecture utile.

22ᵉ LEÇON

Adjectifs qui doublent, au féminin, la consonne finale.

Règles.

1° Les adjectifs terminés au masculin singulier en

el, eil, en, et, on, doublent, au féminin, la consonne finale et prennent un *e* muet : *tel, telle ; pareil, pareille ; ancien, ancienne ; muet, muette ; bon, bonne.*

Remarque. Par anomalie, *complet, concret, discret, inquiet, replet, secret* font au féminin : *complète, concrète, discrète, inquiète, replète, secrète.*

NOTA. Les correspondants latins sont : *completus, concretus, discretus, inquietus, repletus, secretus.*

2° Les adjectifs *nul, gentil, bellot, sot, vieillot, paysan, bas, gras, las, épais, gros, exprès, profès* doublent la consonne finale et prennent un *e* muet : *nulle, gentille, bellotte, sotte, vieillotte, paysanne, basse, grasse, lasse, épaisse, grosse, expresse, professe.*

Voici la plupart des adjectifs en *el, et, en, eil, on :*

Accidentel	Cruel	Lixiviel
Actuel	Différentiel	Manutentionnel
Additionnel*	Essentiel	Matériel
Artériel	Eternel	Maternel
Artificiel	Eventuel	Mensuel
Ascensionnel	Exceptionnel	Mercuriel
Casuel	Formel	Ministériel
Censuel	Fraternel	Mortel
Charnel	Graduel	Mutuel
Circonstanciel	Habituel	Naturel
Conditionnel	Immatériel	Nouvel
Confidentiel	Immortel	Obédientiel
Constitutionnel	Impersonnel	Occasionnel
Consubstantiel	Inconstitutionnel	Officiel
Continuel	Incorporel	Originel
Contractuel	Individuel	Partiel
Conventionnel	Industriel	Paternel
Conventuel	Intellectuel	Perpétuel
Corporel	Intentionnel	Personnel
Correctionnel	Irrationnel	Pestilentiel
Criminel	Juridictionnel	Pluriel

* Tous les adjectifs en *ionnel* doublent la consonne N.

Ponctuel, Transactionnel, Ancien,
Potentiel, Trimestriel, Cartésien,
Préjudiciel, Trisannuel, Chrétien,
Proportionnel, Universel, Comédien,
Provisionnel, Usuel, Diluvien,
Quel, Virtuel, Quotidien,
Rationnel, Visuel*, Rachidien,
Récrémentiel, Pareil, Biberon,
Sémestriel, Vermeil, Bichon,
Sensuel, Discret, Bon,
Sexuel, Douillet, Bouffon,
Solennel, Complet, Bourguignon,
Spirituel, Concret, Breton,
Substantiel, Indiscret, Fripon,
Surnaturel, Inquiet, Mignon,
Subventionnel, Mollet, Octavon,
Superficiel, Muet, Polisson,
Temporel, Net, Poltron,
Textuel, Replet, Quarteron,
Traditionnel, Secret,

Plus les mots en *ien* désignant le lieu, la doctrine, l'origine, la profession d'un art, d'une science : *Parisien, Italien, Languedocien, Prussien, Pyrrhonien, Platonicien, Musicien, Logicien,* etc.

DICTÉE.

Le péché actuel. La grâce actuelle. Ce mouvement annuel. Une plante annuelle. L'ancien maire de la ville. Votre ancienne coutume. Nul homme vivant sur cette terre. Nulle proposition. Ton bon cheval. Ta bonne mémoire. Le sot orgueil de cet homme. La sotte réponse de cette femme. L'empereur chrétien. La simplicité chrétienne. Son discours bouffon. Sa joie bouffonne. Le bas peuple de cette contrée. La basse région de l'air. L'habillement complet. Une histoire complète. Le ciel las de tes crimes. Une femme lasse de son voyage. Cet enfant douillet. Une peau douillette. Un

---

* Les adjectifs *fidèle, modèle, rebelle,* se terminent par un *e* muet au masculin comme au féminin.

petit enfant replet.Une petite fille replète. Ce chanoine
vermeil. Des raisins d'une peau vermeille. L'amour
fraternel. La charité fraternelle. Un gros marchand de
draps.Une grosse armée.Le pronom personnel.La faute
personnelle. Un œil fripon. Une personne friponne.

23ᵉ LEÇON.
Des adjectifs en IF.

La désinence *if* signifie qui est actif , qui fait , qui
réduit en acte : *oppressif, expéditif, vindicatif, hâtif,
corrosif, progressif*, etc. Mais elle signifie qui est passif, qui souffre l'action , dans *oisif, chétif, captif, relatif, abusif*, etc.

Règle. Les adjectifs terminés au masculin singulier
par *f*, changent, au féminin , cette consonne forte en
son articulation faible *v*, en y joignant l'e muet :.*bref,
brève; actif, active ; neuf, neuve ; abusif, abusive*.

Voici la plupart de ces adjectifs :

Abortif	Attentif	Contemplatif
Abréviatif	Attractif	Convulsif
Abstersif	Attributif	Corrosif
Abstractif	Augmentatif	Curvatif
Abusif	Bref	Décisif
Accusatif	Brief	Defectif
Actif	Captif	Défensif
Additif	Carminatif	Définitif
Adhésif	Causatif	Démonstratif
Administratif	Chétif	Dénominatif
Adoptif	Collectif	Déprécatif
Adversatif	Commémoratif	Dérivatif
Affirmatif	Communicatif	Descriptif
Afflictif	Comparatif	Diminutif
Agrégatif	Compressif	Distributif
Altératif	Conceptif	Dormitif
Alternatif	Conclusif	Effectif
Apéritif	Conjonctif	Exclamatif
Approbatif	Consécutif	Expansif
Approximatif	Consultatif	Explétif

Expressif	Laxatif	Plaintif
Facultatif	Liminatif	Positif
Fédératif	Maladif	Privatif
Hâtif	Naïf	Productif
Illuminatif	Natif	Représentatif
Imaginatif	Négatif	Respectif
Impératif	Neuf	Tardif
Improductif	Nutritif	Veuf
Incisif	Passif	Vif
Indicatif	Pensif	Votif

DICTÉE.

Le plus actif des éléments. Une dette active. Le père adoptif. La mère adoptive. Ce ton affirmatif. Cette proposition affirmative. Un mouvement alternatif. Une charge alternative. L'état approximatif d'une dépense. Une somme approximative. Ce bandage attractif. La vertu attractive. Le commandement bref. La prononciation brève. Un chrétien captif. Une chrétienne captive. Un chétif imitateur. Une mine chétive. Cet homme communicatif. Cette âme communicative. Le tableau comparatif des richesses des nations. Une expression comparative. Le point exclamatif. La phrase exclamative. Le mode impératif. Une disposition impérative. L'aveu naïf. Une naïve beauté. Un terme négatif. Une grandeur négative. Un habit neuf. Une robe neuve. Le verbe passif. Cette dette passive. Un terrain productif. Une terre productive. Une homme veuf. Une femme veuve.

24e LEÇON.

Des adjectifs en EUX.

La désinence *eux*, dans les adjectifs, désigne la force, l'habitude, le penchant, le goût, l'excès, l'affectation.

Règle. Les adjectifs terminés au masculin singulier par *x*, changent, au féminin, *x* en se : *dangereux*, *dangereuse*; *jaloux*, *jalouse.*

Sont exceptés les adjectifs : *doux*, *faux*, *préfix*,

roux, *vieux* qui font, au féminin : *douce*, *fausse*, *préfixe*, *rousse*, *vieille*.

NOTA. De ces cinq adjectifs, les quatre premiers viennent des expressions latines *dulcis*, *falsus*, *præfixus*, *russus* ; et l'adjectif *vieille* se dit au masculin *vieil*.

Il y a plus de 150 adjectifs terminés par *x* ; en voici une partie :

Affectueux	Epineux	Miséricordieux
Ambitieux	Fabuleux	Moëlleux
Amoureux	Fameux	Monstrueux
Artificieux	Fastidieux	Morveux
Astucieux	Faux	Nébuleux
Audacieux	Foireux	Nerveux
Avantageux	Frauduleux	Odieux
Baveux	Furieux	Officieux
Belliqueux	Galeux	Oiseux
Bienheureux	Généreux	Orgueilleux
Boiteux	Glorieux	Oublieux
Cadavéreux	Gracieux	Paresseux
Calomnieux	Hargneux	Pieux
Capiteux	Harmonieux	Poissonneux
Capricieux	Hasardeux	Pompeux
Captieux	Heureux	Précieux
Chaleureux	Honteux	Préfix
Chanceux	Impérieux	Prodigieux
Chassieux	Impétueux	Raboteux
Chatouilleux	Industrieux	Radieux
Copieux	Ingénieux	Rigoureux
Curieux	Insidieux	Savoureux
Dangereux	Jaloux	Scrupuleux
Dédaigneux	Joyeux	Séditieux
Défectueux	Laborieux	Sérieux
Délicieux	Langoureux	Silencieux
Disgracieux	Majestueux	Soigneux
Douloureux	Malheureux	Tortueux
Doux	Malicieux	Vicieux
Envieux	Merveilleux	Vieux

3

DICTÉE.

Un sentiment affectueux. Une parole affectueuse. Le style ambitieux. La princesse ambitieuse. Un homme astucieux. Une femme astucieuse. Votre projet audacieux. Votre entreprise audacieuse. Ton emploi avantageux. Ta place avantageuse. Un peuple belliqueux. Une belliqueuse ardeur. Le discours calomnieux. Sa lettre calomnieuse. Votre enfant capricieux. Cette capricieuse humeur. L'abord contagieux du méchant. Une maladie contagieuse. Quel dangereux poste ! Quelle société dangereuse ! Le sommeil doux. La douce chaleur. Un arbre épineux. La carrière épineuse du bel esprit. Un discours fastidieux. Une répétition fastidieuse. Le sacrifice généreux. Une âme généreuse. Un homme faux. Une personne fausse. Ce règne glorieux. Cette glorieuse paix. Le cours heureux des prospérités. Sa mémoire heureuse. Un homme miséricordieux. La Providence miséricordieuse. L'esprit orgueilleux. L'orgueilleuse puissance de cette ville. Un cheval roux. De la barbe rousse. Un gouvernement vigoureux. Une attaque vigoureuse.

25ᵉ LEÇON.
Des adjectifs qui forment irrégulièrement leur féminin.

Règles.

1º Quelques adjectifs terminés au masculin en *ou*, ou en *eau*, par contraction, changent, au féminin, *ou* en *olle*, *eau* en *elle*: *fou, mou; folle, molle; beau, jouvenceau, jumeau, nouveau; belle, jouvencelle, jumelle, nouvelle.* — Au masculin, on dit aussi : *fol, mol, bel, nouvel.*

2º Les adjectifs terminés au masculin par un *c*, forment leur féminin de deux manières : les uns ajoutent *he* au *c*, comme : *blanc, blanche; franc, franche; sec, sèche;* d'autres changent le *c* en *que*, comme : *ammoniac, ammoniaque; caduc, caduque; public, publique; turc, turque;* — *grec* conserve au féminin *c* avant *que: grecque, frais* fait *fraîche.*

5° Les adjectifs terminés par un *g* au masculin singulier, ajoutent au féminin un *u* euphonique pour conserver devant l'*e* muet, l'articulation ferme : *long*, *longue* ; *barlong, barlongue* ; *oblong, oblongue.*

4° Les adjectifs *bénin*, *malin* font *bénigne*, *maligne* (benigna, maligna) ; *coi, favori, devin* font *coîte, favorite, devineresse.*

5° Les adjectifs *aigu, ambigu, bégu, contigu, exigu* font leur féminin par l'addition d'un *e* muet surmonté d'un tréma : *aiguë, ambiguë, béguë, contiguë, exiguë.*

DICTÉE.

Le beau monde. Le bel âge. Une belle prairie. Mon frère jumeau. Sa sœur jumelle. Un homme fou. Un fol espoir. Une dépense folle. Mon volume oblong. L'air bénin. La figure bénigne de cet homme. La sérénité d'une saison plus bénigne. Un pain frais. De l'eau fraîche. Le mot favori. La maison favorite. Un usage turc. Une coutume turque. L'homme franc. La femme franche. Un mot grec. Une coutume grecque. Un chemin sec. Une allée sèche. Votre manteau barlong. Votre robe barlongue. Un accent aigu. La plus aiguë de ses flèches. Ce vieillard caduc. Cette maison caduque. Un lieu public. L'utilité publique. Son logement exigu. Une somme exiguë. Le Nouveau-Monde. La nouvelle lune. Un ulcère malin. Une fièvre maligne. Le terme ambigu. La pensée ambiguë.

26e LEÇON.

Des adjectifs masculins en EUR.

Les adjectifs masculins en *eur* ont trois formes pour le féminin :

1re *forme*. Ils prennent un *e* muet, si le masculin est terminé par *érieur* : *antérieur*, *antérieure* ; *postérieur, postérieure* ; *intérieur, intérieure.*

Les adjectifs *majeur, meilleur, mineur* font au féminin *majeure, meilleure, mineure*,

2e *forme.* Ils changent *eur* en *euse* , lorsqu'ils dérivent, sans détour , d'un verbe mis au participe présent :

Boudeur, buveur, chanteur, colporteur, menteur, parleur, relieur

Venant des participes présents :

Boudant, buvant. chantant, colportant. mentant, parlant, reliant

Font au féminin :

Boudeuse, buveuse, chanteuse, colporteuse, menteuse, parleuse; relieuse

L'adjectif *débiteur* fait, au féminin , *débiteuse* (de
nouvelles) et *débitrice* (qui doit à un autre).

NOTA. Si les adjectifs *exécuteur, inspecteur, inventeur, per-
sécuteur,* quoique dérivés d'un participe présent , font au féminin : *exécutrice , inspectrice , inventrice , persécutrice,* c'est
parce que leurs correspondants latins font au féminin : *executrix,
inspectrix, inventrix, persecutrix.*

3e *forme.* Ils changent *eur* en *rice,* s'ils ne dérivent
pas directement d'un participe présent : *calculateur ,
calculatrice , consolateur, consolatrice.*

Remarque. Les adjectifs suivants :

Bâilleur		Bâilleuse	qui bâille.	
Chasseur		Chasseuse	en prose.	
Chanteur	Font	Chanteuse	style familier	
Défendeur	au	Défendeuse		
Demandeur	féminin	Demandeuse	qui importune en demandant	
Pêcheur		Pêcheuse	qui prend du poisson	
Procureur		Procureuse	la dame d'un procureur	
Vendeur		Vendeuse	qui vend des marchandises.	

et

Bailleresse	de fonds.
Chasseresse	langage poétique.
Cantatrice	qui a une réputation dans l'art du chant.
Défenderesse	en justice.
Demanderesse	en justice.
Pêcheresse	qui fait des péchés.
Procuratrice	chargée d'un pouvoir
Venderesse	en style de pratique.

Les adjectifs *ambassadeur, gouverneur, serviteur ,*
font au féminin : *ambassadrice , gouvernante , servante.*

Adjectifs qui font *teuse* au féminin :

Affronteur	Emprunteur	Raconteur
Chanteur	Entremetteur	Radoteur
Menteur	Ergoteur	Rapporteur
Arpenteur	Escamoteur	Rioteur
Brocanteur	Escompteur	Sauteur
Brouetteur	Flatteur	Solliciteur
Caqueteur	Fouetteur	Sorteur
Chuchoteur	Hotteur	Souffleteur
Colporteur	Metteur	Tâteur
Complimenteur	Porteur	Tricoteur
Compteur	Prêteur	
Disputeur	Prometteur	

Adjectifs qui font *trice* au féminin :

Abréviateur	Civilisateur	Dénonciateur
Accélérateur	Coadjuteur	Dépréciateur
Accompagnateur	Collaborateur	Désapprobateur
Accumulateur	Combinateur	Désolateur
Accusateur	Compensateur	Désorganisateur
Acteur	Compilateur	Dessinateur
Adjudicateur	Conciliateur	Destructeur
Administrateur	Condensateur	Détenteur
Admirateur	Conducteur	Détracteur
Admoniteur	Conjurateur	Dévastateur
Adorateur	Conservateur	Dévorateur
Adulateur	Consolateur	Diffamateur
Agitateur	Consommateur	Dilaniateur
Allégateur	Contemplateur	Dilapidateur
Amplificateur	Coopérateur	Directeur
Annotateur	Correcteur	Dispensateur
Appréciateur	Corrupteur	Dissimulateur
Approbateur	Créateur	Dissipateur
Argumentateur	Cultivateur	Distributeur
Auditeur	Curateur	Divinateur
Calculateur	Débiteur	Dominateur
Calomniateur	Dégustateur	Donateur
Captateur	Délateur	Émulateur

Exagérateur	Introducteur	Rédacteur
Excitateur	Investigateur	Réformateur
Exécuteur	Lecteur	Régénérateur
Expiateur	Légateur	Régulateur
Explorateur	Législateur	Rémunérateur
Exterminateur	Libérateur	Réparateur
Fécondateur	Locomoteur	Réprobateur
Fondateur	Médiateur	Reproducteur
Générateur	Modérateur	Restaurateur
Imitateur	Murmurateur	Révélateur
Improbateur	Narrateur	Séducteur
Improducteur	Négociateur	Spectateur
Improvisateur	Novateur	Spéculateur
Interlocuteur	Observateur	Tentateur
Insidiateur	Obturateur	Testateur
Inspecteur	Opérateur	Triomphateur
Inspirateur	Ostentateur	Tuteur
Instigateur	Pacificateur	Usurpateur
Instituteur	Persécuteur	Vexateur
Interpellateur	Perturbateur	Violateur
Interprétateur	Pondérateur	Zélateur
Interrogateur	Présentateur	
Interrupteur	Réconciliateur	

Nota. Pour ceux qui savent le latin, il est facile de voir que les mots en *teur* et en *trice* dérivent des mots latins terminés en *tor* et en *trix*.

DICTÉE.

Voilà un plaisant ambassadeur. Madame l'ambassadrice. Un buveur. Une personne buveuse. Le sang-froid calculateur de l'égoïsme. Une femme calculatrice. Un oiseau chanteur. Une jeune fille chanteuse. Le compte débiteur. La somme débitrice. Le flambeau délateur. Ma voisine délatrice. Un avantage extérieur. La politique extérieure. L'ange exterminateur. Une guerre exterminatrice. Un feu intérieur. La paix intérieure. Le meilleur homme du monde. Une meilleure pêche. Un langage menteur. Une physionomie menteuse. Un billet payable au porteur. Une porteuse de nouvelles. Votre très-humble serviteur. Votre dévouée servante. Ce ton railleur. Cette personne railleuse. Le protecteur de la tranquillité publique. La ligue protectrice. Un miroir flatteur. Une flatteuse espérance. Un courtisan adulateur. Une harangue adulatrice. Un talent inférieur. La région inférieure de l'Empire.

27ᵉ LEÇON.

Adjectifs qui s'emploient pour les deux sexes.

Règle. Les adjectifs qui ne s'appliquent ordinairement qu'à des hommes, ne changent pas au féminin : *un homme amateur, une femme amateur.*

Cette règle d'usage vient de ce que ces mots ne dépeignent que des professions d'hommes auxquelles il est rare que les femmes se livrent.

Voici ces adjectifs :

Artisan	Compositeur	Graveur	Professeur
Artiste	Défenseur	Imposteur	Sculpteur
Assassin	Détracteur	Imprimeur	Soldat
Auteur	Disciple	Médecin	Témoin
Borgne	Docteur	Orateur	Traducteur
Capitaine	Ecrivain	Peintre	Vainqueur
Charlatán	Général	Philosophe	
Censeur	Géomètre	Poète	

DICTÉE.

Un homme artisan. Une femme artisan. Florian, auteur agréable. Madame Dacier est un auteur fort distingué. Mademoiselle Schurman, née à Cologne, était peintre, musicienne, graveur, sculpteur, philosophe, géomètre, théologienne même. Un comte borgne. Une maison borgne. Un homme assassin. Une femme assassin. Ton oncle imposteur. Ta tante imposteur. Mon cousin poète. Ma cousine poète. Son frère professeur. Sa sœur professeur. Ce menuisier témoin. Cette couturière témoin. Mon père médecin. Ma mère médecin. Un homme imprimeur. Une personne impri-

meur. Un enfant borgne. La fille de mon voisin borgne.
Ton parrain artiste. Ta marraine artiste. Ce roi vainqueur de ses ennemis. Cette demoiselle vainqueur de
ses passions. Un célèbre écrivain. La sœur de mon
intime ami ; écrivain. Un jeune homme docteur. Une
femme docteur.

28e LEÇON.

Revoir les règles sur la formation du féminin dans les adjectifs.

DICTÉE RÉCAPITULATIVE.

Un roi absolu. Une volonté absolue. Ton désir inquiet. Ton ardeur inquiète. L'enfant merveilleux. La
lampe merveilleuse. L'oiseau captif. La reine captive.
Un discours ambigu. Une phrase ambiguë. Votre travail continuel. Votre toux continuelle. Son bras puissant. Une ville puissante. Le fleuve rapide. La pente
rapide. Le brouillard épais. La forêt épaisse. Un plaisir
nouveau. Une chanson nouvelle. Ce pain quotidien.
Cette feuille quotidienne. Mon honneur intact. Ma
réputation intacte. Cet homme menteur. Cette femme
menteuse. Un geste éloquent. Une page éloquente. Le
délai bref. La parole brève. Son repas princier. Sa
terre princière. Un peuple producteur. Une industrie
productrice. Le corps velu. La jambe velue. Un fil
conducteur. Une main conductrice. Le talent inférieur.
La région inférieure de l'air. Cet homme calomniateur.
Cette femme calomniatrice.

29e LEÇON.

Formation du pluriel dans les adjectifs.

Règle générale.

On forme le pluriel dans les adjectifs, en ajoutant
une s au singulier : le bon père, les bons pères ; la
bonne mère, les bonnes mères. (Voir la 8e leçon).

DICTÉE.

Nos trois aimables petites voisines. Des jardins remplis d'arbres verts , de plantes odoriférantes et de magnifiques statues. Les chants vifs et gais de la cigale. Le bruit des dangereuses avalanches. Les habitudes modérées ; réglées , laborieuses. Les hommes vains , orgueilleux et légers. Les femmes vaines, orgueilleuses et légères. Les gentils petits rosiers de ce jardin. Ces prairies fraîches , grasses et fécondes. Les mères bienfaitrices et protectrices naturelles de leurs enfants. Quels magnifiques portails ! Des dahlias jaunes et jaspés. Vos jolis batelets verts, et vos canots élégants et légers. Les vieilles vitres peintes de la Sainte-Chapelle. Des robes bleues et fraîches. Ces autres fléaux destructeurs. Ces enfants obéissants. Des enfants assidus à l'école. Des mères assidues à leur travail. Les mauvaises compagnies.

30e LEÇON.

Des adjectifs terminés au singulier par S, X.

Règle. Les adjectifs terminés au masculin singulier par *s* ou *x*, ne changent point au pluriel masculin : *un habit gris, des habits gris ; un homme heureux , des hommes heureux.* (Voir la 9e leçon).

DICTÉE.

Un coquin artificieux. Des coquins artificieux. Le bas peuple. Des esprits bas. Un homme bienheureux. Des hommes bienheureux. Le ruban boiteux. Quatre tabourets boiteux. Ce vin capiteux. Ces vins capiteux. Ce raisonneur captieux. Ces raisonnements captieux. Le style chaleureux. Les discours chaleureux. Le sommeil doux. De doux loisirs. Un sentiment douloureux. Les douloureux accents. Un mur épais d'un mètre. Des bois épais. Le récit fabuleux. Les temps fabuleux. Votre titre fastueux. Vos fastueux équipages. Mon cheval fougueux. Mes chevaux fougueux. Ce furieux menteur. Des regards furieux. Le bœuf gras. Les jours gras. Un esprit hargneux. Des chiens hargneux. Ton caractère jaloux et ombrageux. Des hommes jaloux.

Le ciel las de tes crimes. Des enfants las. Un religieux profès. Des religieux profès. Son zèle officieux. Quelques mensonges officieux. Un précieux souvenir. Des gages précieux d'amitié.

31e LEÇON.

Du pluriel dans les adjectifs en EAU et en AL.

Règles.

1° Les adjectifs en *eau* prennent *x* au pluriel masculin : *un beau château, de beaux châteaux.* (Voir la 10e leçon.) — *Bleu* prend *s* au pluriel.

2° Les adjectifs en *al* changent ordinairement au pluriel, *al* en *aux* : *un caporal brutal, des caporaux brutaux.* (Voir la 12e leçon).

Les adjectifs *fatal*, *final*, *glacial*, *initial*, *labial*, *médial*, *nasal*, *naval*, *pascal*, *théâtral* font leur pluriel masculin par l'addition d'un *s* : *Des instants fatals.*

Remarque. Quelques adjectifs en *al* n'ont guère été employés jusqu'à présent qu'au féminin, ou au singulier masculin, comme : *bénéficial*, *central*, *diagonal*, *expérimental*, *instrumental*, *mental*, etc. Mais si ces adjectifs modifiaient des substantifs masculins pluriel, ils changeraient leur finale en *aux*.

Voici les adjectifs en *al* :

*Abbatial 1	Antinational 1*	Banal 1
Abdominal 1	Antisocial 1	Bancal 2
Abnormal 1	*Arbitral 5	Baptismal 1
Adverbial 1	Archiducal 1	Bénéficial 5
*Allodial 1	Archiépiscopal 1	*Bestial 1
Alluvial 1	Archipresbytéral 1	*Biennal 1
*Amical 5	Arsenical 1	Bipariétal 1
Ammoniacal 1	Assessorial 1	*Bipédal 1
Anévrismal 1	*Augural 1	Bivial 1
*Animal 1	*Austral 2	*Boréal 1
Anomal 1	*Astral 5	*Brachial 1
Antimonial 1	*Automnal 1	*Brumal 5

* Les adjectifs en *ional* ne prennent qu'une *n*.

Brutal 1	Décanal 1	*Fluvial 1
Buccal 1	*Décemviral 1	Fondamental 1
Bursal 1	*Décennal 1	*Frugal 2
Cadastral 1	*Décimal 1	Génal 1
Calicinal 1	Déloyal 1	*Général 1
Canonial 1	*Dentale 5	*Génital 1
Cantonnal 1	Départemental 1	Géométral 1
*Capital 1	Diaconal 1	*Glacial 2
*Cardinal 1	Diagonal 1	Grammatical 1
Carotidal 1	Diamétral 5	*Guttural 1
Censorial 1	*Digital 1	Hémorrhoïdal
*Central 1	Directoral 1	*Hivernal 1
*Centumviral 1	Doctoral	Horizontal 1
Cérébral 1	Doctrinal 1	Horticultural 1
Cervical 1	Domanial 1	Huméral 1
Chapitral 1	*Dominical 1	Humoral 1
Choral 1	Dorsal 1	*Idéal 1
Claustral 1	*Dotal 1	Illégal 1
*Clérical 5	*Ducal 1	*Illibéral 1
*Collatéral 1	Egal 1	Immémorial 1
*Collégial 1	Electoral 1	Immoral 1
Colonial 1	*Episcopal 1	Impartial 1
Colossal 1	Equilatéral 1	*Impérial 1
Commercial 1	Equinoxial 1	Inaugural 1
Communal 1	Expérimental 5	*Infernal 1
*Congénital 1	*Estival 5	Infinitésimal 1
Conjectural 5	Ethmoïdal 1	*Inguinal 1
*Conjugal 1	Facial 1	Intégral 5
Consistorial 1	*Fatal 2	International 1
Continental 1	Féal 1	Initial 2
Cordial 1	Fédéral 1	Intertropical 1
*Coronal 5	*Fémoral 1	Intervertébral 1
Cortical 1	Féodal 1	Intestinal 1
Costal 1	Férial 5	*Jovial 1
Crucial 1	Filial 2	*Jugal 1
*Crural 1	*Final 2	Labial 1
*Cubital 1	*Fiscal 1	Lacrymal 1
*Curial 1	*Floral 1	Lacustral 1

*Latéral 4
*Légal 4
*Libéral 4
*Linéal
Lingual 5
*Littéral 4
*Littoral 4
*Local 4
Longitudinal 4
Loyal 4
*Lustral 4
*Machinal 4
*Magistral
Marginal
*Marital 4
*Martial 4
Matinal 2
*Matrimonial 4
*Médial 2
*Médical 4
Médicinal 4
Mental 5
*Mémorial 5
*Méridional 4
Minéral 4
Mitral 4
Monacal 4
Monitorial 2
Monumental 4
*Moral 4
*Municipal 4
*Mural 4
Musical 4
Naonl 2
National 4
*Natal 2
*Naval 2
*Nominal 4

*Normal 4
Notarial 4
*Numéral 4
*Nuptial 4
Obéval 4
*Obsidional 4
Occidental 4
Occipital 4
Officinal 4
Ombilical 4
Oral 4
*Ordinal 4
*Oriental 4
*Original 4
Orthogonal 4
Ovale 4
Palatale
*Palpébral 4
*Papal 2
Paradoxal 4
*Pariétal 4
Paroissial 5
Partial 4
*Pascal 2
*Pastoral 5
Patriarchal 4
*Patrimonial 4
*Patronal 5
*Pectoral 4
Pétéchial 5
Phénoménal 4
Philosophale
Pinéale
Plagal
*Pluviale
Poitrinal 4
*Pontifical 4
Postal 4

Préfectural 4
Préceptoral 4
Précordial 4
Presbytéral 4
Présidial 4
Prévôtal
Primatial 4
*Primordial 4
*Principal 4
Professoral
*Pronominal 4
Provençal 4
*Proverbial
*Provincial 4
Puerpérale
*Quadragésimal 4
Quatriennal 4
*Quinquennal 4
Radial 4
Radical 4
Rectoral 4
Rhomboïdal 4
Rhumatismal 4
*Rival 4
*Rostrale
Royal 4
Rudéral 4
Rupestral 4
*Rural 4
*Sacerdotal 4
*Sacramental 4
*Sagittal 5
Sapiential
Seigneurial 4
*Séminal 4
Sénatorial 4
Sentimental
Septennal 4

*Septentrional 1	Sutural 1	Tropical 1
*Sépulcral 1	Syndical 1	Unilatéral 1
Sincipital 1	Synodal 1	Végétal 1
*Social 1	*Temporal 1	*Vénal 1
Solstical 1	*Terminal 1	*Ventral 1
Sororial 1	*Territorial 1	Verbal 1
Spécial 1	*Testimonial 1	*Vernal 1
Sphénoïdal 1	*Théâtral 2	Vertébral 1
Sphéroïdal 1	Théologal 1	Vertical 1
*Spinal 1	Thermal 1	Vésical 1
Spiral 1	*Tibial 1	Vicarial 1
Staminal 1	Tinctorial 1	*Vicennal 1
Stomacal 1	Total 1	*Vicinal 1
Sublingual 1	Transversal 1	*Victorial 1
Submental 1	Triennal 1	*Virginal 5
Succursale	Trilatéral 1	Viscéral 1
Sural 1	*Triomphal 1	*Vital 1
Surcostal 1	*Triumviral 1	*Vocal 1
Surrénal 1	*Trivial 1	Zodiacal 5

En ajoutant *is* aux adjectifs marqués d'un astérisque, on aura les adjectifs latins correspondants ;

Le chiffre 1 indique les adjectifs qui font leur pluriel en *aux* ;
Le chiffre 2, ceux qui font leur pluriel en *als* ;
Et le chiffre 3, ceux qui n'ont pas de pluriel masculin.

DICTÉE.

Un caporal brutal. Des caporaux brutaux. Mon frère jumeau. Deux frères jumeaux. Un châle bleu. Des châles bleus. Le lien conjugal. Les liens conjugaux. Le droit patrimonial. Les droits patrimoniaux. Un vent glacial. Des vents glacials. Le principe général. Les principes généraux. Le repas frugal. Les repas frugals. Un juge impartial. Les juges impartiaux. Le beau monde. Les beaux parleurs. Un esprit national. Les biens nationaux. Un château impérial. Des châteaux impériaux. Un facteur rural. Des facteurs ruraux. Un sentiment filial. Des sentiments filials. L'instant fatal. Les fatals ciseaux de la Parque. Le temps

*Aucun adjectif en *al* ne double, au féminin, la consonne *l*

pascal. Des cierges pascals. Un habit théâtral. Des personnages théâtrals. Le Nouveau-Monde. Des fruits nouveaux. Un homme libéral. Les arts libéraux. Les habits et les manteaux impériaux. Les sapins pyramidaux. Des pays septentrionaux. Les mouvements lents et inégaux.

32ᵉ LEÇON.

Des adjectifs terminés par ANT, ENT.

Règle. Les adjectifs terminés au singulier par *ant* ou par *ent* doivent toujours conserver le *t* au pluriel : *un homme prudent, des hommes prudents.* (Voir la la 14ᵉ leçon).

Remarque. Les adjectifs en *ant* et en *ent* qui viennent de substantifs en *ance* ou en *ence*, prennent un *a* ou un *e* avant *nt*, suivant que le substantif a un *a* ou un *e* :

Abondance. Absence. Complaisance. Clémence. Élégance. Évidence. Vigilance.
Abondant. Absent. Complaisant. Clément. Élégant. Évident. Vigilant.

DICTÉE.

Un terrain abondant. Des terrains abondants. Un père absent. Des pères absents. Ce marchand ambulant. Ces marchands ambulants. Le ton arrogant. Les personnages arrogants. Mon protecteur bienveillant. Mes protecteurs bienveillants. Cet enfant caressant. Des dehors caressants. Un homme chancelant. Des vieillards chancelants. Un prince clément. Des princes cléments. Un esprit complaisant. Ces gens complaisants. L'écolier diligent. Les ouvriers diligents. Un orateur éloquent. Des discours éloquents. Un danger éminent. Les avantages éminents de la nature. Le pavé glissant. Les chemins glissants. Un jeune métaphysicien ignorant des choses de ce monde. Des peuples ignorants. Ce divertissement innocent. Ces plaisirs innocents. Quel style languissant ! Des regards languissants. Cet intérêt si puissant sur votre âme. De puissants motifs. Le gouvernement tolérant. Les gouvernements tolérants.

33e LEÇON.

Accord de l'adjectif avec le mot qu'il qualifie.

Règles.

1° L'adjectif s'accorde en genre et en nombre avec le mot qu'il qualifie, c'est-à-dire qu'il se met au même genre et au même nombre que ce mot : *un enfant* OBÉISSANT, *une mère* CHÉRIE, *de* BONS *parents*, *des fleurs* CHARMANTES.

2° Si l'adjectif qualifie deux ou plusieurs substantifs singuliers, il se met au pluriel, et prend le genre masculin, si les substantifs sont masculins ; le genre féminin, si les substantifs sont féminins ; et le genre masculin si les substantifs sont de différent genre : *Pierre et Paul* ATTENTIFS ; *la vertu et la science* PRÉCIEUSES ; *mon père et ma mère* CONTENTS.

DICTÉE.

L'arbre et le mur renversés. Le bon père et la bonne mère. Mes bons parents. L'ordre et l'utilité publics. La prudence et la valeur récompensées. Les animaux carnassiers. Un homme oisif. Le marteau et l'enclume durs, peu usés. Le calme de mon esprit, délivré des folles passions et des caprices de la jeunesse. Un jardin et une chaumière enviés. Le champ, la vigne et la cabane aperçus. La rose et la julienne fleuries. La mère et la fille comblées de politesse. L'honneur et la gloire perdus. Des personnes consommées dans la vertu. Le père et la mère vengés. Un cheval blanc. Une robe noire. Des vêtements usés. L'amour et l'amitié mal définis. Les discours et les harangues choisis. Des mots et des expressions surannés. Les étoiles fixes. L'épée et le poison dangereux. La bouche et les yeux ouverts. Les pots et les seaux pleins. Le pied enflé.

34e LEÇON.

Accord de l'attribut avec le sujet.

Règle. L'adjectif lié au sujet par le verbe *être* ;

s'accorde avec ce sujet en genre et en nombre. Il est
alors appelé attribut.

DICTÉE.

Dieu est éternel et tout-puissant. Les dieux de la
fable étaient jaloux, vindicatifs et cruels. Les che-
vreaux sont vifs, légers, capricieux et vagabonds. Le
tigre est cruel, carnassier, et toujours altéré de sang.
Les écureuils sont de jolis petits animaux. Les renards
sont fameux par leurs ruses. Le lion et le tigre sont
cruels. La France est adjacente à l'Espagne. La simplicité des mœurs antiques est admirable. Nous sommes
aveugles sur nos défauts et clairvoyants sur ceux des
autres. Léocadie était née très-jolie. Les Druides
étaient quelquefois très-cruels. Je fus docile. Nous
étions malades. Tu avais été attentif. Les places publiques étaient envahies. Les œufs de cette cane seraient
frais. Que ces audacieux menteurs soient hués, honnis.
Que ces écoliers fussent instruits. Ces vieux cerfs seraient lancés et tués. Le soleil est brillant. Soyons amis,
Cinna. Qu'elles eussent été plus diligentes.

35ᵉ LEÇON.

Revoir les règles sur la formation du pluriel dans les adjectifs.

DICTÉE RÉCAPITULATIVE.

Le bois de Boulogne est la promenade la plus
agréable et la plus fréquentée des environs de Paris.
Des pommes mûres, douces, fraîches, excellentes, sa-
voureuses et très-délicieuses. Ces montagnes élevées,
escarpées, rocailleuses, sèches, stériles, désertes, sont
infectées de serpents et de bêtes venimeuses. Cette rivière, quoique rapide, profonde, est cependant poisson-
neuse et fort fréquentée. Cet homme est adroit, instruit,
gai, vif et pétulant. Une femme bonne, douce, patiente,
prudente, discrète, tolérante et pleine d'affabilité. Des
filous brutaux. Des jardins publics très-originaux. Les
quatre points cardinaux et les quatre points collaté-
raux. Le fils doux et soumis. La suave odeur des roses

empourprées, des élégants œillets, des lis majestueux, des fraises parfumées, remplacées par des émanations fétides et malfaisantes, par des gaz dangereux et délétères. Les plantes utiles des pays méridionaux.

CHAPITRE TROISIÈME.

ORTHOGRAPHE DU VERBE.

Observation importante.

Tout verbe se compose de deux parties bien distinctes ; l'une, qui ne change jamais, s'appelle *radical* ; l'autre, qui varie selon la personne, le nombre, le mode et le temps, s'appelle *terminaison*.

Pour obtenir le radical d'un verbe, il faut retrancher du présent de l'infinitif les terminaisons *er, ir, re,* selon que le verbe est de la première, de la seconde ou de la quatrième conjugaison. Ainsi, le radical des verbes *aimer, finir, rendre,* est : *aim, fin, rend.* Le radical des verbes *réconcilier, tutoyer, suppléer* est *réconcili, tutoy, supplé.*

Il n'est point ici question des verbes de la troisième conjugaison qui ont une conformation toute particulière.

TABLEAU
des terminaisons des trois conjugaisons régulières.

Première conjugaison.	Deuxième conjugaison.	Quatrième conjugaison.
MODE INDICATIF.		
PRÉSENT.		
e	is	s
es	is	s
e	it	
ons	issons	ons
ez	issez	ez
ent	issent	ent

Première conjugaison.	Deuxième conjugaison.	Quatrième conjugaison.

IMPARFAIT.

Première conjugaison.	Deuxième conjugaison.	Quatrième conjugaison.
ais	issais	ais
ais	issais	ais
ait	issait	ait
ions	issions	ions
iez	issiez	iez
aient	issaient	aient

PASSÉ DÉFINI.

Première conjugaison.	Deuxième conjugaison.	Quatrième conjugaison.
ai	is	is
as	is	is
a	it	it
âmes	îmes	îmes
âtes	îtes	îtes
èrent	irent	irent

FUTUR.

Première conjugaison.	Deuxième conjugaison.	Quatrième conjugaison.
erai	irai	rai
eras	iras	ras
era	ira	ra
erons	irons	rons
erez	irez	rez
eront	iront	ront

MODE CONDITIONNEL.

PRÉSENT.

Première conjugaison.	Deuxième conjugaison.	Quatrième conjugaison.
erais	irais	rais
erais	irais	rais
erait	irait	rait
erions	irions	rions
eriez	iriez	riez
eraient	iraient	raient

MODE IMPÉRATIF

Première conjugaison.	Deuxième conjugaison.	Quatrième conjugaison.
e	is	s
ons	issons	ons
ez	issez	ez

Première conjugaison. | Deuxième conjugaison. | Quatrième conjugaison.

MODE SUBJONCTIF.

PRÉSENT.

e	isse	e
es	isses	es
e	isse	e
ions	issions	ions
iez	issiez	iez
ent	issent	ent

IMPARFAIT.

asse	isse	isse
asses	isses	isses
ât	ît	ît
assions	issions	issions
assiez	issiez	issiez
assent	issent	issent

MODE INFINITIF.

PRÉSENT.

er	ir	re

PARTICIPE PRÉSENT.

ant	issant	ant

PARTICIPE PASSÉ.

é, ée	i, ie	u, ue

36ᵉ LEÇON.

De la première personne du singulier des verbes.

Règle.

La première personne du singulier des verbes se
terminé par :

1° Au présent de l'indicatif, dans les verbes de la première conjugaison (excepté je vais) et dans ceux en frir, illir, vrir : j'aime, j'offre, je cueille, je couvre.

E

2° Au présent du subjonctif (excepté que je sois) : que j'aime, que je finisse ; que je reçoive, que je rende.

3° A l'imparfait du subjonctif : que j'aimasse, que je finisse, que je reçusse, que je rendisse.

A I

1° Au passé défini, dans les verbes de la première conjugaison : j'aimai, je dansai.

2° Au futur, dans les verbes des quatre conjugaisons : j'aimerai, je finirai, je recevrai, je rendrai.

X

Dans : je peux, je vaux, je veux, je me prévaux.

S

Dans tous les autres cas : je chantais, je finis, je lus, j'écrivais, j'apprends.

NOTA. Le pronom je annonce généralement la première personne du singulier.

DICTÉE.

Je dépends de Dieu en toutes choses ; je viens de lui, je ne trouve mon bonheur qu'en lui ; je retourne à lui, et bientôt, je paraîtrai en sa présence. Dans ce moment, je respire, je pense, je parle et je marche. Je renonce au démon, à ses pompes et à ses œuvres. Que je vendange mon clos. Je ne peux pas, je ne sais pas, je n'ai pas la force. Je ne vends pas ma vie pour de l'argent. J'écrivis, hier, une lettre à mes parents. Je porte tout mon bien avec moi. Je suis le bon Pasteur, et je donne ma vie pour mes brebis. Je vins, je vis et je vainquis. Je prierai Dieu, je le bénirai et je lui rendrai grâces. Je peux ce que je veux. Je suis en bonne santé : je le dois à l'exercice et à la tempérance. Que je fermasse les yeux sur les torts des autres. Je te salue, petit oiseau, je te prie de venir sous mon toit, je te promets paix et tranquillité. Je voyagerai la semaine prochaine.

Je descends des montagnes élevées, je parcours de vastes contrées que j'enrichis.

37ᵉ LEÇON.

De la deuxième personne du singulier des verbes.

Règles.

La deuxième personne du singulier des verbes se termine par :

1° À l'impératif, dans les verbes de la première conjugaison : *aime, chante, commande,* à moins que la prononciation n'exige l's : *donnes-y tes soins ; vas en chercher.* — Et dans ceux en *frir, illir, vrir* : *offre, cueille, couvre.*

2° Au même mode dans certains verbes où l'on ne pourrait employer une *s* à la place de l'*e* : *veuille en prendre ; sache y pourvoir.*

Dans : tu *peux*, tu *vaux*, tu *veux*, tu te *prévaux.*

Dans tous les autres cas : *tu aimes, tu finissais, tu recevras, que tu rendisses,* etc.

NOTA. Le pronom *tu* annonce généralement la deuxième personne du singulier.

DICTÉE.

Voici les principaux commandements de Dieu : Je suis le Seigneur ton Dieu, tu n'adoreras pas les dieux étrangers, les faux dieux. Tu ne jureras pas par mon nom. Tu sanctifieras le saint jour du Sabbat. Tu honoreras ton père et ta mère afin que tu vives longtemps. Tu ne tueras personne. Tu ne déroberas rien. Tu ne diras aucun mensonge. Tu ne désireras pas les biens de ton prochain. Mon ami, toutes les fois que tu travailleras sérieusement, tu te prépareras un nouveau plaisir ; par exemple, si tu étudies bien la Géographie, tu connaîtras tous les pays du monde ; si tu conjugues les verbes avec attention, et si tu fais souvent des analyses grammaticales, tu pourras bientôt écrire de longues

70 DE L'ORTHOGRAPHE COMPLÈTE

dictées, presque sans fautes. Cueille des fleurs. Ouvre
la porte. Offre-lui ce présent. Tu le prévaux de ton
crédit, de ta naissance. Fais ce que tu veux. Tu perds
ton ami, si tu le forces à rougir. Si tu ne perdais pas
de temps, tu en aurais toujours assez. Tu éprouverais
de l'ennui, si tu restais inoccupé.

38ᵉ LEÇON.

De la troisième personne du singulier des verbes.

Règle.

La troisième personne du singulier des verbes se
termine par :

E
1º Au présent de l'indicatif dans les verbes
de la première conjugaison (excepté : il *va*); et
dans ceux en *frir, illir, vrir* : *il aime, il offre,
elle cueille, on couvre.*

2º Au présent du subjonctif (excepté : qu'il
ait, qu'il soit) qu'il aime, qu'il finisse, qu'elle
reçoive, qu'on rende.

A
1º Au passé défini dans les verbes de la première conjugaison : *il aima,* Charles dansa.

2º Au futur dans les verbes des quatre conjugaisons : *il aimera, il finira, il recevra, il
rendra.*

D
Au présent de l'indicatif des verbes en *andre,
endre, erdre, ondre, ordre, oudre,* et de
quelques autres verbes irréguliers : *il répand,
il entend, elle perd, elle répond, on retord,
on découd, ma mère s'assied.*

T
Dans tous les autres cas : *il aimait, il fini-
rait, qu'il reçut.* (Le verbe *vaincre* fait : il
vainc).

NOTA. Les mots : il, elle, on, ou un substantif singulier,
annoncent généralement la troisième personne du singulier.

DICTÉE.

La lune reçoit du soleil la lumière qu'elle nous envoie. Le Seigneur apparut à Jacob. Il prie Dieu, le bé-

nit et lui rend grâces. L'abondance des fruits réjouit le cultivateur. Le Seigneur protége et défend ses serviteurs. Cet homme sait où il va. Il jouit du plaisir qui passe, et il perd le bonheur éternel. A l'œuvre on connaît l'artisan. Alexandre entra dans Babylône avec une grande magnificence. Il prit et mangea la chair délicate des olives , et donna les durs noyaux à son pauvre compagnon. Il bâtit , détruisit et rebâtit deux fois sa maison. Le monde est doux pour quiconque l'ignore ; mais qu'il est amer quand on le conuait. Je désire que ma mère m'explique mes leçons. Ma mère viendra me voir , et elle m'apportera de jolis joujoux. Il faudra qu'il récompense la vertu. Il étudia dans un lycée impérial. Ma sœur va dans le jardin , et y cueille un fort beau dahlia. Il crie, il demande du secours.

39e LEÇON.

De la première personne du pluriel des verbes.

Règle.

La première personne du pluriel des verbes, se termine toujours par s. La finale est mes au passé défini, et ons à tous les autres temps (excepté : nous sommes): nous aimâmes, nous parvînmes, nous trouvons, nous finirons, que nous attendions.

Quand le verbe est au passé défini , la voyelle qui précède la syllabe mes , doit être surmontée d'un accent circonflexe : nous adorâmes , nous tînmes ; (excepté : nous haïmes où les deux points sur l'i remplacent l'accent circonflexe).

Nota. Le pronom nous annonce, généralement la première personne du pluriel.

DICTÉE.

Nous échappons à la paresse, mais nous y revenons toujours. Nous sommes naturellement portés à la domination. Nous aimons l'étude , et nous la regardons comme un principe d'aisance et de fortune. Nous écrirons , demain , à notre père, pour lui apprendre que nous jouissons, d'une bonne santé et que nous espérons le voir bientôt. Mon cher enfant, à peine eûmes-nous, hier, ta lettre, que nous la décachetâmes, la lûmes et nous écriâmes en même temps, ton père et moi : « Sommes-nous heureux d'avoir un fils si tendre ! » Maman exige que Léontine et moi, nous employions utilement quelques heures : ainsi nous lirons ou nous coudrons, nous étudierons la géographie ou nous calculerons, nous ferons une dictée ou nous dessinerons un peu chaque jour ; mais notre tâche finie, nous nous amuserons tout à loisir. Il faut que nous obéissions à notre grand-père. Nous ne pouvons pas voir le bon Dieu ; mais nous admirons sa puissance, et nous reconnaissons sa bonté.

40ᵉ LEÇON.

De la deuxième personne du pluriel des verbes.

Règle.

La deuxième personne du pluriel des verbes se termine par *tes* au passé défini, et au présent de l'indicatif, quand la dernière syllabe est muette : *vous aimâtes, vous parvîntes, vous faites, vous dites* ; et par *ez* à tous les autres temps : *vous trouvez, vous finirez, que vous attendiez*.

Quand le verbe est au passé défini, la voyelle qui précède la syllabe *tes*, doit être surmontée d'un accent circonflexe : *vous adorâtes, vous tîntes*. (Excepté : vous *haïtes* où les deux points sur l'*i* remplacent l'accent circonflexe).

Nota. Le pronom *vous* annonce généralement la deuxième personne du pluriel.

DICTÉE.

Vous aimerez le Seigneur votre Dieu de tout votre cœur. Vous savez ce que vous faites. Vous guérîtes un affreux mal de dents. Vous remportiez là un bien glorieux trophée. Vous nous lûtes la loi nouvelle. Il faudrait que vous me débarrassassiez de tout cet attirail.

Eliacim , vous n'êtes sans doute point un enfant ordinaire. Moïse dit aux Israélites : « Vous prendrez du sang de l'agneau , vous en marquerez la porte des maisons où vous serez ; ensuite , vous ferez rôtir sa chair, et vous la mangerez avec des pains sans levain et des laitues amères ; lorsque vous ferez ce repas , vous vous ceindrez les reins , vous aurez des souliers aux pieds , vous tiendrez un bâton à la main comme des voyageurs ; et vous mangerez à la hâte , car c'est la Pâque, c'est-à-dire, le passage du Seigneur. — Quoi ! Edouard, vous abattîtes un grand nombre de noix sans ma permission, et vous remplîtes mon salon des débris de leurs écales et de leurs coquilles, lorsque vous voulûtes vous faire des balances

41e LEÇON.

De la troisième personne du pluriel des verbes.

Règle.

Tout verbe à la troisième personne du pluriel , se terminent par nt : *ils chantent, elles finissaient, que ces enfants récitent leurs leçons.*

NOTA. Les pronoms *ils, elles,* ou un *substantif pluriel,* annoncent généralement la troisième personne du pluriel.

DICTÉE.

Considérez les oiseaux du ciel, ils ne sèment point, ils ne moissonnent point. —Les contes plaisent toujours aux enfants. —Quel incendie affreux ! les chiens aboyaient, les loups hurlaient, les hommes tremblaient de frayeur. —Des abeilles importunes voltigèrent longtemps et se placèrent enfin sur le raisin. —Cent gros rats sortirent par ces soupiraux. —Les enfants qui travaillent pour accomplir leurs devoirs , méritent seuls des récompenses. —Les abeilles travaillent par un sentiment aveugle : tant qu'elles trouvent des fleurs qui leur conviennent dans le pays qu'elles habitent , elles en tirent du miel et de la cire ; elles ne discontinuent leur travail ; elles ne finissent leur récolte que lors-

4

qu'elles n'ont plus rien à ramasser.—On voulait qu'elles obtinssent un congé.—Voyez ces chevaux qui vivent libres dans les contrées de l'Amérique espagnole; ils fuient la présence de l'homme, ils dédaignent ses soins, ils cherchent et ils trouvent eux-mêmes leur nourriture.

42e LEÇON.

Du verbe dans les phrases interrogatives.

Règles.

1° Dans les phrases interrogatives, le pronom sujet se place après le verbe auquel il est joint par un trait-d'union : *écris-tu? irons-nous? vient-il? sortiriez-vous?*

2° Quand le verbe est terminé par un *e* muet à la première personne du singulier, cet *e* prend un accent aigu dans les phrases interrogatives : *parlé-je bien? puissé-je? dussé-je?*

3° Quand le verbe est de la troisième personne du singulier, et qu'il est terminé par une voyelle, on le sépare du pronom sujet par un *t* euphonique que l'on place entre deux traits-d'union : *aime-t-il? chanta-t-elle? viendra-t-on?*

DICTÉE.

Mon père, de quoi les ours se nourrissent-ils? mangent-ils des animaux, ou vivent-ils des plantes, que la terre produit? sont-ils féroces comme les loups? sont-ils doux comme les brebis et les agneaux? — Cultive-t-on ici le nopal? — Cet enfant est déraisonnable : il pleure et il rit à la fois; quand sera-t-il sage? — Où suis-je, qu'ai-je fait, que dois-je faire encore? — Ce grand portefeuille est-il commode? — Le soldat blessé passa-t-il ce fleuve? — Ma cousine est extraordinaire; elle me demande ce lézard, et elle crie quand elle le voit; que désire-t-elle donc? — Apprivoise-t-on les hirondelles? — Voulez-vous ne pas attraper la sottise? ne courez pas après. — Ne faites rien dans le moment de la colère; vous embarqueriez-vous au milieu d'une tempête ? — Pourquoi donc l'homme se fatigue-t-il vainement à tendre, de nouveau, et à rajuster l'arc dont la nature relâche et brise successivement toutes les cordes ?

43e LEÇON.

Revoir les leçons 36, 37, 38, 39, 40, 41, 42°.

DICTÉE RÉCAPITULATIVE.

Si tu sèmes du millet, tu recueilleras du millet ; si tu sèmes du riz, tu récolteras du riz.-Celui qui pardonne à son ennemi et lui fait du bien, ressemble à l'encens qui embaume le feu qui le consume.-Toutes les fois que je trouve un homme pauvre très-reconnaissant, j'en conclus qu'il serait généreux s'il était riche.-Quiconque attend le superflu pour secourir les pauvres, ne leur donnera jamais rien.-Un bon père vit avec son fils comme avec son meilleur ami.-On augmente le bonheur si on le partage avec un ami.-Etudions nos leçons, nous gagnerons un prix.-Souvent ce que nous haïmes autrefois est ce que nous préférons aujourd'hui.-Je donne mon bien aux pauvres.-Tu avertis tes amis.-Ce notaire vend une superbe maison.-Vous recevrez du Ciel une récompense immortelle.-Aime Dieu par-dessus toutes choses ; aime ton prochain comme toi-même.-Saluerons-nous ce fou ridicule ?

44e LEÇON.

Des verbes dont le participe présent est en IANT.

Règle.

Dans les verbes terminés à l'infinitif présent par ier, comme : *Apprécier, étudier, manier, supplier*, la dernière lettre du radical est un i : *Appréci, étudi, mani, suppli*. Ces verbes prendront donc deux i de suite, chaque fois que la terminaison commencera par un i, c'est-à-dire, aux deux premières personnes du pluriel de l'imparfait de l'indicatif et du présent du subjonctif : *nous étudiions, vous étudiiez, que nous suppliions, que vous suppliiez.*

Nota. Cette règle s'applique à tous les verbes dont le participe présent est en *iant*, quelle qu'en soit la conjugaison : *nous riions, vous riiez ; que nous souriions, que vous souriiez.*

DICTÉE.

Je désire que vous variiez vos exercices.—La semaine dernière, tandis que vous liiez vos bottes de foin, nous pliions du linge.—On veut que nous étudiions l'histoire et la géographie.—Il n'est rien que nous oubliions aussi promptement que les malheurs passés.—La raison exige impérieusement que vous ne vous associiez qu'avec vos égaux, que vous ne vous associiez jamais avec d'autres. Notre intérêt exige que nous ne nous confiions qu'à des hommes d'une vertu éprouvée.—Ne riions-nous pas ce matin de vos sottes frayeurs, comme nous riions hier de votre témérité intempestive ? — Dieu veut que nous priions pour tous les hommes qui sont nos frères, il exige que nous l'invoquions et le suppliions même pour nos ennemis. — Faut-il que vous suppliiez ce vaurien afin que sa fureur se calme ?, mais, je vous en prie, ne le suppliez pas.—Racine est le plus grand poète dont nous nous glorifiions. — Les choses dont nous nous souciions le moins, sont souvent celles qui contribuent le plus à notre bonheur.

45ᵉ LEÇON.

Des verbes dont le participe présent est en YANT.

Règle.

Dans les verbes terminés à l'infinitif présent par *yer* comme :

*Bala*YER, *essu*YER, *no*YER, *tuto*YER, la dernière lettre du radical est un *y* :

Balay, essuy, noy, tutoy ; ces verbes prendront donc un *y* et un *i* chaque fois que la terminaison commencera

---

* À l'exception de *essuie* : les substantifs dérivés d'un verbe en *yer* se terminent par un *i*. Ex. :

Balayer, — Employer, — Essayer, — Octroyer.
Balai, — Emploi, — Essai, — Octroi.

par un *i*, c'est-à-dire, aux deux premières personnes plurielles de l'imparfait de l'indicatif et du présent du subjonctif : *nous balayions, vous balayiez ; que nous tutoyions, que vous tutoyiez.*

Les verbes en *yer* changent l'*y* en *i* devant un *e* muet : *j'emploie, il ennuiera.* — L'usage est partagé sur *je paie* et *je paye, j'essaie* et *j'essaye.* L'emploi de l'*y* est préférable, surtout dans les monosyllabes : *je paye, tu rayes.*

Remarque. L'emploi de *yi* a lieu aux mêmes personnes, dans les verbes des autres conjugaisons dont le participe présent est en *yant : nous voyions, vous voyiez ; que nous croyions, que vous croyiez.*

DICTÉE.

Je veux que vous nettoyiez toutes les malpropretés que vous faites dans vos jeux, que vous balayiez vos mies de pain, vos pelures de poires.—Celui qui emploie bien son temps, ne s'ennuiera jamais.—Nous ne payons les bienfaits que par une vive reconnaissance.—Pendant que nous déployions notre valeur en combattant, si notre ami s'enfuyait, nous nous enfuyions aussi ; nous avions tort, ne nous enfuyons plus.—La nature n'emploie la violence que pour détruire ; elle opère le bien avec une force tempérée. — Si nous voyions un loup furieux, nous fuirions au plus vite ; il est fort heureux que vous n'en voyiez pas. — Dans l'ennuyeux trajet que nous fîmes en mer, dès que nous ne louvoyions pas, nous nous fourvoyions ; il faut que nous voyions si nous serons plus chanceux maintenant.—Dieu envoie aux uns les secours nécessaires pour vivre, et aux autres les consolations pour bien mourir.

46ᵉ LEÇON.
Des verbes terminés à l'infinitif présent par ÉER.
Règle.

Dans les verbes terminés à l'infinitif présent par *éer*, comme :

Agréer, créer, suppléer, la dernière lettre du radical est un *é* :

Agré, cré, supplé ; ces verbes prendront *ée* de suite chaque fois que la terminaison commencera par un *e* ; *nous agréerons, vous vous récréerez.*

DICTÉE.

La nature ne crée pas les hommes égaux en facultés.—Dieu créa le ciel et la terre en six jours.—Rien ne plaît, rien n'agrée de la part de quelqu'un qu'on n'aime pas.—Agréez que nous demandions au Ciel de vous conserver encore longtemps au milieu de nous.—Jamais l'esprit et la routine ne suppléeront au bon sens ni au savoir.—On créa Cicéron consul.—Ce sac doit être de mille francs, ce qu'il y aura de moins, je le suppléerai.—Vous récréerez votre esprit par la variété des objets que vous lui offrirez.—Il faut à la jeunesse des jeux qui récréent l'esprit.—On récréera cette charge.—Nous ragréons ce meuble qui se disloquait.—Ces façons me désagréent.—Une grenouille dit un jour : Un seul soleil brûle tous nos lacs et nous fait périr dans nos demeures desséchées ; que sera-ce donc s'il procrée des enfants ?

47e LEÇON.

Des verbes terminés à l'infinitif présent par CER.

Règle.

Dans les verbes dont l'infinitif présent est en *cer* (il y en a 82), comme : *avancer, lancer, tracer*, on met une cédille sous le *c* devant les voyelles *a*, *o*, pour lui conserver sa prononciation douce : *nous avançons, tu traças.*

Remarque. Les verbes en *cer* communiquent leur *c* à tous les autres mots de leur famille : *annonciation, avancement, divorce, grimacier, farceur* (excepté *tiers* et *verglas*, formés de *tiercer* et de *glacer*).

DICTÉE.

La chaleur avança les fruits.—La réflexion avance le jugement.—Nous amorçâmes cet homme par la louange.—Ne forçons point notre talent, nous ne ferions rien avec grâce.—Nous effaçons ce qu'on traça.—Que tu ensemencasses tes terres. — Souvent le Ciel serait injuste, s'il exauçait nos prières. — Le navire enfonça dans l'eau. — Nous ne remplaçons jamais l'honneur par la gloire, ni le bonheur par le plaisir. — Le froid gercera les mains. — La monarchie française commença sous Pharamond. — Les sources d'eaux vives ne glacent jamais. — D'un sinistre avenir, je menaçai ses jours. — Je retourne à ces monts qui menacent les cieux. — Nous avançons, par la crainte, les maux qui doivent nous arriver. — Vous prononcez mon nom avec horreur. — Que nous renonçassions aux sentiments d'humanité. — Il lance au sacristain le tome épouvantable. — Jules me pinça jusqu'au sang. — La mer balance par des oscillations régulières. — Vous fronçâtes les sourcils. — Vous rincerez des verres.

48ᵉ LEÇON.

Des verbes terminés à l'infinitif présent par GER.

Règle.

Dans les verbes dont l'infinitif présent est en ger, comme : affliGER, manGER, ronGER, le g doit toujours, pour la douceur de la prononciation, être suivi d'un e muet devant les voyelles a, o : nous affligEons, vous mangEâtes, rongEons.

Nota. La désinence ger répond à gere (pour agere), qui signifie, en latin, faire, conduire) ; charger, faire une charge ; éponger, conduire, promener l'éponge ; louanger, faire des louanges ; partager, faire des parts.

DICTÉE.

Le départ de mon ami m'affligea beaucoup. — Le gouvernement généreux allège les charges publiques. — Nous vengeons celui qu'on outragea. — C'est en interrogeant fréquemment la nature que nous lui arrachons ses secrets. — Une femme laborieuse arrange sans cesse ses meubles ; un lettré studieux dérange sans cesse ses livres. — Ne jugeons promptement de personne ni en bien ni en mal. — Chacun de nous court à l'avenir comme un oiseau à l'épi de blé que le vent emporte, et nous négligeons le champ où nous trouverions bien d'autres épis. — Quand nous nageons dans l'abondance, nous ne songeons point aux besoins d'autrui. — Nous envisageons rarement les choses sous leur véritable point de vue. — Ces arbres nous protégeront de leur ombre. — L'armée saccagea la ville. — Nous sommes étrangement sous nous : nous enseignons la vertu et nous en négligeons la pratique. — Si j'interrogeais tout réformateur sur ses motifs, et qu'il fût de bonne foi, il me répondrait : Je veux régner.

49ᵉ LEÇON.

Des verbes qui ont la syllabe finale de l'infinitif précédée de E ou É.

Règle.

Les verbes en *er* qui ont la syllabe finale de l'infinitif précédée d'un *e* muet ou d'un *é* fermé, changent cet *e* muet ou cet *é* fermé en un *e* ouvert devant une syllabe muette, conformément au génie de la langue française : *je sème, tu cèles, il espérera.*

Remarque. Par anomalie, les verbes en *éger* comme : *abréger, protéger*, conservent toujours l'accent aigu sur l'*é* qui précède le *g* : *j'abrége, tu protégeras.*

DICTÉE.

La force de son caractère accélère ses succès. — Que les haines particulières cèdent à la haine générale. — Nous célébrerons un grand nombre de fêtes. — Les enfants apprirent à célébrer les dieux et les héros. — L'adulation dégénère toujours en ingratitude. — Il n'est pas de secret que le temps ne révèle. — Il cèle ce qu'il faut céler, et il répétera ce qu'il faudra répéter. — J'espère en la miséricorde de Dieu. — Les maximes des hommes décèlent leurs cœurs. — Celui qui aime l'injustice, récolte la haine et la vengeance. — La mort révèle les secrets du cœur. — Lorsque la volonté précède la réflexion, le repentir la suit. — L'honnête homme préfère la vertu aux richesses. — La Saône à pas lents se promène. — Judas dit à Jacob : Je prends Benjamin sous ma protection, je le garderai, je le ramènerai.—La parure relèvera toujours la beauté. —La liberté relève l'âme.

50e LEÇON.

Des verbes terminés à l'infinitif par ELER, ETER.

Règle.

Les verbes terminés à l'infinitif présent par *eler* ou *eter*, comme : *appeler*, *niveler*, *étiqueter*, *rejeter* doublent la lettre *l* et la lettre *t*, seulement devant un *e* muet : *j'appelle*, *tu nivelleras*, *étiquette*, *qu'il étiquette*. (Voir la 20e leçon).

On dira donc avec une seule *l* ou un seul *t* : nous *appelons*, *il étiqueta*, la voyelle qui suit *l*, *t* n'étant pas un *e* muet.

Remarque. Par anomalie, les verbes *acheter*, *bourreler*, *déceler*, *geler*, *harceler*, *peler*, ne doublent pas la consonne, mais ils changent l'*e* muet en *è* ouvert devant une syllabe muette : *j'achète*, *tu décèleras*, *qu'il pèle*.

DICTÉE.

Ce jeune homme rejette toujours les conseils qu'on lui donne.—Ce coupable amoncelle crime sur crime, et il en amoncellera encore, jusqu'à ce que le Seigneur l'appelle à son tribunal.— Ces personnes achètent les mêmes marchandises que vous achetâtes hier, et que nous achetâmes nous-mêmes avant-hier.—Cet homme est d'un froid qui gèle ceux qui l'abordent.—Le phénix se renouvelle lui-même.—Les douleurs de ce malade se renouvellent chaque jour.—Dieu appela les eaux pour punir la terre couverte de crimes.—Nous nivellerons ce terrain.—Mes affaires me rappellent à Paris.—Cette pêche se pèlera aisément.—Jean ficelle un paquet.—Ce notaire étiquette des sacs d'argent.—Cet homme chancelle.— La fortune des joueurs change avec la même promptitude que les dés qu'ils jettent.—Ce qu'on appelle flux et reflux, n'est que le mouvement alternatif des eaux. —Epelez cette dictée.

51e LEÇON.

Des verbes terminés à l'infinitif en DRE.

Les verbes de la quatrième conjugaison terminés par *dre* au présent de l'infinitif, ont les sons finals suivants : *andre, endre, erdre, indre, ondre, ordre, oudre, soudre.*

Sons finals.	Verbes français.	Verbes latins d'où viennent les verbes français.
Andre	Epandre	*Expondere*
Endre	Tendre	*Tendere*
Erdre	Perdre	*Perdere*
Indre	Peindre	*Pingere*
Ondre	Tondre	*Tondere*
Ordre	Mordre	*Mordere*
Oudre	Moudre	*Molere*
Soudre	Absoudre	*Absolvere*

Règle.

Parmi les verbes de la quatrième conjugaison terminés par *dre*, ceux en *indre* et en *soudre* prennent *s - s - t* au lieu de *ds, ds, d,* aux trois personnes du singulier du présent de l'indicatif : *je crains, tu enfreins, il joint ; j'absous, tu dissous, il résout.* — Ces verbes en *indre* et en *soudre* viennent de verbes latins dans lesquels ne figure pas la lettre *d.*

Nota. Deux verbes en *andre* prennent *a* : *épandre, répandre* (racine : *expandere*).

Tous les autres verbes en *endre* prennent *e* : *prendre, tendre, vendre, fendre,* parce qu'ils sont formés de verbes latins où figure cette lettre : *prehendere, tendere, vendere, fendere.*

Trois verbes en *indre* ont cette finale précédée de *a* : *contraindre, craindre, plaindre,* formés de *contrahere, cryn, plangere.* — Tous les autres verbes en *indre* ont cette finale précédée d'un *e* : *atteindre, éteindre, feindre, geindre, peindre, restreindre.*

DICTÉE.

Jamais un criminel ne s'absout de son crime. — On

ceint cette ville de murailles. — Le goût ne s'apprend
pas. — Je m'apprends à écrire. — Je m'attends à cet
événement. — Celui qui craint Dieu, ne craint que lui. —
La mort sépare les hommes et les rejoint. — Il n'y a de
véritable esclave que celui qui se vend lui-même. — Cet
arc se détend. — Sa robe se déteint. — Le sel se dissout
aisément. — Je n'enfreins pas la loi, et ne l'enfreindrai
jamais. — J'entends les flots mugir. — Le Ciel, dans tous
leurs pleurs, ne m'entend point nommer. — Qui n'entend
qu'une cloche, n'entend qu'un son. — Eteins ce flambeau. — Tu te feins criminel pour te justifier. — Je fends
du bois. — Un grand bruit fend la tête. — Je joins ma voix
à la voix publique. — Cette porte ne joint pas bien. —
L'homme ambitieux dépend de tout le monde. — Notre
honneur dépend de notre conduite. — Il coud dix passages
d'auteurs différents. — Ce moulin moud bien. — Je ré-
ponds aux politesses que je reçois. — Il se résout à
partir : mon cœur s'y résout.

52e LEÇON.

Des verbes terminés à l'infinitif par aître ou par oître.

Règle.

Les verbes terminés à l'infinitif présent par *aître* ou
oître comme NAÎTRE, CROÎTRE, prennent un accent circonflexe sur l'*i*, chaque fois que cet *i* est suivi d'un *t* :
il connaît, il accroîtra.

Excepté ce cas, l'accent circonflexe disparaît : *je re-
nais, tu décrois.*

DICTÉE.

Il apparaît de temps en temps des hommes rares qui
brillent par leurs vertus. — Le monde entier accroîtra
ses richesses. — Vos malheurs accroissent ma misère. —
Nous comparaîtrons devant Dieu. — Cette place ne connaissait pas encore de vainqueur. — Il savait connaître,
même sous les fleurs, la marche tortueuse de ce serpent.
-Les jours décroissent.-La rivière décroîtra.-Cet homme
méconnaîtrait la vérité.—Dieu fait naître et mûrir les
fruits.-Les plaisirs ne naissent que des besoins.-Joseph

et ses frères faisaient paître les troupeaux.—Je l'enver-
rai paître, si tu m'ennuies.—Son innocence paraît dans
tout son jour.—On reconnaît le rossignol à son chant.
—Nous vous reconnaissons pour notre parent.—Selon
la fable, le phénix renaît de ses cendres.— Les plantes
renaissent au printemps.— Il se repaît de sang et de
carnage.— Je me repais de chimères.

53ᵉ LEÇON.

Des verbes qui doublent la consonne R au futur et au présent du conditionnel.

Règle.

Les verbes irréguliers *courir*, *échoir*, *envoyer*,
mourir, *pouvoir*, *voir*, et leurs composés prennent
rr au futur simple et au présent du conditionnel :
*je courrais, tu courrais ; je verrai, tu verras ; nous
mourrons, ils mourraient.*

DICTÉE.

Nous accourrons pour dissiper la conjuration.— Ces
fruits n'acquerront pas toute leur maturité. — Je con-
courrai, la semaine prochaine, pour obtenir une place.
—Une sueur froide courait sur tous ses membres.—Les
Apennins courent du nord au sud.—Il courra sur vos
brisées.—Vous décherrez de votre rang, de votre poste.
—Mon frère espère que le bon lot lui écherra.—Je t'en-
verrai dans un des lycées de Paris.—Nous vous enver-
rions paître.— L'ambition l'enverra en furieux au
milieu des hasards.— Les états, les empires meurent
comme les hommes.—Cette manufacture mourra faute
de capitaux.—Mourrai-je tant de fois sans sortir de la
vie?—Sa voix mourait à la fin de chaque phrase.—Nous
ne pourrons jamais rien pour la gloire des grands
hommes.—Vous pourriez m'obliger, si vous le vouliez.
— Il se pourra faire que Monsieur le Ministre vous
accorde un congé.— Il faudrait que tu secourusses
ces malheureux. — Vous verrez si j'ai raison.

ET DE LA SIGNIFICATION DES MOTS. 85

54ᵉ LEÇON.
Des verbes qui prennent E avant la dernière syllabe
(futur, conditionnel)

Règle.

Le futur simple et le présent du conditionnel prennent un *e* muet avant la dernière syllabe, seulement dans les verbes de la première conjugaison : *je plierai*, *nous gratifierions* ; on écrira donc : *je répondrai*, *tu vendras*, les verbes *répondre* et *vendre* n'étant pas de la première conjugaison.

Nota. En examinant le tableau des terminaisons des verbes, on doit voir que l'*e* muet dont il s'agit ici ne se trouve avant la dernière syllabe du futur et du présent du conditionnel que dans les verbes de la première conjugaison.

DICTÉE.

J'apprendrai bien mes leçons.—Pierre écoutera mes avis et il les appréciera.—Les dieux n'avoueront pas un combat plein de crimes.—Tu certifieras ce fait.—Il comprendra toujours l'avarice parmi les vices les plus odieux.—Ces impies décrieront la vertu.—Vous dénouerez les cordons de vos souliers.—Nous craindrons de sortir.—S'il était jour, j'étudierais mon histoire de France.—Faites comme vous l'entendrez.—Ces conseils influeraient sur mes résolutions.—Si l'Empereur connaissait les services de ce brave, il le gratifierait d'une pension.—Vous loueriez la vertu jusque dans vos ennemis.—Ce jeune avocat maniera bien la parole.—Je parierais cent contre un, que cet homme ne réussira pas. Elle le pliera sous le joug de l'autorité maternelle. Ce professeur prendra cinq francs par leçon.—Si vous nous faisiez des offres, nous vous en remercierions.—Quelle langue rendrait ce spectacle?—Les débauches de ce jeune homme le tueront.

55ᵉ LEÇON.
De la 3ᵉ personne (*passé défini ; imparfait du subjonctif.*)
De la 1ʳᵉ personne (*futur, conditionnel*).

On doute souvent si l'on doit écrire la troisième

personne du singulier du passé défini , ou la troisième personne du singulier de l'imparfait du subjonctif, qui se prononcent de la même manière.

On doute souvent encore si l'on doit écrire la première personne du singulier du futur simple , ou la première personne du singulier du présent du conditionnel qui se prononcent aussi à peu près de la même manière.

Règles

1° On change la troisième personne du singulier, en la première personne du pluriel, ce qui donne le passé défini ou l'imparfait du subjonctif.

2° On change la première personne du singulier en la première personne du pluriel, ce qui donne le futur ou le conditionnel présent.

DICTÉE.

Si vous m'écrivez une lettre, lundi prochain, je vous répondrai sur-le-champ.—Les fruits qu'Arthur mangea hier, étaient excellents.—Je devrais me souvenir sans cesse que j'ai un Dieu à aimer et à glorifier.—J'irai voir mes chers parents quand mon maître me le permettra.— Ma chère petite Eulalie, lorsque je sortirai demain, tu viendras avec moi.—L'envieux voudrait que tout ce qui est bon, appartînt à lui seul.—Je vous gronderai si vous allez dans la prairie sans ma permission.—Je désirerais que mon fils jouât et s'amusât aujourd'hui, comme le vôtre joua et s'amusa hier.—Je voudrais bien finir la paire de pantoufles de mon bon père , mais il me faudrait encore un peu de laine verte. — Il était indispensable que mon père fît un voyage.—Lorsque votre jockey lança quatre ou cinq flèches contre des servals, croyez-vous qu'il en tua un ?—Je t'accablerai de pensums , si tu n'étudies pas.

56ᵉ LEÇON.

Du verbe précédé d'un autre verbe, ou d'une préposition.

Règle.

On met le verbe à l'infinitif.

1° Après un autre verbe qui n'est ni *avoir* ni *être*, quand ce second verbe complète le sens du premier : *je puis parler, tu viens jouer.*

2° Après l'un des six mots : *a, après, de, par, pour, sans* : *il aime à jouer*, etc.

DICTÉE.

La vertu, si aimable, doit accompagner la science. — Les jeunes gens doivent chercher les moyens de devenir savants, et profiter de ceux qui leur sont offerts. — Les vertus, si nécessaires au bonheur des humains, peuvent s'acquérir en tout temps; cependant il faut s'accoutumer à les pratiquer dès l'enfance. — Il coûte peu aux grands à ne donner que des paroles. — Il faut travailler de bonne heure à instruire sa raison, et à former son cœur. — Il sera toujours de l'intérêt d'un jeune homme qui voudra se former l'esprit et le cœur, de ne fréquenter que des gens vertueux et instruits. — Je plains les jeunes gens, qui sont assez stupides pour préférer de frivoles amusements aux charmes de l'étude. — Quiconque peut panser sa plaie, est à moitié guéri. — Travaille à purifier tes pensées. — Il vaut mieux s'endormir sans souper que de se réveiller avec des dettes. — Je veux me corriger, je veux changer de vie. — Commence par t'instruire, et finis par parler. — Après avoir appris sa leçon, il la récita.

57e LEÇON.

Moyen de distinguer les infinitifs en IR de ceux en IRE.

Règle.

Les infinitifs à son final *ir* s'écrivent par *ire* quand le participe présent est en *isant* ou en *ivant* : *conduire, transcrire* (participe présent : *conduisant, transcrivant*). *Bruire* fait *bruyant*; *fuir* fait *fuyant*.

Les autres verbes qui ne font au participe présent ni *isant* ni *ivant*, s'écrivent par *ir* : *finir, guérir, réjouir, tenir, convenir*.

DICTÉE.

Veuillez circonscrire un cercle à ce polygone. — Je

supplie mon professeur de me décrire les pyramides
d'Egypte.—Je travaille à détruire en moi ce qui déplaît
à mes parents. — Nous ne voulons pas interdire aux
enfants les jeux qui peuvent les aguerrir.—Ma mère
pense à cuire et à confire les pommes qui sont dans son
armoire. — Me défiez-vous d'écrire sans faute le mot
tressaillir ?—Nous devons toujours dire la vérité.—
Grand roi, cesse de vaincre, ou je cesse d'écrire.—Les
prophètes, inspirés de Dieu, pouvaient seuls prédire l'a-
venir.—Il est utile de s'instruire dans plus d'un art.—
Quoi ! vous osez tenir un pareil langage ? —Nous ne
devons pas médire de notre prochain.—Tout zèle qui
cherche à nuire doit être suspect aux grands.— Vous
suez à grosses gouttes pour transcrire ce cahier.—Il n'y
a rien à frire ici.—Notre professeur vient de nous lire
Homère.—S'il faut périr, nous périrons ensemble.—La
reine voulut bénir les jeunes princes ses fils. — Quoi !
tu cherches à relire ta leçon à la seule clarté de la lune?

58ᵉ LEÇON.

Accord du verbe avec son sujet.

Règles.

1° Le verbe s'accorde en nombre et en personne
avec son sujet, c'est-à-dire que le verbe se met au
même nombre et à la même personne que son sujet :
*j'étudie, tu écris, il lit, nous marchons, vous chan-
tez, ces hommes parlent.*

2° Si le sujet se compose de deux ou de plusieurs
substantifs du nombre singulier, le verbe se met au
pluriel : *Pierre et Paul jouent ; mon père et ma
mère me chérissent.*

3° Si les mots qui composent le sujet sont de différentes personnes, le verbe se met également au pluriel,
et s'accorde avec la personne qui a la priorité. La première l'emporte sur la seconde, et celle-ci sur la
troisième : *vous et moi sommes contents ; toi et lui
êtes heureux.*

DICTÉE.

Je ne prends point pour juge un peuple téméraire.—Tu vois de mes soldats tout ce temple entouré.—Un jour seul ne fait pas d'un mortel vertueux un perfide assassin.—Les pierreries et les diamants dont une jeune fille se pare, sont un vernis transparent qui fait mieux ressortir ses défauts.—La tyrannie ne montre d'abord qu'une main pour secourir, et elle opprime ensuite avec une infinité de bras.—Ni l'or ni la grandeur ne nous rendent heureux. — Pénélope et moi avons perdu l'espoir de revoir Ulysse.—Quelques crimes toujours précèdent les grands crimes.—Votre père et moi, nous avons été longtemps ennemis l'un de l'autre.—Appelez tout le peuple, et montrons-lui son roi.— L'or et l'argent s'épuisent; mais la vertu, la constance, la pauvreté et l'amour de la patrie ne s'épuisent jamais.—Les connaissances nous portent à l'humanité et à la douceur.—Toi et lui, vous êtes heureux.

59e LEÇON.

Du verbe précédé de plusieurs pronoms.

Règle.

Quand un verbe est précédé de plusieurs pronoms personnels, ou bien encore du pronom *qui* et d'autres pronoms personnels, ou bien enfin d'un substantif et d'un ou de plusieurs pronoms, il s'accorde généralement avec le premier pronom, ou avec le substantif. JE *vous les montrerai*; *l'homme* QUI *nous les remettrait*; JULES *nous les envoie.*

DICTÉE

Nous aimons l'étude, et nous la regardons comme un principe d'aisance et de fortune.—Je vous administrerai les sacrements.—Étudions nos leçons, et nous les réciterons quand nous les saurons.—Je vous emprunterai une somme d'argent.—Vous nous plaisez.—Nos enfants nous rendraient ces instruments, si nous les leur demandions. — Que je leur amène cette

mode. — Je leur dois depuis longtemps une somme
d'argent que je leur paierai aujourd'hui. — Il faudrait
bien que je les leur payasse. — Nous sommes possesseurs de ces livres ; aussitôt que vous nous les demanderez, nous vous les enverrons. — Ces enfants, je
les forme à la pratique du bien. — Nos chefs nous auto-
riseront à agir ainsi. — Mon père et ma mère me félici-
teront. — Nous leur adoucirons leurs traits. — Vous cherchez
vos lunettes : je les aperçois sur votre bureau. — Ces
hommes nous attendront sur la route. — Si l'on attaque
mes amis je les défendrai. — Je vous satisferai. — Il
faudrait que je les visse et que je leur parlasse.

60e LEÇON.

Accord du verbe auxiliaire avec le sujet, dans les temps composés

Règle.

Dans les temps composés des verbes qui se con-
juguent avec l'auxiliaire *avoir*, ce n'est point le participe qui s'accord avec le sujet, mais l'auxiliaire : *nous
avons parlé*.

DICTÉE.

Tu as parlé longtemps. — Nous avons demeuré à la
campagne. — Il a tenu à sa parole. — Le médecin aurait
guéri cette plaie. — Que nous eussions honoré nos saints
patrons. — Que j'aie embelli tes jours. — Nous aurions
aperçu cette personne. Ils auraient chanté les louanges
de Dieu. — Ils ont répondu à notre attente. — Tu avais
vendu des fruits. — Le rossignol a chanté aujourd'hui.
— Il aura tondu les moutons. — Charles aurait entendu,
si tu lui avais adressé la parole. — Que vous eussiez flatté
vos maîtres. — Ils nous ont demandé à boire. — Je
leur aurais donné une récompense. — Qu'ils eussent
cherché à nous nuire. — Nous avons abordé en cette
île. — Que vous ayez modelé une statue. — L'Empereur Napoléon III a obtenu huit millions de suffrages.
— Nous avons gémi. — Cette armée aurait péri. — Cet
épicier avait moulu du café. — Néron a bien enchéri

sur la cruauté de Tibère. — Que nous eussions égayé la compagnie. — Nos hôtes auront bien reposé cette nuit.

61e LEÇON.

Revoir les règles sur l'accord du verbe avec son sujet.

DICTÉE RÉCAPITULATIVE.

Tu te trompes si tu crois que nous t'attendrons jusqu'à ce que tu aies fini toutes les affaires. — Les méchants osent se promettre qu'ils seront heureux en ce monde et en l'autre ; ils se trompent, et bientôt ils s'en apercevront, mais il sera trop tard. — Aimons à connaître nos défauts, si nous voulons nous en corriger. — Quoi ! fille de David, vous parlez à ce traître ! vous souffrez qu'il vous parle. — Sors donc de devant moi, monstre d'impiété ; de toutes tes horreurs, va, comble la mesure. — Hippolyte veut rappeler ses chevaux, et sa voix les effraie. — L'essieu crie et se rompt. Si l'on vous connaissait, on vous estimerait. — Ne frappe-t-on pas à la porte ? — Où porté-je mes pas ? — D'où vient que je frissonne ? — Je l'appelle.

Un cimetière aux champs, quel tableau ! quel trésor !
Là ne se montrent point l'airain, le marbre et l'or ;
Là ne s'élèvent point ces tombes fastueuses
Où dorment à grands frais les ombres orgueilleuses
De ces usurpateurs par la mort dévorés.

CHAPITRE QUATRIÈME.

ORTHOGRAPHE DU PARTICIPE.

62e LEÇON.

Du qualificatif en ANT.

Règles.

1° Le qualificatif en *ant* qui n'a aucun régime, est

adjectif verbal et s'accorde avec le mot qu'il qualifie : *des enfants* INTÉRESSANTS, *des nappes d'eau* DORMANTE.

2° Le qualificatif en *ant* qui a un régime direct est participe présent, et toujours invariable comme verbe au mode indéfini : *des hommes* AIMANT *et* PRATIQUANT *la justice.*

3° Le qualificatif en *ant* qui n'a qu'un régime indirect, est tantôt adjectif verbal, tantôt participe présent;

Il est adjectif verbal et s'accorde avec le mot qu'il qualifie, s'il exprime une qualité, un état, une situation : *on a vendu tous les biens* DÉPENDANTS *de la succession.*

Il est participe présent et reste invariable, s'il exprime une action: *ces biens* DÉPENDANT *de la succession doivent être vendus.*

DICTÉE.

Les enfants oubliant le passé, n'ayant aucune idée de l'avenir, et voltigeant continuellement dans l'étroit sentier du présent, disent : nous vivons ; les adolescents méprisant les jouets de l'enfance, jetant de joyeux regards sur l'avenir, disent : nous vivrons ; et les vieillards, craignant de soulever le voile de l'avenir, portant les yeux en arrière, et parcourant d'un regard rapide les endroits riants de leur vie passée, disent : nous avons vécu.—Quel étonnant spectacle! des astres étincelants et fixes qui répandent la chaleur et la lumière, des astres errants qui brillent d'un éclat emprunté ; les eaux courantes qui dégradent et sillonnent la terre !—J'ai vu de ces malheureux fils pleurant sur la tombe de leur mère et implorant pour elle la miséricorde divine.—Les rues sont remplies de ces enfants intéressants, tremblants de froid , mourants de faim et sans cesse pleurants.—Les hommes entreprenants réussissent rarement , parce qu'ils ne sont presque jamais assez persévérants.—Leur ambition croissant avec leurs richesses, de marchands ils devinrent conquérants.

63e LEÇON.

Du participe passé.

La théorie des participes passés, autrefois embrouillée, est maintenant fort claire et bien définie. La variabilité du participe passé n'est, en effet, soumise qu'à trois cas généraux :

1° Le participe passé est employé sans auxiliaire ;

2° Le participe passé est accompagné de l'auxiliaire *être* ;

3° Le participe passé est accompagné de l'auxiliaire *avoir*.

Règle.

Le participe passé, employé sans auxiliaire, s'accorde en genre et en nombre avec le substantif auquel il se rapporte : *un enfant* AIMÉ, *une lettre* LUE, *des pères* CRAINTS, *des mères* RESPECTÉES.

DICTÉE.

Qu'elle est belle cette nature cultivée ! que, par les soins de l'homme, elle est brillante et pompeusement parée ! il en fait lui-même le principal ornement, et il met au jour, par son art, tout ce qu'elle recélait dans son sein. Que de trésors ignorés ! que de richesses nouvelles ! les fleurs, les fruits, les grains perfectionnés à l'infini ; les espèces utiles d'animaux transportées, propagées, augmentées sans nombre ; les espèces nuisibles réduites, confinées, reléguées ; l'or, et le fer, plus nécessaire que l'or, tirés des entrailles de la terre ; les torrents contenus ; les fleuves dirigés, resserrés ; la mer soumise, reconnue, traversée d'un hémisphère à l'autre ; la terre accessible partout, partout rendue aussi vivante que féconde ; dans les vallées, de riantes prairies ; dans les plaines, de riches pâturages ou des moissons encore plus riches ; les collines chargées de vignes et de fruits ; leurs sommets couronnés d'arbres utiles et de jeunes forêts ; des routes ouvertes et fréquentées, des communications établies partout comme autant de témoins de la force et de l'union de la société.

64e LEÇON.

Du participe passé accompagné de l'auxiliaire ÊTRE.

Règle.

Le participe passé accompagné de l'auxiliaire *être*, s'accorde en genre et en nombre avec le sujet du verbe, quelle que soit la place de ce sujet, parce qu'il le qualifie : *mon ami est* PARTI, *mes amis sont* PARTIS; *ma mère est* AFFLIGÉE, *mes sœurs sont* AFFLIGÉES.

DICTÉE.

Lorsque l'âme est agitée, la face humaine devient un tableau vivant où les passions sont rendues avec autant de délicatesse que d'énergie, où tous les mouvements de l'âme sont exprimés par un trait, et où chaque action est désignée par un caractère dont l'impression, vive et profonde, devance la volonté et nous décèle. Pauvres nous sommes venus, pauvres nous nous en irons.—Les langues ont été formées avant que les grammaires fussent connues, de même l'éloquence est née avant que les règles de la rhétorique eussent été imaginées et établies.—De quelle horreur n'avons-nous pas été saisis en voyant les cachots où étaient renfermés nos meilleurs amis.—L'autorité qui n'est pas respectée, est bientôt méconnue. Les vignobles de Bourgogne furent en grande partie plantés sous le règne de l'empereur Probus.— Les trônes sont affermis par le courage, et ébranlés par la lâcheté.—Je fus témoin, à Marseille, d'une cérémonie dont mon âme fut vivement émue.

65e LEÇON.

Du participe passé accompagné de l'auxiliaire AVOIR.

Règle.

Le participe passé accompagné de l'auxiliaire *avoir*, ou de l'auxiliaire *être* employé pour *avoir* (ce qui arrive dans les verbes réfléchis, par euphonie), s'accorde avec son complément direct, quand il en est précédé, parce qu'il le qualifie, et reste invariable quand le complément direct est placé après, ou que le participe n'a pas de complément de cette nature : *j'ai* REÇU *la lettre que vous m'avez* ÉCRITE ; *nous avons* GÉMI *long-temps.*

Remarque. Si le participe passé est invariable quand il est suivi de son régime direct, c'est le génie de la langue française qui l'exige ainsi.

NOTA. Chaque langue a son génie qui lui est propre. C'est ainsi que les participes latins s'accordent toujours, et que les participes allemands ne varient presque jamais, comme on peut le voir par les exemples suivants :

Phrases latines.	Traduction française.
Gallus escam *quærens.*	Un coq *cherchant* de la nourriture.
Cicero orationem *habiturus.*	Cicéron *devant prononcer* un dis-[cours.
Pueri *interrogati* responderunt.	Les enfants *ayant été interrogés* [répondirent.
Interroganda, timebat.	*Devant être interrogée,* elle crai-[gnait.
Malè *parta,* malè dilabuntur.	Biens mal *acquis* se dissipent de [même.

Phrases allemandes.	Traduction française.
Ich werde *geliebt.*	Je suis *aimé* ou *aimée.*
Sie wurde *geliebt.*	Elle était *aimée.*
Sie werden *geliebt* werden.	Elles seront *aimées.*
Wir haben *gelobt* Gott.	Nous avons *loué* Dieu.
Jesus-Christus will, dass wir selbst die welche uns *beleidigt* haben, lieben.	Jésus-Christ veut que nous aimions même ceux qui nous ont *offensés.*

DICTÉE.

Pourquoi votre frère, dont la probité est connue, n'a-t-il pas accepté les fonctions importantes que lui a confiées le Gouvernement Impérial, si ami de la vertu? —Elevés à des places honorables, et parvenus au comble de leurs désirs, les ingrats oublient bientôt ceux qui les ont favorisés.—Les conseils que je vous ai donnés, en vous invitant à étudier les diverses parties de l'enseignement auxquelles vous êtes étranger, ne peuvent qu'être approuvés de tout le monde, vous ne vous re-

---

Une seule expression latine rend le plus souvent l'auxiliaire et le participe passé des verbes français conjugués avec *avoir.*

Amavi,	amaveram,	amavero,	amavissem
J'ai aimé,	j'avais aimé,	j'aurai aimé,	que j'eusse aimé.

pentirez jamais de les avoir suivis. — Cette femme a
toujours employé, au soulagement des pauvres, les richesses que la Providence lui avait départies ; elle s'en
est servie particulièrement, pour secourir les vieillards
que les infirmités attachées à leur âge, avaient réduits
à l'état d'indigence, et pour faire élever de malheureux
enfants que la mort avait privés de leurs parents.—
Hier, nos sœurs ont brodé ; et nous, nous avons écrit.

66ᵉ LEÇON.

Règles corollaires du cas précédent.

1° Le participe d'un verbe unipersonnel est toujours
invariable : *les chaleurs qu'il a* FAIT.

2° Le participe passé, précédé du pronom *le* employé pour *cela*, est toujours invariable : *cette faveur
est plus grande que je ne l'avais* ESPÉRÉ.

3° Le participe passé placé entre deux *que* est toujours invariable : *les leçons que j'ai* PRESSENTI *que
vous ne sauriez pas.*

4° Le participe *fait* suivi immédiatement d'un infinitif, est invariable : *je les ai* FAIT *sortir du bal.*

5° Le participe passé est invariable, lorsque le régime direct est sous la dépendance d'un infinitif sous-
entendu : *vous n'avez pas fait les démarches que vous
auriez* DÛ.

6° Le participe suivi d'un infinitif, s'accorde quand
le mot régime direct placé auparavant, fait l'action
marquée par l'infinitif ; dans le cas contraire, il est
invariable : *la princesse que nous avons* ADMIRÉE *distribuer des aumônes ; la victime que nous avons vu
conduire à l'autel.*

7° Quand le participe passé n'a pour régime que le
mot *en*, il est toujours invariable ; *j'ai* ÉCRIT *plus de
lettres que je n'en ai* REÇU.

8° Quand *le peu* signifie une petite quantité, le participe s'accorde avec le substantif placé après *le peu* ;
mais si *le peu* signifie le manque, le participe reste

invariable : *le peu de livres que j'ai* ACHETÉS *me suffiront ; le peu d'attention que vous avez* APPORTÉ *à m'écouter, a nui à vos progrès.*

DICTÉE.

Il s'était formé plusieurs associations qui donnaient de vives inquiétudes.—Beaucoup de personnes se sont signalées pendant les derniers froids qu'il a fait.—Les pluies qu'il a tombé, ont nui à la récolte.—Les règles dont vous parlez, sont plus difficiles que je ne l'aurais pensé.—La bataille fut plus sanglante qu'on ne l'avait rapporté.—Voici les règles que j'aurais voulu que vous apprissiez.—Ces dames se sont fait saigner.—Vous n'avez pas fait les démarches que vous auriez dû.—Il a emmené, pour faire le siége, toutes les troupes qu'il a fallu. —Ces deux femmes, on les a vues se précipiter dans la Seine.—Ces arbres stériles, je les ai laissé couper par mon bûcheron.—Elle est morte la princesse que nous avons admirée distribuer des aumônes.—Cette pauvre fille s'est vu condamner.—J'ai écrit plus de lettres que je n'en ai reçu.—Le peu d'historiens que tu as lus, appartiennent à la nation française.—Le peu d'ardeur que vous avez montrée, mes amis, a été remarqué.— Le peu d'attention que vous avez apporté à m'écouter, a nui à vos progrès.

67ᵉ LEÇON.

Des mots *compris, excepté, passé, supposé, ci-joint, ci-inclus,* etc.

Règles.

1° Les mots *compris, excepté, passé, supposé,* employés sans auxiliaire, sont invariables quand ils sont placés avant le substantif, parce que, dans ce cas, ils sont employés, par ellipse, comme prépositions : EXCEPTÉ *mes parents ;* SUPPOSÉ *ces faits.*

Placés après le substantif, les mêmes mots sont adjectifs, et prennent le genre et le nombre de ce substantif : *mes parents* EXCEPTÉS, *ces faits* SUPPOSÉS.

5

2° Les expressions *ci-joint*, *ci-inclus* restent au masculin singulier avant un substantif employé sans adjectif déterminatif, et varient dans le cas contraire : *vous trouverez* CI-JOINT, CI-INCLUS, *copie de ce que vous demandez, et* CI-JOINTE, CI-INCLUSE, *la copie de ce que vous demandez.*

On dit cependant : *ci-joint* la copie, *ci-joint* les lettres. Dans ce cas, ces expressions sont des façons de parler adverbiales.

3° Les verbes *devoir* et *redevoir* prennent un accent circonflexe au participe passé masculin singulier : *dû*, *redû*.

4° Le verbe *bénir* a deux participes passés : BÉNI, BÉNIE qui signifie *aimé*, *favorisé* : *une famille* BÉNIE *du ciel*; et BÉNIT, BÉNITE qui se dit des choses consacrées par une cérémonie religieuse : *du pain* BÉNIT, *de l'eau* BÉNITE. Ce dernier participe signifie *bien dit* (benedictus). Le premier signifie *allé à bien* (bene-ire).

DICTÉE.

Il y avait trente mille hommes, y compris la cavalerie. — J'ai l'honneur de vous adresser, ci-joint, copie d'une lettre que j'ai reçue ce matin. — Vous trouverez ci-inclus copie d'un placet à l'Empereur. — Il sera satisfait, supposé ces deux chances favorables. — Cet homme a vendu tous ses livres, excepté ses ouvrages de morale. — On est prévenu que, passé cette époque, la souscription sera entièrement fermée. — Bénis soient les rois qui ont été les pères de leurs peuples. — Nous sortirons, nos filles exceptées. — Je vous fais passer les deux lettres ci-jointes. — Je vous envoie ci-incluse la pétition que vous désirez présenter à Son Excellence Monsieur le Ministre. — La bénédiction de la rose d'or est une cérémonie par laquelle une rose de ce métal est bénite solennellement par le Pape, le quatrième dimanche de carême. — Le pain bénit qu'on donne le dimanche, à la messe de paroisse, représente l'union qui doit exister entre les fidèles. — J'ai dû agir de cette manière.

68ᵉ LEÇON.

De quelques autres difficultés sur l'orthographe du participe.

La difficulté qu'on éprouve pour écrire correctement un participe passé, ne consiste pas tout entière dans sa variabilité. Les trois participes passés GUÉRI, INSTRUIT, PROMIS ont la même consonnance finale, et pourtant cette consonnance donne lieu à trois terminaisons différentes : *i, it, is.*

Règle.

On retranche l'*e* muet du participe passé mis au féminin ; il en résultera naturellement le masculin singulier, et ainsi on écrira : *admis* , avec une *s* au masculin singulier, parce que son féminin est *admise.*

Il faut excepter *absous* et *dissous* dont le féminin est *absou*TE, *dissou*TE.

Remarque. Les participes en *mis* , *pris* prennent une *s* au masculin singulier : *commis*, *permis* , *soumis*, *appris*, *compris*, *repris* (du latin : *commissus, permissus, submissus, apprehensus, comprehensus, reprehensus*).

Remarque. Les participes en *dit* , *duit* , *fert, int, scrit, struit, vert,* prennent un *t* au masculin singulier : *contredi*T, *rédui*T, *offer*T , *join*T, *proscri*T, *instrui*T , *couver*T (du latin : *contradictus* , *reductus* , *offertus* , *junctus* , *proscriptus* , *instructus* , *coopertus*).

DICTÉE.

Nous l'avons admis dans notre familiarité.—Ce jeune homme s'est toujours bien conduit.—Jésus-Christ a été couvert d'opprobres , fouetté , couronné d'épines , et attaché à une croix. — J'ai craint que vous ne fussiez malade.-Que nous lui eussions déduit nos raisons.-J'ai démis le bras à mon camarade.-Nous les avons inscrits sur la liste des électeurs.-Les exemples de notre maître nous ont mieux instruits que ses discours.—On a contraint les soldats de marcher.—Ils ont toujours joint la modestie au mérite. — Il m'a offert de me vendre sa propriété.—On a ouvert une porte dans ce mur. — Vous n'avons jamais plaint notre peine pour nos amis. — Je vous ai promis une récompense, je vous la donnerai. — Je tiens plus que je n'avais promis. — Cette banqueroute l'a réduit à la misère et au désespoir. — Les vignes ont beaucoup souffert de la gelée. — Avez-vous oublié tous les maux que j'ai soufferts ? — Ont-ils souscrit pour l'érection d'une statue à Corneille ?

69ᵉ LEÇON.

Revoir les règles sur l'orthographe du participe.

DICTÉE RÉCAPITULATIVE.

Virginie, debout et tremblante, attend, dans les angoisses de la mort, le destin qui lui est réservé. Cependant, un cri de joie lui échappe ; elle a reconnu la voix de son père. A peine Virginius avait-il été informé de la résolution qu'Appius avait formée de réduire sa fille à l'esclavage, qu'il avait quitté l'armée pour voler à son secours. Comment peindre l'inquiétude qui s'était emparée de ses esprits, et la force d'âme qu'il lui avait fallu pour ne point succomber à la douleur qui déchirait son cœur ! Enfin il arrive, et aussitôt la foule s'est empressée de le laisser passer. A sa vue, le tyran frissonne ; ses yeux sont baissés, étonné lui-même de la honte qu'il a sentie rougir son front criminel ; mais bientôt une apparente tranquillité a succédé à la crainte qui s'était montrée un moment sur son visage. « Que veux-tu, dit-il, d'un air assuré ? — Ma fille, répond ce père malheureux, celle que les dieux ont faite l'unique soutien de ma vieillesse. » A ces mots, il s'approche de Virginie, et leurs âmes sont confondues dans leurs embrassements et dans les sanglots.

CHAPITRE CINQUIÈME.

ORTHOGRAPHE DES MOTS INVARIABLES.

70e LEÇON.

Des adverbes en MENT.

La plupart des adverbes en *ment* se forment des adjectifs qualificatifs de la manière suivante :

Règles.

1° Quand l'adjectif se termine au masculin par une voyelle sonore, on y ajoute *ment* : *sensément, gaîment, ingénument, poliment* (adjectifs : *sensé, gai, ingénu, poli*). — *Impuni* a pour adverbe *impunément*.

NOTA. Les adverbes : *bellement, follement, mollement, nouvellement*, se forment de la terminaison féminine. (*Belle, folle, molle, nouvelle*).

2° Quand l'adjectif se termine au masculin par un *e* muet, on y ajoute *ment* : *avidement, richement*, etc. Excepté : *aveugle, commode, conforme, énorme, incommode, opiniâtre, uniforme* qui changent l'*e* muet en *é* fermé : *aveuglément, opiniâtrément, uniformément*.

3° Quand l'adjectif se termine au masculin par une consonne, l'adverbe en *ment* se forme sur le féminin : *vivement, doucement, impérieusement*. Sont exceptés *gentil* qui fait *gentiment* ; *commune, confuse, diffuse, expresse, importune, obscure, précise, profonde*, qui changent l'*e* muet en *é* fermé : *communément, obscurément*.

4° Les adjectifs en *ant* et en *ent* forment l'adverbe en *ment* par le changement de *nt* en *mment* : *élégANT, élégAMMENT* ; *prudENT, prudEMMENT*. Sont exceptés les adjectifs *lent* et *présent* qui forment leur adverbe de l'adjectif féminin : *lente, lentement*.

NOTA. Remarquons ici que la langue française ne renferme pas autant d'anomalies qu'on pourrait le croire : la langue française est formée en grande partie de mots de la langue latine. Les mots, en passant de cette dernière langue dans la nôtre ont éprouvé certains changements qui en ont plus ou moins altéré le matériel et la forme. Mais souvent aussi, nous avons eu à cœur de conserver l'orthographe de la langue latine. On peut en juger par le tableau suivant :

Mots latins :	Abundantia.	Constantia.	Elegantia.	Evidentia.	Insolentia.
Substantifs :	Abondance.	Constance.	Elégance.	Evidence.	Insolence.
Adjectifs :	Abondant.	Constant.	Elégant.	Evident.	Insolent.
Adverbes:	Abondamment.	Constamment.	Elégamment.	Evidemment.	Insolemment.

DICTÉE.

Témoin de ce malheur, j'en parle sciemment.—Julie sauta-t-elle au cou de sa petite amie, lorsque tu la lui amenas complaisamment de la pension?—Evidemment, Léon se trompe constamment.— Chacun de vous doit parler obligeamment de ses condisciples. — Ces deux élèves jouèrent hier constamment à la paume, et gagnèrent aux mains d'horribles cals. — Dans notre dernier voyage, nous visitâmes les lieux les plus célèbres de la Normandie, notamment les ruines de la célèbre abbaye de Jumièges.— Les Français s'avancèrent vaillamment contre l'ennemi. — Cette pensée l'affecta vivement. — Je vous parle sérieusement. — Mon fils, écoute attentivement les explications que ton maître te donne.—Cet enfant parle toujours poliment.—Sa sœur est nouvellement mariée.—Hâtez-vous lentement.—Je vous ai expliqué suffisamment les règles d'orthographe. —Je puise de l'eau abondamment à cette source.

71e LEÇON.
Autres mots invariables.

Règles.

1o *Plus tôt*, en deux mots, réveille une idée de temps, et se dit en opposition à *plus tard : je partirai* PLUS TÔT *qu'à l'ordinaire.* — *Plutôt*, en un mot, signifie *choix, préférence:* PLUTÔT *souffrir que mourir.*

2o *Parce que*, en deux mots, signifie *attendu que :* PARCE QU'*elle meurt, faut-il que vous mouriez?* — *Par ce que* en trois mots, signifie *par cela que, par*

la chose que ; par les choses que : PARCE qu'on voit
tous les jours, il est facile de comprendre combien le
mauvais exemple est pernicieux.

3° *Quoique*, en un mot, signifie *bien que* : QUOIQUE
vous soyez instruit, soyez modeste. — *Quoi que*, en
deux mots, signifie *quelque chose que* : QUOI QUE *vous
lui disiez, il ne vous écoutera pas.*

4° *Quand*, conjonction, signifie *lorsque*, *à quelle
époque, dans quel temps* : *venez* QUAND *vous voudrez.*
— *Quant*, préposition, signifie *à l'égard de*, *pour ce
qui me regarde* : QUANT *à cette affaire, je m'en inquiète peu.* La préposition *quant* est toujours suivie
de *à, au, aux.*

DICTÉE.

Le courrier est arrivé aujourd'hui plus tôt qu'à l'ordinaire. — Plutôt souffrir que mourir. — Quoi que dise le
menteur, on ne le croit plus, parce qu'on le connaît. —
Parce qu'il ment, faut-il que vous mentiez ? — Par ce que
répond un élève, on voit s'il a compris les leçons qu'on
lui a expliquées. — Parce que vous n'avez pas réussi une
fois, il ne faut pas vous décourager. — Je ne me décourage pas, quoique mon coup d'essai n'ait pas réussi. —
Quoi que vous fassiez, vous ne le contenterez jamais. —
Voici un homme généreux, quoique peu riche. — Quoique l'ambition soit un vice, elle est souvent la cause
de très-grandes vertus. — Partez si vous le voulez, quant
à moi je reste ici. — Quand le malheur nous ouvre les
yeux, nous repassons avec amertume sur tous nos faux
pas. — Quand d'honnêtes gens sont dans le besoin, c'est
le moment de faire provision d'amis. — Quant à lui, il
écrira quand il aura le temps.

72e LEÇON.

Autres mots invariables.

Quoique l'adverbe, la préposition, la conjonction et
l'interjection soient les parties invariables de la langue
française, il arrive fort souvent qu'on écrit irrégulièrement plusieurs de ces mots. — Voici ceux qu'on doit

surtout considérer : *ailleurs*, *ainsi*, *arrière*, *assez*, *aujourd'hui*, *cependant*, *davantage*, *derrière*, *ensemble*, *envers*, *hormis*, *lorsque*, *malgré*, *moins*, *parmi*, *sauf*, *toujours*, *volontiers*.

On doit écrire en un seul mot les expressions : *autrefois*, *quelquefois*, *toutefois*, adverbes de temps.

DICTÉE.

Vos malheurs viennent d'ailleurs.—Faites deux pas en arrière.—Il m'aborda d'un air assez impertinent.—Si les Tartares inondaient aujourd'hui l'Europe.—Autrefois nous étions amis ; aujourd'hui nous sommes ennemis.—On disait cependant que vous n'étiez pas à Paris.—Je veux qu'un homme soit bon, et rien davantage.—Ces singes sont instruits à marcher sur les pieds de derrière.—Il fut convenu que les deux adversaires tireraient ensemble.—Nous devons être honnêtes envers tout le monde.—Hormis toi, tout chez toi rencontre un doux accueil.—Lorsque vous viendrez me voir, vous voudrez bien m'apporter les Études de la nature.—Malgré leur insolence, les mutins n'oseraient soutenir ma présence.—Les plus malheureux osent pleurer le moins.—Adam eut plusieurs enfants, parmi lesquels on compte Caïn et Abel.—Cela est arrivé quelquefois.—La vertu n'est pas toujours heureuse.—Si je n'ai pas réussi, toujours ai-je fait mon devoir.—Je ferai volontiers ce que vous m'ordonnez.—Il m'a donné tout son bien, sauf une terre.

73e LEÇON.

De la lettre M avant M, B, P.

Règle.

On met toujours *m* (et jamais *n*) devant *m*, *b*, *p* : e**m**mener, i**m**berbe, po**m**pe.

Sont exceptés : *bonbanc*, *bonbon*, *embonpoint*, *néanmoins*, *rantanplan*, parce qu'autrefois, chacun de ces mots en formait plusieurs : (*bon banc*), (*bon bon*), (*en bon point*), (*néant moins*), (*ran tan plan*).

---

* Cette règle existe aussi dans la langue latine : *immittère*, *imberbis*, *pumpa*.

DICTÉE.

Le garde-champêtre du village.—Le trombone du régiment.—Le tombeau de Jésus-Christ.—Les impôts onéreux.—La récompense du travail.—Ne nous laissez pas succomber à la tentation.-Un jambon de Mayence.-Une pompe à incendie.—Les biens temporels.—Veuillez apporter l'ombrelle de Madame.—Cette ombre de gloire. -Que vos vœux s'accomplissent !— Le timbre d'un tambour.-Une timbale d'argent.-On lui a plombé une dent. Jugez par mes malheurs de la compassion que j'ai pour les vôtres. — On m'a chargé de vous faire des compliments, et je m'acquitte avec plaisir de la commission.- De vos sens étonnés, quel désordre s'empare ?—N'empiétons pas sur l'horrible fonction des démons. — Les Grecs ont emprunté des Égyptiens la forme des temples. —Cet enfant aime beaucoup les bonbons.—La bombe va crever.— Son discours était incompréhensible.— Des eaux pures et limpides. —Le triomphe de la vérité.—Cet homme a beaucoup perdu de son embonpoint.

74e LEÇON.

De l'orthographe des dérivés et des composés.

Règle.

Les mots dérivés ou composés conservent la même orthographe que leurs primitifs dans les syllabes qui ont le même son : *abondant*, *abondance*, *innocent*, *innocence*.

Soient par exemple, les quatre primitifs suivants : *Barre*, *mander*, *plaire*, *tendre* formés des expressions latines: *Vara*, *mandare*, *placere*, *tendere*. Ces quatre mots ont donné naissance à d'autres mots dans lesquels on remarque *arr*, *an*, *plai*, *en*.

DICTÉE.

Barrage, barreau, barrement, barrer, barreur, barricade, barricader, barrier, barrière, débarras, débarrasser, débarrer, embarras, embarrassant, embarrasser, embarrer, mandat, mandataire, mandement, commande, commandant, commandement, commander, commanderie, commandeur, commanditaire, commandité, demande, demander, demandeur, qué-

mandeur, recommandable, recommandation, recommander, plaisamment, plaisance, plaisant, plaisanter,
plaisanterie, plaisir, complaisamment, complaisance,
complaisant, déplaire, déplaisance, déplaisant, déplaisir, tendance, tendu, tensif, tension, tente, tenture,
attendre, attente, attentif, attention, attentivement,
contentieusement, contentieux, contention, détente,
détendre, entendement, entendre, étendard, extenseur,
extensible, extension, intendance, intention, prétendre,
prétentieusement, prétention, retendoir, retendre

_____

75ᵉ LEÇON.

Du doublement des consonnes

Règles.

1º La lettre *c* se double dans les mots composés
commençant par *ac, oc* : ACCommoder, ACComplir,
OCCasion, OCCuper.

2º La lettre *f* se double dans les mots composés
commençant par *af, dif, ef, of, suf* : AFFable, DIFForme,
EFFicace, OFFrir, SUFFrage. Excepté : *éfaufiler.*

3º La lettre *l* se double dans les mots composés commençant par *al, col, il* : ALLaiter, COLLége, ILLusion.

4º La lettre *m* se double dans les mots composés
commençant par *com, im* : COMModité, IMMortel.

5º La lettre *p* se double dans les mots composés
commençant par *ap, oppo, oppr, sup* : APPartenir,
OPPosition, OPPrimer, SUPPortable.

Remarque. Sept verbes fréquemment employés ne
doublent pas la consonne *p*. Ce sont : *apaiser, apercevoir, apitoyer, aplanir, aplatir, apetisser, apurer.*

6º La lettre *r* se double dans les mots composés
commençant par *ar, cor, ir* : ARRoger, CORRigible,
IRRépréhensible.

7º La lettre *t* se double dans les mots composés
commençant par *at* : ATTendrir, ATTention.

Remarque. Si l'on ne double pas la consonne dans
les mots : *acacia, académie, afin, Afrique, aliment,*

colère, île, image, imiter, apôtre, superbe, suprême, aride, irascible, atroce, etc., etc., c'est que ces mots ne sont point composés.

DICTÉE.

Accablement, accapareur, accélération, accent, accepter, accessibilité, accolade, accommodement, accord, accourcir, accusateur, occasion, occidental, occupation, occurrence, affabilité, affaiblissement, affectation, affectueux, affiche, affinerie, affirmativement, diffamatoire, différence, difformité, diffusément, efficace, effigie, effort, effroyable, offense, offrande, offusquer, suffire, suffocation, allégateur, allongement, collecte, collerette, colloque, illégitime, illumination, illustrissime, commandement, commensal, commerce, commission, communicatif, communication, immanent, immersion, immobile, immoral, immortalité; apparence, appauvrir, applaudissement, apercevoir, apaiser, apposition, approbateur, opposition, oppressif, opprobre, supplément, supplication, supportable, supposition, arranger, arrogance, arrondir, arrosement, correspondre, correction, corroboration, corruptible, irréprochable, attachement, attendre.

76e LEÇON.

Orthographe certaine d'un grand nombre de mots.

Règle.

Quand on éprouve de la difficulté pour écrire correctement la lettre finale d'un primitif, on en cherche le dérivé. Ainsi on écrira *encens* avec *s*, parce qu'on dit *encenser*.

DICTÉE.

Amas, accroc, bord, plomb, franc, jonc, tronc, caduc, laid, brigand, chaland, chaud, friand, gourmand, grand, marchand, bavard, dard, fard, hasard, retard, badaud, échafaud, bond, profond, rond, vagabond, accord, berger, long, rang, sang, balai, essai, étai, cri, défi, oubli, pari, pli, emploi, envoi, appui, ennui,

péril, gentil, sourcil, parfum, train, vain, vœu, chagrin,
fin, vin, bon, jeûn, camp, champ, drap, galop, danger,
engrais, rabais, bras, tas, encens, accès, procès, progrès, avis, mépris, tapis, dos, repos, abus, refus, pays,
lait, climat, éclat, magistrat, prélat, soufflet, arrêt,
chant, gant, néant, cent, vent, art, part, saut, crédit,
dépit, profit, bruit, fruit, nuit, affront, pont, dispos,
abricot, complot, sanglot, ressort, transport, emprunt,
bout, goût, affût, brut, début, salut, institut.

CHAPITRE SIXIÈME.

SUPPLÉMENT.

77ᵉ LEÇON.

Orthographe des substantifs dérivés de langues étrangères.

Règles.

1° Les substantifs dérivés de langues étrangères, et
qu'un fréquent usage a francisés, prennent une *s* au
pluriel comme les autres substantifs français : *des
accessits, des bravos, des examens, des numéros, des
opéras,* etc.

2° Les substantifs *alleluia, amen, ave, credo, pater, maximum, minimum* sont invariables.

3° Les substantifs étrangers formés de deux ou plusieurs mots liés par le trait d'union sont invariables :
des ecce-homo, des auto-da-fé. Excepté : *des senatus-
consultes.*

4° Les substantifs qui, dans les langues d'où ils
sont tirés, ont une terminaison particulière pour le
pluriel, ne prennent point la lettre *s* au pluriel : *les
carbonari, les lazzaroni.* (La lettre *i* est la caractéristique du pluriel dans les mots italiens).

DICTÉE.

Il y a dans ces opéras des duos et des quatuors très-estimés.—Le clergé chante de beaux Te Deum dans de belles églises.—Philippe II ne permettait à ses sujets l'air d'allégresse qu'au spectacle des auto-da-fé.—L'auteur d'*Une Heure de Mariage* n'a voulu que faire rire le vulgaire par des quiproquos, des lazzis.— Que d'évènements fâcheux ont eu pour cause des quiproquos.—Fuyez des concettis l'inutile fracas.—Ce bibliomane est possesseur de plus de trois cents in-folio ornés de magnifiques gravures.—Nos dilettanti sont des musiciens amateurs à qui il ne manque souvent que du goût et des oreilles.— Les post-scriptum de vos lettres renferment toujours quelque chose qui mérite d'être lu.—Ce musicien a composé plusieurs requiem d'un grand et imposant effet.—Il met tous les matins six impromptus au net. — Il est curieux de voir les compositions musicales du seizième et du dix-septième siècle exciter l'enthousiasme des dilettanti du dix-neuvième.

78ᵉ LEÇON.
Des substantifs propres.
Règle.

Les substantifs propres ne prennent pas la marque du pluriel : *les Corneille et les Racine ont illustré la scène française.*

1ʳᵉ *remarque*. Les substantifs propres deviennent de véritables substantifs communs, quand ils désignent des individus semblables à ceux dont on emploie le nom : *les Corneilles et les Racines sont rares.*

2ᵉ *remarque*. On écrit généralement au pluriel : *les Césars, les Gracques, les Horaces, les Scipions, les Condés, les Guises, les Stuarts, les Bourbons*, soit à l'imitation des Latins qui, dans tous les cas, employaient le pluriel, soit parce que la plupart de ces mots sont plutôt des titres, des surnoms que des noms individuels.

DICTÉE.

Parmi les grands hommes, on citera toujours avec

honneur, les Socrate, les Platon; les Caton, les Sully,
les Lamoignon. — Le même roi qui sut employer les
Condé, les Turenne et les Catinat dans ses armées, les
Colbert, et les Louvois dans son cabinet ; choisit les
Racine et les Boileau pour écrire son histoire ; les
Bossuet et les Fénélon pour instruire ses enfants; les
Fléchier et les Massillon pour l'instruire lui-même. —
La femme qui donna le jour aux deux Corneille, avait
l'âme grande, l'esprit élevé, les mœurs sévères; elle
ressemblait à la mère des Gracques ; c'étaient deux
femmes de même étoffe. — Les Boileau et les Gilbert
furent les Juvénals de leur siècle. — Les Racine, les
Molière et cette foule de grands écrivains que le siècle
de Louis XIV a vue fleurir, ne sont pas inférieurs aux
Eschyle, aux Socrate et aux Aristophane. — La Seine a
des Bourbons, le Tibre a des Césars. — Tout le monde
sait que les trois Curiaces et deux des Horaces tom-
bèrent dans ce fameux duel.

79ᵉ LEÇON.
Des substantifs composés.

On appelle *substantif composé* toute expression dans
laquelle il entre plusieurs mots équivalents à un substantif, comme *Hôtel-Dieu, abat-vent, arc-en-ciel.*

Règle générale.

Tout substantif composé qui n'est point encore passé
à l'état de mots, doit s'écrire au singulier et au pluriel
suivant que la nature ou le sens des mots partiels
exige l'un ou l'autre nombre. C'est la décomposition
de l'expression qui fait donner aux diverses parties qui
les composent le nombre que le sens indique.

Cette règle générale comprend les règles particulières
suivantes :

1º Quand un substantif composé est formé d'un
substantif et d'un adjectif, les deux parties prennent
la marque du pluriel : *une basse-taille, des basses-
tailles ; une fausse-clef, des fausses clefs.*

Excepté : *des blanc-seings,* — *des terre-pleins* — *des chevau-légers* — *des grand'mères* — *des grand'-messes.*

2° Quand un substantif composé est formé de deux substantifs placés immédiatement l'un après l'autre, ils prennent l'un et l'autre la marque du pluriel : *un chef-lieu, des chefs-lieux ; un chien-loup, des chiens-loups.*

Excepté : *des appuis-main* — *des bains-marie* — *des bec-figues* — *des brèche-dents* — *des Hôtels-Dieu.*

3° Quand un substantif composé est formé de deux substantifs unis par une préposition, le premier substantif seul prend la marque du pluriel : *un chef-d'œuvre, des chefs-d'œuvre ; un ver-à-soie, des vers-à-soie.*

Excepté : *des coq-à-l'âne* — *des pied-à-terre,* — *des tête-à-tête.*

4° Quand un substantif composé est formé d'un substantif et d'un verbe, ou d'un substantif et d'un mot invariable, le substantif seul prend la marque du pluriel, et encore, s'il y a pluralité dans l'idée. Ainsi, l'on écrira avec une s au pluriel : *des contre-coups,* (des *coups* dans la partie *contre*) ; et au singulier : *des serre-tête* (des *bonnets* qui *serrent* la *tête*) ; enfin on écrira avec une s tant au singulier qu'au pluriel : *cure-dents* (instrument qui *cure* les *dents*).

5° Quand un substantif composé est formé de deux ou plusieurs mots invariables de leur nature, aucune des parties ne prend la marque du pluriel : *des passe-passe, des pince-sans-rire.*

DICTÉE.

De tous les réveille-matin, le remords est le plus fâcheux et le plus terrible. — A Coïmbre, en Portugal, il y a, dit-on, plus de quatre mille étudians dont la principale occupation est de faire des cure-dents. — Près des garde-manger, il y a souvent des essuie-mains. — L'intérêt ou la malignité suggère presque toutes les arrière-pensées. — Dulot, assez mauvais poëte, est l'inventeur des bouts-rimés. — Les arcs-en-ciel sont formés par la réflexion des rayons solaires dans les nuages. — De bonnes actions et des études agréables sont les plus doux passe-temps. — Il faut aller en Normandie pour voir des basses-cours riches et bien peuplées. — La paresse, plus que la maladie, peuple les Hôtels Dieu. — Les loups-cerviers du Canada sont plus petits et plus blancs que ceux de l'Europe, et cette différence les fait appeler chats-cerviers. — Les aigues-marines sont des pierres précieuses qui ont des reflets verts semblables à l'eau de la mer.

80ᵉ LEÇON.

Accord de l'adjectif avec un seul substantif.

Règles.

L'adjectif placé après deux ou plusieurs substantifs s'accorde avec le dernier :

1° Quand les substantifs sont synonymes : *il a une aménité, une douceur* ENCHANTERESSE.

2° Quand les substantifs sont unis par la conjonction *ou* : *un courage ou une prudence* ÉTONNANTE.

5° L'adjectif s'accorde avec le premier substantif, quand les substantifs sont unis par une des expressions de *même que, ainsi que, comme* : *l'autruche a la tête ainsi que le col* GARNIE *de duvet.*

DICTÉE.

Alexandre s'annonça par un courage, une bravoure supérieure à son âge. — César avait un courage, une intrépidité extraordinaire. — Aristide avait une modestie, une grandeur d'âme peu commune. — Toute sa vie n'a été qu'un travail, qu'une occupation continuelle. — Chacun doit parler de soi avec une discrétion, une retenue extrême. — Qui n'admire pas dans madame de Sévigné cette grâce ou cette élégance de style si rare et si peu imitée aujourd'hui? — Auguste gouverna Rome avec un tempérament, une douceur soutenue. — Une personne sensible ne peut voir un homme ou une femme pauvre et souffrante sans être vivement émue. — Dans la place publique, une troupe de licteurs écartait la multitude avec un faste, un orgueil insupportable. — La conduite de Néron décelait une noirceur, une perversité inouïe. — L'orgueil aveugle croit avoir un talent, une habileté extraordinaire. — L'autruche a la tête ainsi que le col garnie de duvet. — Il y a dans les fables de La Fontaine une élévation ou une simplicité de style toujours naturelle, toujours appropriée au sujet. — Le vanneau a le ventre ainsi que le bord des ailes blanc.

81ᵉ LEÇON.
Des mots NU, DEMI, FEU.
Règles.

1° L'adjectif *nu* est invariable quand, placé avant un substantif, il forme avec ce substantif une expression adverbiale : *il marche* NU-*pieds.* — Mais on écrira : *toute* NUE, *la vérité déplaît,* attendu que *nue* ne forme pas une expression adverbiale avec le substantif *vérité* placé après.

Le mot *nu*, placé après le substantif, en prend le genre et le nombre : *tête* NUE, *jambes* NUES.

2° L'adjectif *demi* est invariable quand il précède immédiatement son substantif, parce qu'il forme, avec ce substantif, une expression adverbiale : *une* DEMI-*heure, des* DEMI-*mesures.*

Placé après le substantif, *demi* en prend le genre, mais il reste au singulier, parce qu'alors il n'exprime qu'une *demie* : *trois mètres et* DEMI, *sept heures et* DEMIE.

Demie est substantif dans : *une* DEMIE, *la* DEMIE, *trois-*DEMIES.

3° L'adjectif *feu,* synonyme de *défunt,* ne varie que quand il précède immédiatement le substantif : *ma* FEUE *mère.* — On écrira par conséquent avec le mot *feu* invariable : FEU *ma mère,* attendu que *feu* ne précède pas immédiatement le substantif.

DICTÉE.

On appelait autrefois les grands hommes des demi-dieux, parce qu'ils tenaient le milieu entre Dieu et l'homme.—Beaucoup de demi-preuves réunies ne sauraient jamais faire une preuve complète. — Quand l'imagination est dans sa force, la raison n'est qu'à demi-formée.—Feu mes tantes se sont toujours plu à me témoigner une affection, une tendresse toute maternelle. — Les anciens guerriers ne se couvraient pas la tête d'un casque pesant; ils marchaient tête nue à l'ennemi. —La feue impératrice de Russie gouvernait ses peuples avec une modération, une sagesse digne de louanges.— Un homme mou n'est pas un homme, c'est une demi-femme.—J'ai acheté trois mètres et demi de drap. — Trois heures et demie sont sonnées.—Ils étaient nu-tête et jambes nues, les pieds chaussés de petites sandales. —Les montagnards qui ont, en toute saison, les jambes nues, marchent rarement nu-tête.—Deux demies font un entier.—Adieu, mon cher ami, feu ma muse salue très-humblement la vôtre qui se porte bien.

82e LEÇON.

Orthographe des mots VINGT, CENT, MILLE.

Règles.

1° *Vingt* et *cent* précédés d'une expression numérale qui les multiplie, et suivis d'un substantif exprimé ou sous-entendu, prennent le signe du pluriel : *quatre-*VINGTS *francs, trois* CENTS *hommes ; j'en ai acheté quatre-*VINGTS, *il a vendu cinq* CENTS *de paille.*

2° *Vingt* et *cent* précédés et suivis d'une expression numérale, restent invariables : *quatre-*VINGT-*dix-sept hommes ; neuf* CENT-*cinquante francs.*

3° *Vingt* et *cent,* employés pour *vingtième, centième,* restent invariables : *chapitre quatre-*VINGT, *page deux-*CENT.

4° On écrit *mil* pour la date des années depuis l'ère chrétienne : *en* MIL *huit cent-un.*

On écrit *mille* en parlant des années qui ont précédé l'ère chrétienne : *l'an deux* MILLE *de la création.*

2º On écrit *mille* pour exprimer le nombre dix fois cent: *dix* MILLE *hommes demeurèrent sur le champ de bataille.*

5º On écrit *mille* avec une *s* au pluriel pour représenter une mesure itinéraire : *j'ai parcouru quarante* MILLES.

NOTA. La syllabe finale *ze* qui termine les expressions numérales de *onze* à *seize* inclusivement, est probablement empruntée de l'allemand *zehn* qui signifie *dix*. Les syllabes qui précèdent *ze* viennent du latin. — Ainsi *quatorze* est pour *quatuor-zehn* (quatre plus dix).

DICTÉE.

Louis-Napoléon fut élu et proclamé Empereur des Français, en mil huit cent cinquante-deux. — C'est de l'année mil huit cent vingt-huit que date l'invention des chemins de fer. — Sous Charles V, il n'y avait que mille volumes à la Bibliothèque impériale ; présentement, elle en possède plus de sept cent mille, sans compter quatre-vingt mille manuscrits. — La Suède et la Finlande composent un royaume long d'environ deux cents de nos lieues, et large de cinq cents. — Mercier a fait un ouvrage qui a pour titre : *L'an deux mille quatre cent-quarante.* — Les milles d'Angleterre sont un peu plus forts que les milles d'Italie : ils valent un tiers de nos lieues. — Sur cent mille combattants, il y en eut mille de tués et cinq cents de blessés. — Le port de Copenhague peut contenir plus de cinq cents vaisseaux ; il y a pour chacun un magasin particulier près du lieu où il est à l'ancre. — La distance de Paris à Pékin est de deux mille trois cent cinquante lieues. — Nous lirons à la page quatre-vingt. — On m'a amené aujourd'hui quatre-vingts faguettes.

83ᵉ LEÇON.

Orthographe du mot MÊME.

Le mot *même* est adjectif ou adverbe.

Règles.

Même est adjectif, et s'accorde :

1° Quand il est placé avant un substantif qu'il qualifie : *ils ont les* MÊMES *défauts.*

2° Quand il est placé après un pronom : *les dieux eux*-MÊMES *devinrent jaloux des bergers.*

3° Quand, placé après un substantif, il exprime un rapport d'identité : *ces murs* MÊMES, *Seigneur, peuvent avoir des yeux.*

Même est adverbe et invariable :

1° Quand il modifie un verbe : *exempts de maux réels, les hommes s'en forment* MÊME *de chimériques.*

2° Quand il est placé après plusieurs substantifs : *les plaisanteries, les agaceries, les jalousies* MÊME *m'intéressaient.*

3° Quand, placé après un substantif, il réveille une idée d'extension : *le vent était si violent qu'on ne pouvait entendre les paroles* MÊME *qu'on se disait en criant à l'oreille à tue-tête.*

Observation. *Même* reste au singulier dans les phrases suivantes, et dans leurs analogues : *Je regarde mes amis comme d'autres* moi-MÊME. — *Nous sommes d'autres* vous-MÊME.

DICTÉE.

La passion des conquêtes était enflammée par les conquêtes mêmes. — Le cœur, endurci par les cicatrices mêmes des coups qu'on lui a portés, est devenu plus insensible. — Les honneurs, les richesses même ne peuvent procurer le bonheur de celui dont la conscience n'est pas tranquille. — C'est dans les écrits mêmes de plusieurs adversaires de la religion que se trouvent les plus pompeux éloges de ses préceptes. — Une parfaite égalité d'humeur est si rare que les sages mêmes ont leurs bons et leurs mauvais moments. — Le sénat se trouva composé de ceux mêmes qui s'opposaient le plus à la loi. — Les hommes vertueux sont respectés de ceux même qui n'ont aucune vertu. — Nous devons avoir pour nos amis les mêmes sentiments que pour nous-mêmes. — Les chefs-d'œuvre de l'antiquité plaisent dans tous les temps, parce que la riche et brillante imagination de leurs auteurs a su, dans ses hardiesses mêmes, s'imposer de salutaires limites.

84e LEÇON.
Orthographe du mot QUELQUE.

Le mot *quelque* s'écrit de trois manières.

Règles.

1° Suivi d'un substantif qu'il détermine, *quelque* s'écrit en un seul mot ; il est adjectif indéfini et s'accorde seulement en nombre avec ce substantif : QUELQUES *défenses que Dieu eût faites à son peuple.*

Si *quelque* était séparé du substantif par un adjectif qualificatif, il s'accorderait encore en nombre avec le substantif : QUELQUES *profondes connaissances que nous possédions.* (Quantité.)

Remarque. Le mot *quelque*, adjectif indéfini, est l'équivalent de *plusieurs*, autre adjectif.

2° Suivi d'un modificatif (adjectif, participe ou adverbe), *quelque* est adverbe de quantité ; il s'écrit encore en un mot, mais comme adverbe, il reste invariable : QUELQUE *profondes que soient nos connaissances.* (Grandeur, étendue.)

Remarque. Le mot *quelque*, adverbe de quantité, est l'équivalent de *si*, autre adverbe.

3° Le mot *quel que*, suivi d'un verbe, ou n'en étant séparé que par un pronom, comme dans : QUEL QU'*il soit*, s'écrit en deux mots dont le premier, comme adjectif qualificatif indéterminé, s'accorde en genre et en nombre avec le sujet du verbe : QUELLE QUE *soit sa fortune, il ne réussira pas.* (Qualité.)

Remarque. Si le sujet du verbe se compose de deux substantifs singuliers unis par la conjonction *et*, le mot *quel* se met au pluriel et prend le genre masculin si les substantifs sont de différent genre : QUELS QUE *soient son talent et sa fortune.*

Remarque. Si les deux substantifs singuliers placés après le verbe sont unis par la conjonction *ou*, le mot

quel s'accorde avec le premier substantif : QUELLE QUE
soit sa fortune ou son talent.

Analyse des mots *quelques, quelque, quelles que.*

Quelques profondes connais-sances que nous possédions.	Adjectif indéfini féminin pluriel détermine connaissances.
Quelque profondes que soient nos connaissances.	Adverbe de quantité modifie profondes.
Quelles que soient nos connais-sances.	Adjectif qualificatif féminin pluriel qualifie connaissances.

DICTÉE.

Quelques amis que tu comptes en ce moment, tu
n'en auras plus dès que tu seras tombé dans l'indigence.—Quelques bienfaits qu'il ait reçus de nous, il
n'en témoigne aucune reconnaissance.—Quelques disgrâces que nous ayons éprouvées, nous ne sommes pas
encore devenus sages.—Quels que soient les avantages
dont nous jouissions ici-bas, gardons-nous de nous en
glorifier. — Quelque prudentes que soient vos sœurs,
quelque avisées qu'elles m'aient toujours paru, je les
trouve ici en défaut.—Quelle que soit la miséricorde de
Dieu, sa justice le force à punir les pervers.—Quelque
ingénieux que fussent les Grecs et les Romains, ce n'est
point à eux que l'on doit la découverte de l'imprimerie.
— Quels que puissent être vos moyens de défense, je
regarde votre cause comme perdue. —Quelle que soit
sa fortune ou son talent, il ne réussira pas.—Quelques
vœux que tu fasses pour mon bonheur, je ne dois plus
compter sur des jours sereins.—Je méprise ces faveurs
quelles qu'elles soient.

Quelques glorieux prix qui me soient réservés,
Quels lauriers me plairont de son sang arrosés ?

85ᵉ LEÇON.

Orthographe du mot TOUT.

Le mot *tout* est adjectif ou adverbe.

Règles.

Tout est adjectif et s'accorde :

1° Quand il détermine un substantif : TOUT *âme sensible doit toujours aimer.*

2° Quand il se rapporte à un pronom : *vous verrez nos statuts quand ils seront* TOUS *faits.*

Tout est adverbe et invariable :

1° Quand il est placé devant un adjectif masculin, singulier ou pluriel : *cet homme est* TOUT *honteux ; ils sont* TOUT *aimables.*

2° Quand il est placé devant un adjectif féminin, singulier ou pluriel, commençant par une voyelle ou une *h* muette : *cette femme est* TOUT *aimable ; ces femmes sont* TOUT *aimables;* TOUT *humble qu'était cette princesse ;* TOUT *habiles que ces ouvrières vous paraissent.*

3° Quand il est placé devant un adjectif féminin, singulier ou pluriel, commençant par une consonne ou une *h* aspirée. Dans ce cas, *tout*, par euphonie, adopte les inflexions adjectives: *cette femme est* TOUTE *bonne;* TOUTES *sages que sont ces dames;* TOUTE *hardie qu'elle vous paraît ;* TOUTES *hideuses que ces figures vous semblent.*

Remarque. On peut écrire :

Ces dames furent TOUT étonnées ,

ou *Ces dames furent* TOUTES *étonnées.*

Dans le premier cas, il s'agit d'un *étonnement total;* c'est la situation de l'âme que l'on veut peindre : *tout* y est adverbe, et a le sens de *totalement, entièrement.*

Dans l'autre cas, il s'agit d'un *étonnement général;* c'est le nombre que l'on considère : *tout* y est adjectif, et a le sens de *sans exception :* on veut dire que *toutes*, sans exception, furent dans l'étonnement.

Remarque. On écrit :

Cette femme est TOUT autre qu'elle n'était jadis

et TOUTE *autre que cette femme n'aurait pas voulu changer ses habitudes.*

Dans le premier cas , *tout* modifie l'adjectif *autre ;* dans le second , *toute* est un adjectif déterminatif mo-

difiant *femme* sous-entendu : *toute autre femme que
cette femme*, etc.

DICTÉE.

Les jeunes gens, tout inconsidérés qu'ils sont,
écoutent de temps à autre le langage de la raison. — Les
portraits vivants de tous ces illustres personnages, à
quelque nation qu'ils appartiennent, sont tous habillés
à la manière de leur pays. — Les hommes corrompus
n'ont aucune sorte de pudeur ; et sont prêts à toute
espèce de bassesses. — Vous savez mieux que moi, quels
que soient nos efforts, que l'argent est la clef de tous
les grands ressorts. — Toutes les nations, quelque oppo-
sées qu'elles soient par leurs mœurs et par leurs caractères, se trouvent réunies dans un point essentiel, qui
est le sentiment intime d'un culte dû à l'Etre Suprême.
— Tout infinies que sont vos miséricordes, Seigneur,
pourrez-vous jamais me pardonner autant d'iniquités
que j'en ai commis ! — Ces femmes, tout intimidées
qu'elles étaient, ont montré beaucoup de présence
d'esprit. — La gueule de ce monstre était toute couverte d'écume. — Donnez-moi toute autre occupation.
— Donnez-moi une tout autre occupation. — Les
cornes de ces animaux étaient surmontées de torches
enflammées, en sorte que la forêt voisine paraissait
toute en feu.

86ᵉ LEÇON.

Des mots CES, SES ; CE, SE.

On confond souvent l'adjectif possessif *ses* avec *ces*,
adjectif démonstratif.

Règle.

Le mot *ses* marque la possession des objets dont on
parle, et peut être remplacé par *de lui, d'elle ; d'eux,
d'elles.* Ex. : *la poule réchauffe ses poussins sous ses
ailes.* On peut dire : *la poule réchauffe les poussins*
D'elle *sous les ailes* D'elle.

Le mot *ces* marque une idée d'indication : *Prenez*
CES *roses et* CES *œillets.* On peut dire : *Prenez les roses*

que je vous montre et les œillets que je vous montre.

On confond souvent *ce*, adjectif ou pronom démonstratif, avec *se* pronom personnel.

Règle.

1° On écrit toujours *ce* devant un substantif : CE *livre*, CE *cahier*, CE *tableau*.

2° On écrit encore *ce* devant *qui, que, quoi, dont* : CE *qui plaît*, CE *que je dis*, CE *à quoi je m'occupe*, CE *dont je parle*.

3° Enfin, on écrit *ce* devant le verbe *être* employé sans participe : *c'est moi*, CE *sont eux*.

On écrit *se* devant le verbe *être* employé comme auxiliaire, et devant tous les autres verbes : CES *hommes* SE *sont écrit*, *cette femme* s'*est coupée*, *cet enfant* SE *flatte*.

DICTÉE.

La colère du lion est terrible : il bat ses flancs avec sa queue, sa gueule s'entr'ouvre, ses yeux s'enflamment, sa crinière se hérisse, ses terribles griffes sortent de ses gaînes ; il est prêt à tout dévorer. — Dieu a créé, de ses mains puissantes, ces innombrables soleils qui brillent dans l'espace. — Un père aime ses enfants, mais il hait leurs défauts. — Votre fils compte parmi ses amis, ces jeunes libertins qui ne peuvent que pervertir ses penchants et corrompre ses mœurs. — C'est une chose louable de se rendre utile à son prochain. — Ce qui fait le bonheur des peuples, c'est la religion, pratiquée dans toute son étendue. — L'homme de bien se reconnaît à la grâce de ses discours, à la noblesse de ses sentiments, à la tendresse de son cœur ; c'est un plaisir d'écouter ses paroles et de suivre ses leçons. — Ce pantalon a été taillé sur ce patron. — Ce que vous dites est vrai. — Ce mur menace de s'écrouler. — Je lis et relis La Fontaine ; c'est mon auteur favori ; il est admirable. — C'est à vous que je parle.

87ᵉ LEÇON.

Orthographe du pronom LEQUEL.

Règle.

Le pronom relatif *lequel* prend le genre et le nombre de son antécédent : *l'homme* AUQUEL *je parle, la femme à* LAQUELLE *je parle; les hommes* AUXQUELS *je parle, les femmes* AUXQUELLES *je parle.*

Remarque. Si l'antécédent du pronom *lequel* est composé de plusieurs substantifs synonymes, ce pronom s'accorde avec le dernier substantif : *déployer une intrépidité, une bravoure à* LAQUELLE *rien ne résiste.*

Remarque. Si l'antécédent du pronom *lequel* est composé de deux substantifs unis par la conjonction *ou*, ce pronom s'accorde avec le dernier substantif : *montrer un courage ou une prudence à* LAQUELLE *on prodigue des éloges.*

DICTÉE.

Heureux celui qui, dans les circonstances difficiles, possède ce calme, ce sang-froid sans lequel on ne peut maîtriser les événements. — Il existe un arbitre de la destinée des hommes duquel nous sommes tous les enfants. — Ces enfants m'accablent de questions, je ne sais auquel répondre. — L'homme à la probité duquel je me fie, est estimé. — Les trois dames auxquelles vous venez de parler, demeurent à une lieue d'ici. — La douceur du ton et des manières a un ascendant imperceptible auquel on ne résiste pas. — Charles XII dut ses premières victoires à l'ardeur, à l'impétuosité avec laquelle il attaquait ses ennemis. César avait une magnanimité, une grandeur d'âme à laquelle il dut plus de triomphes qu'à ses talents militaires mêmes. — On s'ennuie presque toujours dans la société des personnes avec lesquelles il n'est pas permis de s'ennuyer. — Il y a dans Dieu une sagesse et une puissance infinies sans lesquelles on ne saurait le concevoir.

88e LEÇON.

Orthographe des qualificatifs de ON, QUICONQUE.

Règle.

L'adjectif qualificatif en relation avec les pronoms indéfinis *on*, *quiconque*, qui sont essentiellement du masculin singulier, se met cependant au féminin quand le sens indique que les pronoms *on*, *quiconque* représentent une personne du sexe féminin, et au pluriel quand le sens indique qu'ils désignent plusieurs personnes : QUICONQUE *prend un mari*, *doit s'attendre à lui être* SOUMISE ; ON *est heureux en ménage quand on est bien* UNIS.

DICTÉE.

Quand on s'aime, et qu'on a vécu longtemps séparés, on se retrouve avec bonheur. — Quoique la dissimulation révolte les âmes franches, si elle cessait un seul jour sur la terre, on ne se verrait plus le lendemain, parce qu'on se serait trop vus la veille. — Si l'on se convenait, on se touchait la main, et l'on était amis pour toujours. — Toute sensée qu'on est, on est charmée d'être riche et belle. — On devient forte alors qu'on devient mère. — Quiconque de ces jeunes demoiselles parlera, sera punie. — Peut-on être plus amis que ne le furent Oreste et Pylade ? — On est toujours honteux de s'être aimés lorsqu'on ne s'estime plus. — Autant on est forts quand on est unis, autant on est faibles quand on est divisés. — On est charmée quand on entend faire l'éloge de son mari, et fière quand on entend faire celui de ses enfants. — Ainsi va le monde : aujourd'hui on est amis, et demain rivaux

89e LEÇON.

Accord du verbe avec un seul sujet.

Règle.

Quand plusieurs substantifs ou pronoms composent

le sujet , le verbe s'accorde avec le dernier substantif ou pronom :

1° Quand les mots formant le sujet sont synonymes: *son courage, son intrépidité nous* ÉTONNE.

2° Quand les mots formant le sujet sont unis par la conjonction *ou* : *mon père* OU *ma mère* VIENDRA *me voir.*

Remarque. Le verbe se met pourtant au pluriel si les mots unis par *ou* sont de différentes personnes; et il s'accorde avec la personne qui a la priorité : *vous* OU *moi* SERONS *peut-être assez heureux*; *toi* OU *lui* AUREZ *congé.*

3° Quand les mots formant le sujet sont placés par gradation : *un seul mot, un soupir, un coup d'œil nous* TRAHIT.

4° Quand le dernier mot explique , développe ou résume ce qui précède, ou l'efface par son énergie : *le temps, les biens, la vie, tout* EST *à la patrie.*

Règle.

Quand plusieurs substantifs ou pronoms sont joints par une des expressions comparatives : *comme — ainsi que — de même que — aussi bien que — non moins que — non plus que —* le verbe s'accorde avec le premier substantif ou pronom : *ce prince autant que ses peuples* ASPIRE *à la paix.* — Le second substantif ou pronom est sujet du même verbe sous-entendu.

DICTÉE.

Son aménité, sa douceur nous charme. — Dans tous les âges de la vie, l'amour du travail, le goût de l'étude est un bien. Ses enfants, ses amis, chacun l'adore. — Prières, supplications, larmes , rien ne put fléchir la sévérité du vainqueur. — Femmes , vieillards , personne ne fut épargné. La crainte comme l'espérance voit des augures dans toutes les choses qui la frappent. —, L'éléphant aussi bien que le castor aime la société de ses semblables.— C'est le goût, la vanité ou l'intérêt qui les lie. — La vivacité ou la langueur des yeux fait un des principaux caractères de la physionomie. —

Le roi, l'âne ou moi, nous mourrons. — Il ne faut aux grands ni efforts ni étude pour se concilier les cœurs : une seule parole, un sourire gracieux, un regard leur suffit. — Disposez de moi : mon temps, ma fortune, tout ce que je possède est à vous. — L'honneur de même que l'or ne souffre aucune altération. — Vous ou votre maître ne pouvez soutenir avec avantage une pareille thèse.

90e LEÇON.
Des mots ET, EST ; OU , OÙ.

On confond la conjonction *et* avec *est*, troisième personne du singulier du présent de l'indicatif du verbe *être*.

Règle.

Quand *et* peut se tourner par *et puis*, il est conjonction et s'écrit *et*. Le verbe *est* ne peut pas se tourner par *et puis*. Ex. : *Dieu* EST *éternel* ET *tout-puissant*.

On confond souvent la conjonction *ou* avec *où* adverbe de lieu.

Règle.

Quand *ou* peut se tourner par *ou bien*, il est conjonction. L'adverbe *où* indique généralement le lieu et peut se tourner par *en quel lieu, quel endroit ; de quel lieu, de quel endroit*. Ex. : *mon père* OU *ma mère ira* ; *où allez-vous ?*

DICTÉE.

C'est à l'amour maternel que la nature a confié la conservation de tous les êtres ; et, pour assurer aux mères leur récompense, elle l'a mise dans les plaisirs et même dans les peines attachés à ce délicieux sentiment. — Qu'il est amer de ne voir le bonheur que par les yeux d'autrui ! — Où suis-je, de Baal, ne vois-je pas le prêtre ? — Lequel préférez-vous de Corneille ou de Racine. — Où l'imprudent périt, les habiles prospèrent. — Un sot dans l'élévation est un homme placé sur une éminence du haut de laquelle tout le monde

lui paraît petit, et d'où il paraît petit à tout le monde.
— C'est avec raison qu'on dit d'un homme tout à fait
malheureux : il tombe sur le dos et se casse le nez. —
D'où venez-vous ? de Paris ou de Lyon ? — Partez ou
restez. — Il est beau, il est grand d'avoir compassion
de son ennemi dans sa défaite. — Voyez votre protecteur ou écrivez-lui. — La voix d'une bonne conscience
est meilleure que les cent voix de la renommée. —
Mange-t-il et boit-il bien ?

91ᵉ LEÇON.

De l'emploi des lettres majuscules.

Règle.

On écrit par une majuscule ou grande lettre :

1º Le premier mot d'un discours quelconque, et de
toute proposition nouvelle qui commence après un point
ou un alinéa : *Quel doigt a désigné à la mer la borne
immobile qu'elle doit respecter dans la suite des
siècles ?*

2º Les noms propres d'ange, d'homme, de femme,
de fausse divinité, d'animaux, de royaume, de province, de rivière, de montagne, de ville ou autre habitation, de peuples, etc.: *L'ange Gabriel.— Les fables
de La Fontaine.— Les affluents de la Seine.— Le
Formidable a mis à la voile.— La Normandie est
une des provinces de la France.— Les Parisiens et
les Lyonnais.*

3º Le nom *Dieu*, quand il désigne l'Etre-Suprême,
et généralement tous les noms qui signifient *Dieu*,
comme : la *Providence*, le *Tout-Puissant*, l'*Eternel*,
le *Créateur* de toutes choses, etc.

4º Les noms de sciences, d'arts, de métiers, s'ils
sont pris dans un sens individuel qui distingue la
science, l'art, le métier, de toute autre science, de tout
autre art, de tout autre métier : *Les poètes disent que
la Musique est un présent des dieux. — Il est honteux d'ignorer le fondement de l'Orthographe.*

5° Tout nom abstrait personnifié : *L'Allégorie habite un palais diaphane.*

6° Les noms appellatifs des tribunaux, des compagnies, des corps, lorsque ces noms sont employés sans complément déterminatif pour distinguer individuellement leur objet : *On comptait autrefois douze Parlements en France.* — *L'Église est la colonne et le soutien de la vérité.*

7° Les adjectifs *Grand*, *Saint*, lorsqu'ils entrent dans la composition d'un nom propre et en font partie : *Saint Pierre.* — *Le Saint Père.* — *Saint Grégoire le Grand.*

8° Le commencement de chaque vers, grand ou petit :
Celui qui met un frein à la fureur des flots,
Sait aussi des méchants arrêter les complots.

9° Le nom qui désigne l'être quelconque auquel on adresse la parole; ainsi que les mots *Sire*, *Monsieur*, *Madame*, etc. : *Grand Roi, cesse de vaincre ou je cesse d'écrire.*

DICTÉE.

On doute de Dieu dans une pleine santé ; et quand l'hydropisie est formée, on croit en Dieu. — La Menuiserie emprunte le secours de la Géométrie et du Dessin pour fournir des embellissements à l'Architecture. — Si l'on peint les Grâces nues, c'est pour montrer qu'elles n'empruntent rien de l'art, et qu'elles n'ont d'autres charmes que ceux de la nature. — La Grèce était en jeux pour le fils de Sémélé. — Sainte Geneviève était une pieuse bergère de Nanterre près Paris. — Les monts Ourals sont situés entre l'Europe et l'Asie. — L'Aube, l'Yonne, la Marne et l'Oise se jettent dans la Seine. — Napoléon premier naquit en mil-sept cent-soixante-neuf à Ajaccio, chef-lieu du département de la Corse. — Le Roi des rois est le souverain créateur du ciel et de la terre. — Ciel ! exaucez mes vœux !
Quiconque a pu franchir les bornes légitimes,
Peut violer enfin les droits les plus sacrés;
Ainsi que la vertu le crime a ses degrés.

92ᵉ LEÇON.

Des accents.

L'accent est une petite marque placée sur les voyelles pour en modifier le son. On a commencé à se servir des accents vers le milieu du quinzième siècle, lorsqu'on cessa de faire usage des caractères gothiques.

Il y a trois accents : l'accent *aigu*, l'accent *grave* et l'accent *circonflexe* (' ` ^).

Règles.

1° On se sert de l'accent aigu pour marquer le son de l'*é* fermé qui termine toute syllabe : *a-mé-ni-té ; vé-ri-té ; dé-cé-dé.*

On écrira : *suc-ces-sion* sans accent, parce que l'*e* ne termine pas la syllabe.

On se sert de l'accent grave pour marquer le son de l'*è* ouvert qui termine la syllabe ou qui précède la consonne finale *s* : *pè-re ; mè-re ; frè-re ; colè-re ; ab-cès ; ex-cès.*

Remarque. L'*e* est ouvert toutes les fois qu'il termine une syllabe, et qu'il est suivi d'une consonne et d'un *e* muet : *je sème, il prospère, modèle, prophète.*

Par anomalie, les substantifs en *ége* ainsi que les verbes en *éger* conservent l'*é* fermé : *collége, manége, sortilége ; j'allége, tu protégeras, qu'ils abrégent.*

2° On emploie encore l'accent grave sur *à* et *dès* prépositions, *là* et *où* adverbes, pour les distinguer de *a* verbe, *des* article contracté, *la* article ou pronom, et *ou* conjonction.

3° Sur *çà, deçà, en-deçà, déjà, holà, voilà.*

L'accent circonflexe s'emploie :

1° Sur l'*i* des verbes en *aître* et en *oître*, dans tous les temps où cette voyelle est suivie d'un *t* : *il croît, il paît.* (Voir la 52ᵉ leçon.)

2° Sur l'*o* qui précède les finales *le, me, ne* : *pôle, dôme, trône.*

3° Sur l'*o* des pronoms possessifs *le nôtre, le vôtre.*

4° Sur la voyelle qui précède la dernière syllabe à la première et à la seconde personne du pluriel du passé défini, et sur la dernière voyelle à la troisième personne du singulier de l'imparfait du subjonctif : *nous allâmes, vous parvîntes, qu'il aperçût.*

5° Sur l'*u* des adjectifs *mûr, sûr.*

6° Sur *dû, redû, mû, crû,* participes des verbes *devoir, redevoir, mouvoir, croître.*

7° Lorsqu'il y a suppression de lettre, comme dans *âge, épître, tête* qu'on écrivait autrefois : *aage, épistre, teste.*

On écrit aujourd'hui : âne.   Brûler.   Côte. Epître.   Fenêtre. Goût.   Prêtre
On écrivait autrefois : Asne.   Brusler.   Coste.Epistre.   Fenestre.Goust. Prestre.
Du latin :   Asinus. Perustare.Costa.Epistola.Fenestra.Gustus. Presbyter.

DICTÉE.

Dieu fait naître et mûrir les fruits. — Il s'éleva une violente tempête. — Noé ouvrit la fenêtre de l'arche et fit sortir le corbeau qui ne revint point. Ensuite il lâcha une colombe. — L'homme dès sa naissance a le sentiment du plaisir et de la douleur. — La célébrité résulte des grands crimes comme des grandes actions. — Où la vertu finit, là commence le vice. — L'intérêt met en œuvre toutes sortes de vertus et de vices. — Jupiter est assis sur le trône des airs. — Il est ravi d'être bon à quelque chose. — Où porte-je mes pas ? d'où vient que je frissonne ? — J'ai dû vous remettre la somme que vous m'avez prêtée. — Jésus-Christ est le plus parfait modèle de toutes les vertus. — Ce projet n'est pas encore mûr. — Dieu est fidèle en ses promesses. — Je mettrai bientôt mon fils au collège. — Il y a dans cette parure plus de luxe que de goût. — Rendons grâce à la bonté divine. — L'âne goûtait fort l'autre façon d'aller. — Ce jeune homme persévérera, je l'espère, dans la pratique du bien. — On échappait dans la douceur des cloîtres à la tyrannie de la guerre.

93ᵉ LEÇON.

De l'Apostrophe, de la Cédille, du Tréma.

L'apostrophe est une petite virgule que l'on met

au-dessus de la place qu'occuperait la lettre retranchée, s'il n'y avait point d'apostrophe.

L'apostrophe s'emploie pour remplacer une des voyelles *a, e, i* que l'on supprime pour éviter le hiatus (rencontre de deux voyelles).

1° L'*a* ne doit être supprimé que dans *la,* article ou pronom ; comme *l'ardeur* pour *la ardeur* ; *je l'aperçois* pour *je la aperçois.*

2° L'*e* doit être supprimé dans *ce, de, je, le, me, ne, que, se, te* devant une voyelle ou une *h* muette : *c'est moi, d'ordinaire, j'aime, l'homme, il m'aperçoit, tu n'apprends pas, il s'égare, je t'ennuie.*

On supprime encore *e* 1° dans *lorsque, puisque, quoique* seulement devant *il, elle, on, un, une* : *lorsqu'il parle, puisqu'elle le veut, quoi qu'on dise* : 2° dans *entre* lorsqu'il sert à composer un autre mot qui commence par une voyelle : *entr'acte, s'entr'aider* ; 3° dans *quelque* devant *un* : *quelqu'un* ; 4° dans *grand'mère, grand'peine, grand'peur* par raison de prononciation. — L'*e* final de *presque* ne s'élide que dans *presqu'île.*

3° L'*i* ne doit être supprimé que dans la conjonction *si* devant *il, ils* : *s'il vient, s'ils parlent.*

De la Cédille. — Le mot *cédille* vient de l'espagnol *cédilla* qui signifie petit *c.* On place la cédille sous le *c* devant *a, o, u* pour conserver au *c* la prononciation qu'il a dans les primitifs. Ainsi de *glace,* on écrit *glaçon*; de *annoncer, annonçant* ; de *France, Français.*

Du Tréma. — Le *tréma* consiste en deux points disposés horizontalement, que l'on met sur les seules voyelles *e, i, u* pour indiquer que ces lettres doivent être prononcées séparément de la voyelle qui les précède immédiatement : *Esaü, naïf, aiguë.*

DICTÉE.

Ces enfants ont l'air fâchés de ce qu'ils viennent d'apprendre. — Il portait dans l'Orient l'honneur de la nation française. — Il s'est instruit et s'est acquis l'estime des savants. — J'ai trouvé cette maison commode, et je l'ai gardée. — On vit s'entr'ouvrir l'écueil de Scylla, si fameux par les descriptions qu'en ont données Homère et Virgile. — Après bien des façons, il consentit à ce qu'on lui demandait. — J'irai jusqu'à Lyon. — J'éprouve une douleur aiguë. — Samuel, sur l'avis de Dieu, sacra Saül roi. — Où peut-on recevoir une plus belle leçon de la vanité des grandeurs humaines ? — L'auteur d'*Andromaque* répara les divers outrages que ses devanciers avaient faits à l'illustre roi du Pont. — La pomme de terre et le maïs sont les plus utiles présents qu'ait faits à l'Europe la découverte du Nouveau-Monde. — Esaü était un chasseur courageux. — La ciguë est une plante froide vénéneuse. — La cire reçoit toutes les formes. — Il serait difficile d'atteindre La Fontaine dans l'apologue.

94ᵉ LEÇON.
Du Trait d'union.

Le trait d'union est un petit trait horizontal servant à marquer la liaison qui existe entre deux ou plusieurs mots.

Règles.

On emploie le trait d'union :

1° A la fin d'une ligne, lorsqu'il n'y a pas assez de place pour terminer un mot, et pour annoncer qu'il faut chercher le reste du mot au commencement de la ligne suivante.

2° Pour réunir les différentes parties d'un mot composé : *coq-à-l'âne, chef-d'œuvre.*

3° Entre le verbe et les pronoms *je, moi, tu, nous, vous, il, ils, elle, elles, le, la, les, lui, leur, y, en, ce, on,* quand ces pronoms sont placés après un verbe dont ils sont le sujet ou le complément : *irai-je ? sont-ce vos livres ?* etc.

4° Avant et après la lettre euphonique *t* : *chante-t-elle ?*

5° Pour lier *ci, là, çà, dà* au mot qui précède ou qui suit : *celle-ci, ce livre-là, oh-çà, oui-dà.*

6° Pour lier *très* au mot qui suit, et *même* au pronom qui précède : *très-sage, moi-même.*

7° Pour remplacer le mot *plus* dans l'expression des nombres :

Soient à écrire en caractères ordinaires les deux nombres : 4575246 et 659278.

Le premier nombre peut se décomposer en 4,000,000 + 500,000 + 60,000 + 15,000 + 200 + 40 + 6 qu'on écrit : Quatre millions-trois cent-soixante-quinze mille-deux cent-quarante-six.

Le second peut se décomposer en 600,000 + 50,000 + 9,000 + 200 + 60 + 10 + 8 qu'on écrit : Six cent-trente-neuf mille-deux cent-soixante-dix-huit.

8° Pour remplacer le mot *fois* dans *quatre-vingt* : (quatre fois vingt).

DICTÉE.

Les Hébreux partirent d'Egypte au nombre de six cent mille hommes, sans compter les enfants et la populace. — Cette chaîne, ne l'avez-vous pas choisie ?— Vainement l'homme élève des palais et des arcs-de-triomphe ; le temps les use en silence. — Les choux-fleurs, les choux-raves et les choux-navets sont des variétés d'une même famille. — En instruisant les autres, nous nous instruisons nous-mêmes. — La ville de Saint-Pétersbourg fut bâtie par Pierre-le-Grand, en mil-sept cent-trois, en l'honneur de Saint-Pierre. — On prétend que les assassinats sont très-fréquents à Rome. — Comment vous saura-t-on gré de ce que vous paraissez faire malgré vous ? — L'âme se resserre en elle-même. — J'ai payé les deux mille-six cent-quarante-trois francs que je devais. — L'opulence et le repos sont à une si grande distance l'un de l'autre, que plus on approche de celle-là, plus on s'éloigne de celui-ci. — Quand emploie-t-on l'auxiliaire *être* ?— Cette personne est très-embarrassée.— Cinq millions-deux mille-huit cents francs.

LIVRE DEUXIÈME.

De la Signification des mots.

DES PRIMITIFS, DES DÉRIVÉS ET DES COMPOSÉS.

La langue française, pauvre à son origine comme toutes les langues, compte aujourd'hui près de cent mille mots. Ces mots sont *primitifs*, *dérivés* ou *composés*.

Des Primitifs.

On nomme PRIMITIFS ou RADICAUX, les mots qui ne sont formés d'aucun autre, et qui ont servi à en former d'autres. Par exemple, *fruit*, *pain*, *roue*, sont des mots primitifs : ils ne sont formés d'aucun autre mot français.

Il y a quinze à seize cents primitifs.

Des Dérivés.

On nomme DÉRIVÉS, les mots qui tirent leur origine d'un autre mot. Ainsi : *fruitier*, *fruiterie*, *fructueux*, *fructueusement*, *panade*, *paneterie*, *panification*, *rondelle*, *rotation*, *roulade*, sont des dérivés; ils sont formés des mots *fruit*, *pain*, *roue* (FRUCTUS, PANIS, ROTA).

Des Composés.

On nomme COMPOSÉS, les mots qui en contiennent plusieurs autres. Ils diffèrent des racines par les mots qui leur sont joints avant ou après. Exemples : *fructifère* (FRUCTUS, FERO); *fructiforme* (FRUCTUS, FORMA); *arrondir* (AD, ROND); *dérouter* (DES, ROUTE).

Les dérivés se forment en ajoutant certaines désinences aux mots primitifs, généralement modifiés; et les composés, en faisant précéder les primitifs de certaines particules initiales, ou en ajoutant d'autres mots à ces mêmes primitifs.

DÉSINENCES D'UN GRAND NOMBRE DE MOTS.

Désinences des Substantifs.

ADE.

La désinence *ade* exprime l'action de faire telle chose marquée, ou tel genre d'action ; ou un concours, un ensemble, une suite d'actions ou de choses d'un tel genre. Exemples :

*Bastonn*ADE, certain nombre de coups de bâton ;

*Gasconn*ADE, habitude de jactance et de forfanterie dans le discours ;

*Ru*ADE, action d'un cheval qui jette les pieds de derrière en l'air.

AGE (Ägere).

La désinence *age* représente les actions, les choses d'un tel genre, ou le résultat, le produit de ces actions ou de ces choses ; ou leur ensemble. Exemples :

*Assembl*AGE, réunion, union de plusieurs personnes ou de choses ;

*Feuill*AGE, assemblage de feuilles ;

*Pâtur*AGE, lieu où les bestiaux pâturent.

AIE (Etum).

La désinence *aie*, en matière de plantation, désigne le lieu, le terrain planté, couvert de telle ou telle espèce d'arbres. Exemples :

*Aun*AIE, lieu planté d'aunes.

*Oser*AIE, lieu planté d'osiers.

*Sauss*AIE, lieu planté de saules.

Nota. Par anomalie, on écrit : *charm*OIE, *orm*OIE, au lieu de *charm*AIE, *orm*AIE.

AILLE.

La désinence *aille* exprime la grandeur, la force, l'assemblage, la multitude, et quelquefois, la petitesse ou le mépris. Exemples :

*Bat*AILLE, combat général entre deux armées.

*Mitr*AILLE, biscaïens mêlés de ferraille.

*Vol*AILLE, oiseaux qu'on élève dans les basses-cours.

*Valet*AILLE, multitude de valets. (Terme de mépris).

AIN, IN (Anus, Inus).

Les désinences *ain*, *in* expriment des rapports de société, de profession, d'office. Exemples :

*Républic*AIN, qui favorise le gouvernement républicain.

*Chapel*AIN, bénéficier titulaire d'une chapelle.

*Médec*IN, celui qui exerce la médecine.

*Rabb*IN, docteur du culte judaïque.

ANCE, ENCE (Antia, Entia).

La signification de cette désinence est donnée (6ᵐᵉ leçon).

ANDE, ENDE.

Les désinences *ande*, *ende* expriment ce qu'on fait ou ce qu'il faut faire pour une destination marquée. Exemples :

*Dem*ANDE, action de demander.

*Offr*ANDE, action d'offrir quelque chose à Dieu, aux Saints, aux hommes.

*Préb*ENDE, revenu ecclésiastique attaché à une chanoinie.

*Prov*ENDE, provision de vivres.

AT (Atus).

La désinence *at* qui, dans notre langue, n'appartient qu'à des substantifs du genre masculin, sert, nous dit l'abbé Roubaud, à indiquer trois objets différents :

1º Un office, un grade, une dignité. Exemples :

*Consul*AT, grade, dignité de consul.

*Episcop*AT, dignité d'Evêque ; temps pendant lequel il a occupé le siége.

*Pontific*AT, dignité du pape.

2º Une personne pourvue d'un office, d'un grade. Exemples :

*Lég*AT, Vicaire chargé de représenter le Pape.

*Magistr*AT, officier revêtu d'une partie de la puissance publique.

*Prél*AT, Ecclésiastique qui a dans l'Eglise une dignité éminente.

5° Une espèce particulière d'action ou son résultat. Exemples :

AttentAT, entreprise criminelle contre les personnes ou les choses.

DébAT, dispute, discussion animée entre deux ou plusieurs personnes.

PlagiAT, action du plagiaire.

AU, EAU (Elus, ellus, ella, ulus).

La signification de cette désinence est donnée (15me leçon).

EE

La signification de cette désinence est donnée (2me leçon).

ERIE.

La désinence érie sert à désigner une espèce particulière de choses, d'actions, de destination ; ou les choses d'un tel genre, d'une telle espèce. Exemples :

ArgentERIE, toute vaisselle ou autres meubles d'argent.

BuandERIE, lieu où l'on fait la lessive.

EtourdERIE, action de l'étourdi.

OrfèvrERIE, or ou argent travaillé par l'orfèvre.

ESSE (Esse, être).

La désinence esse, indique, à proprement parler, l'existence, indéfinie, vague, abstraite de la chose. Exemples :

CarESSE, témoignage extérieur d'affection.

GentillESSE, qualité de ce qui est gentil.

HardiESSE, qualité de celui qui est hardi.

SagESSE, qualité de celui qui est sage.

ETTE.

La désinence ette marque essentiellement petitesse, délicatesse, diminution. Exemples :

ChansonnETTE, petite chanson.

ClochETTE, petite cloche.

FillETTE, petite fille.

MaisonnETTE, petite maison.

EUR (Tor, trix).

La signification de cette désinence est donnée (26me leçon).

IE (Ia).

La désinence ie indique ce qui est ainsi, de telle manière, avec telle qualité, ou dans tel état. Exemples :

Apathie, absence de passion, insensibilité de l'âme.

Frénésie, aliénation d'esprit ; extrémités où l'on s'abandonne.

Jalousie, chagrin de voir posséder par un autre ce qu'on désire.

Manie, aliénation d'esprit, transport, délire.

Elle indique les noms de sciences : Astronomie, Chronologie, Géographie.

Elle désigne les noms de pays : Assyrie, Dalmatie, Ethiopie.

IEN (Iensis, ensis).

La désinence ien indique le lieu, l'origine, la doctrine, la profession d'un art, d'une science. Exemples :

Italien, qui est de l'Italie.

Parisien, qui est de Paris.

Cartésien, qui appartient au système de Descartes.

Comédien, celui qui joue dans les comédies.

IER.

La désinence ier exprime particulièrement l'habitude, l'attachement, le métier même. Exemples :

Casanier, qui aime à rester au logis.

Grimacier, qui fait ordinairement des grimaces.

Jardinier, qui cultive les jardins.

IFICE (Ficium).

La désinence ifice désigne une chose faite ou à faire. Exemples :

Artifice (art), industrie ; — ruse, déguisement ; fraude.

Bénéfice, profit, avantage ; — privilége.

Orifice, ouverture qui sert d'entrée à un corps.

Sacrifice, action par laquelle on offre quelque chose à la Divinité.

ILLE (Illus, illa).

La désinence *ille* indique la quantité de petites choses d'une même espèce. Exemples :

Brou*ILLES*, menues branches pour les fagots.

Charm*ILLES*, jeunes charmes tirés des pépinières.

Fam*ILLE*, toutes les personnes d'un même sang.

Orm*ILLE*, plant de petits ormes.

ION (Tio, sio, xió).

La signification de cette désinence est donnée (9ᵐᵉ leçon).

IS.

La désinence *is* donne l'idée d'un mélange de choses confuses et pêle-mêle. Exemples :

Abatt*IS*, amas de choses abattues.

Eboul*IS*, amas de matières éboulées.

Gach*IS*, saleté causée par quelque liquide.

Patrouill*IS*, lieu où l'on a patrouillé, bourbier.

ISME.

La désinence *isme* signifie science, doctrine, opinion, système, méthode. Elle indique, en général, un système, une doctrine particulière, une créance ou la profession d'une créance. Exemples :

Cartésian*ISME*, philosophie, doctrine de Descartes.

Christian*ISME*, doctrine de Jésus-Christ.

Jansén*ISME*, doctrine de Jansénius sur la grâce.

Mahomét*ISME*, religion de Mahomet.

Newtonian*ISME*, système de physique de Newton.

Elle désigne telle ou telle manière de penser, de sentir et d'agir. Exemples :

Civ*ISME*, réunion des qualités d'un bon citoyen.

Fanat*ISME*, exaltation religieuse qui a perverti la raison.

Patriot*ISME*, amour de la patrie.

Elle indique encore l'abus, l'excès de la chose. Exemples :

Charlatan*ISME*, artifices, tromperies du charlatan.

Néolog*ISME*, habitude d'employer des termes nouveaux.

PURISME, défaut du puriste, affectation dans le langage.

ISTE.

La désinence *iste* désigne ordinairement la profession qu'on fait d'un art, d'une science, d'une doctrine, et l'attachement qu'on a pour cet art, cette science, cette doctrine. Exemples :

Ebéniste, sorte de menuisier.

Légiste, celui qui connaît ou qui étudie les lois.

Modiste, ouvrière en modes.

Publiciste, celui qui écrit sur le droit naturel.

Elle se prend souvent en mauvaise part. Exemples :

Alarmiste, qui répand à dessein de mauvaises nouvelles.

Anarchiste, partisan de l'anarchie.

Fataliste, celui qui attribue tout au destin.

Terroriste, partisan du système de la Terreur.

ITÉ, ETÉ (Itas, etas).

La signification de cette désinence est donnée (7me leçon).

MENT (Mente).

La signification de cette désinence est donnée (17me leçon).

OIR, OIRE (Orium).

Les désinences *oir*, *oire* indiquent la destination propre des choses, le lieu disposé, un moyen préparé pour tel objet, un instrument fabriqué pour tel usage, tel effet. Exemples :

Abreuvoir, lieu où l'on mène boire et se baigner les animaux.

Boudoir, petit cabinet où l'on se retire pour être seul.

Pressoir, machine qui sert à pressurer le raisin.

Mouchoir, morceau de linge pour se moucher.

Observatoire, édifice destiné aux observations astronomiques.

Réfectoire, lieu où l'on prend ses repas dans les colléges, les séminaires, etc.

ON.

La désinence *on* désigne la partie d'un tout composé de parties semblables , ou un objet individuel d'un tel genre ou d'un genre semblable. Exemples :

Cordon, brin ou fil tortillé, partie d'une corde.

Escadron, portion d'un régiment de cavalerie.

Glaçon, petit morceau de glace.

OT.

La désinence *ot* exprime l'assemblage , le volume , la capacité. Exemples :

Ballot, petite balle ou paquet de marchandise.

Fagot , faisceau de branchages et de menues branches.

Tricot, tissu tricoté ; ouvrage d'une personne qui tricote.

Elle indique encore la petitesse , la dégradation. Exemples :

Culot, le dernier né ou éclos d'une portée.

Idiot, ignorant, grossier, imbécile.

Marmot, petite figure grotesque ; — petit garçon.

Nabot, qui est de très-petite taille.

PHAGE (Phagein).

La désinence *phage* ; empruntée du grec (*phagó*) , répond à la désinence *vore* que nous a fournie la langue latine. Elle signifie qui mange. Exemples :

Anthropophage, qui mange de la chair humaine.

Ichthyophage, qui ne vit que de poissons.

Xylophage, qui mange le bois.

TRE.

La désinence *tre* emporte l'idée de violence, de destruction, de grossièreté. Exemples :

Cuistre, homme pédant et grossier.

Monstre , celui dont la conformation est contraire à l'ordre de la nature.

Rustre, fort rustique, fort grossier.

Traître, celui, celle qui fait une trahison.

UDE.

La désinence *ude* marque l'état propre , la manière

d'être particulière, l'habitude physique et morale.
Exemples :

Habitude, pratique ordinaire ; usage, coutume.
Mansuétude, douceur d'âme, de caractère.
Multitude, grand nombre d'hommes, de choses.
Plénitude, abondance excessive.

ULE (Ulus, ula, ulum).

La signification de cette désinence est donnée (4ᵐᵉ leçon).

URE.

La signification de cette désinence est donnée (5ᵐᵉ leçon).

Nota. En résumé, les principales désinences des substantifs sont : *ade — age — aie — aille — oin, in — ance, ence — ande, ende — at — eau, au — ée — erie — esse — ette — eur — ie — ien — ier — ifice — ille — ion — is — isme — iste — ité, eté — ment — oir, oire — on — ot — phage — tre — ude — ule — ure.*

Désinences des Adjectifs.

ABLE (Abilis).

La désinence *able* indique qui peut, ou doit être ou devenir, si le terme est positif ; qui ne peut ou ne doit être ni devenir, si le terme est négatif. Exemples :

Aimable, qui est digne d'être aimé, qui peut être aimé.
Agréable, qui agrée, qui plaît, qui a de la grâce.
Détestable, qui doit être détesté.
Insatiable, qui ne peut être rassasié.
Incontestable, qui ne peut être contesté.
Irréfragable, qu'on ne peut récuser.

ACE (Ax, acis).

La désinence *ace* sert à exprimer la stabilité, la persévérance, l'habitude, la continuité. Exemples :

Efficace, qui produit son effet.
Rapace, ardent à la proie, avide de gain.
Vorace, qui a l'habitude de manger avidement.

AIN, EIN, IN (Anus, enus, inus).

Les désinences *ain*, *ein*, *in* servent particulièrement à indiquer des rapports de lieu, de temps, d'origine. Exemples :

Lorr*AIN*, qui est de la Lorraine.

Contempor*AIN*, qui est du même temps.

Ser*EIN*, qui est clair, doux, calme.

Pl*EIN*, qui tient tout ce qu'il est capable de contenir.

Div*IN*, qui tient de Dieu, qui y a rapport, en provient.

Vois*IN*, qui est proche, qui est auprès.

AIRE (Arius).

La désinence *aire* désigne l'habitude, la manière d'être, le métier, le rapport de lieu, d'opinion, de parti. Exemples :

Antiqu*AIRE*, qui est versé dans la connaissance des antiquités.

Débonn*AIRE*, qui est doux, bienfaisant, trop bon.

Mercen*AIRE*, dont on paie la peine.

Révolutionn*AIRE*, qui est partisan de la révolution.

Sédent*AIRE*, qui se tient presque toujours chez soi.

AL (Alis).

La signification de cette désinence est donnée (51me leçon).

ANT, ENT (Antis, entis).

La signification de ces désinences est donnée (52me leçon).

AQUE.

La désinence *aque* éveille l'idée d'être poussé, d'être agité, d'être possédé. Exemples :

Démoni*AQUE*, agité du démon.

Hypocondri*AQUE*, tourmenté d'une affection des hypocondres.

Mani*AQUE*, possédé du démon.

ARD.

La désinence *ard* désigne la hauteur, l'intensité, l'ardeur, la passion immodérée, l'excès. Exemples :

Bav*ARD*, qui parle beaucoup et sans discrétion.

*Rich*ARD, qui est très-riche, mais de condition médiocre.

*Babill*ARD, qui parle trop.

*Caf*ARD, hypocrite, bigot.

*Pill*ARD, qui pille, s'empare avec violence.

ATRE.

La désinence *âtre* exprime quelque chose de sauvage, de dur, de désagréable. Exemples :

*Acari*ATRE, d'une humeur fâcheuse, aigre, criarde.

*Jaun*ATRE, qui tire sur le jaune.

*Mar*ÂTRE, qui maltraite ses enfants.

*Opini*ATRE, obstiné, entêté, ferme.

AUD.

La désinence *aud* désigne le haut degré du vice, la plénitude du défaut reproché d'une manière injurieuse. Exemples :

*Bad*AUD, qui est niais et désœuvré.

*Court*AUD, qui est d'une taille courte et ramassée.

*Lourd*AUD, qui est grossier, maladroit.

*Mar*AUD, coquin, fripon.

*Rust*AUD, qui tient du paysan ; grossier, impoli.

EL (Alis).

La signification de cette désinence est donnée (22me leçon).

ÊME (Emus).

La désinence *ême* marque le plus haut degré. Exemples :

*Bl*ÊME, qui est très-pâle.

*Extr*ÊME, qui est poussé au dernier point.

*Supr*ÊME, qui est au-dessus de tout en son genre.

EUX (Osus).

La signification de cette désinence est donnée (24me leçon).

FIQUE (Ficus).

La désinence *fique* signifie qui fait. Exemples :

*Honori*FIQUE, qui procure des honneurs.

*Paci*FIQUE, qui aime la paix, qui cherche à la procurer.

*Sudori*FIQUE, qui provoque la sueur.

IBLE (Ibilis).

La désinence *ible* exprime qui a la capacité d'être ou de devenir ; qui peut ou doit être. Exemples :

*Amov*IBLE, qui peut être changé.

*Corrupt*IBLE, qui peut être corrompu.

*Lis*IBLE, qu'on peut lire.

*Vis*IBLE, qui peut être vu.

IER.

La désinence *ier* exprime la force, la valeur, la puissance ou l'action de cette puissance. Exemples :

*Alt*IER, superbe, orgueilleux, fier.

*Carnass*IER, qui se repaît de chair, qui mange la chair.

*Gross*IER, incivil, malhonnête.

*Hospital*IER, qui exerce l'hospitalité.

IF (Ivus).

La signification de cette désinence est donnée (25me leçon).

ILE (Ilis).

La signification de cette désinence est donnée (21me leçon).

IME (Imus).

La désinence *ime* marque le degré le plus élevé, ce qui est poussé le plus loin. Exemples :

*Int*IME, lié très-étroitement.

*Inf*IME, dernier, placé le plus bas.

*Longan*IME, qui a de la longanimité, de la clémence (Néol.).

*Subl*IME, très-haut, très-élevé.

Et dans les mots suivants où elle a toute l'intensité possible :

*Eminent*ISSIME, qui est très-éminent.

*Ignorant*ISSIME, qui est très-ignorant.

*Révérend*ISSIME, à qui on doit beaucoup de respect (Prélats-généraux d'ordre).

*Rar*ISSIME, qui est très-rare.

IQUÉ (Ictus).

La désinence *ique* éveille l'idée d'être frappé, d'être pressé, d'être tourmenté. Exemples :

Colérique, agité par la colère.

Diabolique, possédé du diable.

Lunatique, dominé par l'influence de la lune ; bizarre, original.

Patriotique, saisi de patriotisme ; qui appartient au patriote.

IT (I...tus).

La désinence *it* exprime ce qui est déjà, ce qui est fait ou devenu. Exemples :

Contrit, qui a de la contrition, qui est affligé.

Interdit, troublé, étonné, déconcerté.

Maudit, très-mauvais, exécrable.

Proscrit, frappé de proscription.

OIRE (Orius).

La désinence *oire* désigne, en général, la cause, l'efficacité, ce qui fait qu'une chose a tel effet. Exemples :

Illusoire, qui tend à tromper ; captieux, vain.

Notoire, connu, manifeste.

Diffamatoire, qui tend à diffamer.

OND (Undâ).

La désinence *ond* sert à désigner l'abondance, la fertilité, la profusion, la hauteur, la profondeur, la fréquence. Exemples :

Facond, qui a beaucoup d'éloquence.

Fécond, qui produit beaucoup.

Profond, dont le fond est éloigné de la superficie.

Pudibond, qui a de la pudeur.

Vagabond, qui erre çà et là.

VORE (Vorare).

La désinence *vore*, empruntée du latin (*vorare*) répond à la désinence grecque *phage* ; elle exprime l'action de manger avidement. Exemples :

Frugivore, qui vit de fruit.

Insectivore, qui vit d'insectes.

7

Lignivore, coléoptère qui se nourrit de bois.

Piscivore, qui se nourrit de poissons.

NOTA. En résumé, les principales désinences des adjectifs sont : *able — ace — ain, ein, in — aire — al — ant, ent — aque — ard — âtre — aud — el — ême — eux — fique — ible — ier — if — ile — ime — ique — it — oire — ond — vore.*

Désinences des Verbes.

AILLER.

La désinence *ailler* exprime fréquence d'action à laquelle il se joint une idée de mépris et de dénigrement. Exemples :

*Cri*AILLER, crier beaucoup et fréquemment pour peu de chose.

*Ferr*AILLER, s'escrimer, se battre par habitude.

*God*AILLER, boire et manger avec excès et à plusieurs reprises.

*Rim*AILLER, faire beaucoup de méchants vers.

BER (HaBERe).

La désinence *ber* signifie *avoir*. Exemples :

*Englo*BER, réunir plusieurs choses en une, avoir en peloton.

*Embour*BER, avoir dans la bourbe.

*Exhi*BER, avoir en dehors.

CHER (Care).

La désinence *cher* marque la force, l'intensité ou la répétition. Exemples :

*Clo*CHER, boiter en marchant.

*Mâ*CHER, moudre avec les dents.

*Prê*CHER, annoncer la parole de Dieu ; faire des remontrances.

ENTER.

La désinence *enter* se rencontre dans les verbes qui renferment le substantif exprimant lui-même la cause d'un effet, la source, le principe. Exemples :

*Alim*ENTER, fournir des aliments.
*Complim*ENTER, faire des compliments.
*Ferm*ENTER, entretenir un ferment.

ER.

La désinence *er* appartient à tous les verbes de la première conjugaison ; dans plusieurs de ces verbes, la désinence *er* est souvent précédée du substantif qu'ils renferment. Exemples :

*Aimant*ER, frotter d'aimant.
*Couronn*ER, ceindre d'une couronne.
*Entrav*ER, mettre des entraves.
*Voil*ER, couvrir d'un voile.

FIER (Fieri).

La désinence *fier* signifie *faire*. Exemples :
*Justi*FIER, faire juste.
*Noti*FIER, faire connaître.
*Rati*FIER, faire arrêter.

GER (aGERe).

La signification de cette désinence est donnée (48me leçon).

GNER.

La désinence *gner* indique quelque chose de pénible, de compliqué, dans l'action exprimée par le verbe. Exemples :
*Pei*GNER, démêler avec un peigne.
*Rechi*GNER, témoigner sa mauvaise humeur.
*Répu*GNER, éprouver ou causer de la répugnance.

ILLER (Illare).

La désinence *iller* exprime une fréquence de petites actions. Exemples :
*Fré*TILLER, se remuer, s'agiter.
*Mord*ILLER, mordre légèrement et à plusieurs reprises.
*Pé*TILLER, éclater avec bruit et à plusieurs petites reprises.
*Somme*ILLER, dormir d'un sommeil léger.

IR (Ire).

La désinence *ir* dans beaucoup de verbes de la seconde conjugaison, signifie *aller*, *devenir*. Exemples :

Aboutir, aller au bout.

Fleurir, aller en fleurs.

Jaunir, devenir jaune.

Unir, aller en un seul.

ISER (Désinence française).

La désinence *iser*, dans les verbes transitifs, exprime l'action de rendre, telle que l'indique le commencement du verbe, la personne ou la chose qui en est le complément direct. Exemples :

Éterniser, rendre éternel.

Fertiliser, rendre fertile.

Martyriser, rendre martyr.

Rivaliser, rendre rival.

OIR (Avoir).

La désinence *oir* est une contraction de *avoir*. Exemples :

Condouloir, avoir de la douleur avec.

Pouvoir, avoir de la puissance.

Vouloir, avoir de la volonté.

La désinence *cevoir* signifie *prendre*.

QUER (Care).

La désinence *quer* marque intensité, fréquence. Exemples :

Expliquer, éclaircir un sens obscur.

Indiquer, montrer, désigner.

Revendiquer, réclamer une chose qui nous appartient.

RE (Ere).

La désinence *re* est la contraction de la désinence latine *ere*. Exemples :

Apprendre (apprehendere), acquérir quelque connaissance.

Fendre (fendere), couper en long, diviser.

Lire (legere), parcourir des yeux ce qui est écrit, imprimé.

Tendre (tend**ère**), raidir, tapisser, présenter.

TER (Iterare).

La désinence *ter* sert ordinairement à exprimer la réitération. Exemples :

*Affec***ter**, faire les choses avec ostentation.

*Augmen***ter**, accroître, agrandir.

*Cache***ter**, appliquer un cachet.

*Rapièce***ter**, mettre pièce sur pièce.

Elle sert aussi à diminuer. Exemples :

*Buvo***ter**, boire souvent et à petits coups.

*Délica***ter**, traiter avec mollesse.

*Tremblo***ter**, diminutif de trembler.

Nota. En résumé, les principales terminaisons des verbes sont celles-ci : *ailler — ber — cher — enter — er — fier — ger — gner — iller — ir — iser — oir — quer — re — ter.*

Désinence Adverbiale.

MENT (Mente).

La désinence *ment* sert à expliquer la manière d'être du verbe. Exemples :

*Franche***ment**, d'une manière franche.

*Honorable***ment**, d'une manière honorable.

*Prudem***ment**, d'une manière prudente.

*Vaillam***ment**, d'une manière vaillante.

Particules initiales.

A . AB . ABS.

Les particules *a, ab , abs*, empruntées du latin , marquent éloignement, exclusion, départ , privation , séparation. Exemples :

Aversion, haine, antipathie, répugnance.

Abjurer, renoncer à une erreur religieuse.

Abroger, supprimer, annuler.

ABstenir (s'), s'empêcher de faire une chose, se priver de.

A.

A, privatif des Grecs, marque privation, absence dans les mots au commencement desquels il est joint. Exemples :

Abîme, sans fond.

Acéphale, sans tête.

Anonyme, sans nom.

Anomalie, sans régularité.

Athée, sans Dieu.

AD.

La préposition latine *ad*, au commencement des mots français, exprime l'action de joindre, de rapprocher, d'aller vers. Elle se change en *ac, af, ag, al, an, ap, ar, as, at* devant les mots simples ou dérivés commençant par *c, f, g, l, n, p, r, s, t*. Exemples :

ADhérer, être attaché à.

Accorder, mettre d'accord, concéder.

AFfermir, rendre ferme et stable.

AGglomérer, s'assembler par pelotons.

ALlécher, attirer par un appât.

ANnoter, prendre note.

APpliquer, adapter, destiner à, faire adhérer.

ARroser, humecter, mouiller en versant un liquide.

ASsurer, donner pour sûr, affirmer.

ATtirer, tirer à soi.

AM, AMB (Ambo).

Les initiales *am, amb* marquent duplication, l'action d'aller autour. Exemples :

AMputer, couper autour.

AMBition, action d'aller autour.

AMBidexte, qui se sert des deux mains.

AMPHI.

L'initiale grecque *amphi* réveille la même idée que *amb*. Elle marque donc aussi duplication, l'action d'aller autour. Exemples :

Amphib*ie*, qui vit en deux endroits (sur terre et dans l'eau).

Amphib*ologie*, discours à deux sens.

Amphi*théâtre*, lieu qui entoure le théâtre.

ANA.

Ana est une préposition grecque qui éveille une idée d'écart, de renversement, de réduplication. Exemples :

Ana*chorète*, qui se retire à l'écart.

Ana*gramme*, renversement de l'ordre où les lettres sont placées.

Ana*thème*, qui place loin de, celui qui en est frappé.

ANTE.

La préposition latine *ante* marque priorité de temps, d'ordre. Exemples :

Anté*cédent*, qui est auparavant, qui précède en temps ou lieu.

Anté*diluvien*, qui a précédé le déluge.

Anté*rieur*, qui est avant pour le temps ou pour le lieu.

Ant*ique*, qui subsiste depuis un temps fort reculé.

Anti*chambre*, chambre qui est avant une autre.

ANTI.

La particule grecque *anti*, employée dans la composition de certains mots français, signifie *contre*, *opposé à*. Exemples :

Anti*dote*, contre le poison.

Anti*pathie*, opposition de sentiments.

Anti*podes*, où les pieds sont opposés à nos pieds.

Anté*christ*, opposé au Christ.

APO.

La particule grecque *apo* marque absence, séparation, éloignement, point de départ. Exemples :

Apo*cryphe*, séparé des livres reconnus pour authentiques.

Apo*logie*, discours qui renferme la justification de.

Apostasie, abandon public, surtout de la religion chrétienne.

Apothéose, action de placer loin du commerce des hommes. Déification.

ARCHI.

L'adverbe grec *archi* donne la force du superlatif au mot français qu'il précède. Il signifie *primauté*, *commandement, excès*. Exemples :

Archevêque, évêque supérieur aux autres évêques.

Archange, ange d'un ordre plus élevé.

Archiprêtre, prêtre supérieur aux autres prêtres.

Archifou, fou au plus haut degré.

BENE.

Bene est un adverbe latin qui signifie *bien*. Exemples:

Bénévole, favorablement disposé ; disposé à bien.

Bénir, consacrer à bien, souhaiter bien.

Bénignité, bonté accompagnée de douceur et d'indulgence.

L'adverbe *bene* est souvent remplacé, en français, par le mot *bien*. Exemples :

Bienfaisance, vertu qui nous porte à faire du bien.

Bienheureux, extrêmement heureux.

Bienveillance, sentiment qui nous porte à vouloir du bien aux autres.

BIS.

Bis est un adverbe latin qui signifie *doublement, deux fois*. Exemples :

Bisaïeul, doublement grand-père.

Biscuit, qui a reçu deux cuissons.

Besaiguë, Bisaiguë, outil taillant par les deux bouts.

Bipède, qui a deux pieds.

CACO.

Caco, formé de l'adjectif grec *cacos* (mauvais), réveille une idée fâcheuse, désagréable. Exemples :

Cacologie, manière vicieuse de construire les phrases.

Cacophonie, son désagréable.

Cacotrophie, mauvaise nutrition.

CATA.

La préposition grecque *cata* (kata) signifie *contre*, *dessus*, *dessous*, *par*. Exemples :

CATAcombes, cavité en dessous.

CATAplasme, remède en-dessus pour amollir.

CATArrhe, je coule en bas, je découle. — Inflammation.

CIRCON.

L'initiale *circon*, formée de la préposition latine *circum*, réveille une idée d'*entour*. Exemples :

CIRCONcision, (action de couper autour), action de circoncire.

CIRCONscrire, (renfermer par une ligne autour), renfermer dans ses limites.

CIRCONspect, (qui regarde autour), prudent, retenu, discret.

CIRcuit pour CIRCON-*it* (qui va autour), ligne circulaire.

CON.

L'initiale *con*, formée de la préposition latine *cum*, signifie *avec*. Exemples :

CONcitoyen (citoyen avec), citoyen d'une même ville.

CONfrère (frère avec), membre d'un même corps.

COMprendre (prendre avec), contenir, renfermer en soi.

Cette particule se change en *com*, *col*, *co*, *cor*, *cou*. Exemples :

COMprendre, prendre avec, ensemble.

COLloqué, entretien avec, ensemble.

COordonner, ordonner avec, ensemble.

CORrespondre, entretenir un commerce de lettres avec.

COUvent pour CONvent, lieu où l'on vient ensemble.

L'N de *con* se change en M devant B, M, P; — en L devant L — en R devant R, et se supprime devant les mots commençant par *o*, tels que *coordonner*, *coopérer*.

CONTRA.

La préposition latine *contra* signifie *contre*, vis-à-vis. Exemples :

CONTRA*diction*, discours opposé à un autre.

CONTRE*danse*, danse vis-à-vis d'une autre.

CONTRE*venir*, faire une chose contraire à ce qui a été prescrit.

CONTRA*ste*, opposition (*contra-stare*).

DÉ.

La particule *dé*, traduite de la préposition latine *de*, marque le lieu d'où l'on sort, le point de départ, l'origine, la sortie, le changement d'état, la division, la séparation, l'éloignement, l'exclusion, la disconvenance. Exemples :

Décès, sortie de cette vie pour entrer dans l'autre.

Dériver, s'éloigner du bord, du rivage.

Dérouiller, ôter la rouille.

Décacheter, ôter le cachet.

Dépareiller, séparer des choses pareilles.

Dénicher, ôter de sa niche.

Dé-s-espérer, ôter l'espoir.

L's qui suit *dé*, dans les mots *désarmer*, *désespérer*, *désosser*, *déshabiller*, *déshonorer*, etc., est purement euphonique.

DI.

La particule *di* marque privation, et se change quelquefois en *dif*. Exemples :

DIF*famer*, déshonorer, perdre de réputation.

DIF*ficile*, non facile.

DIF*forme*, qui n'a pas la forme qu'il devrait avoir.

DIA.

La préposition grecque *dia* signifie par, de, à travers. Exemples :

DIA*mètre*, qui mesure le cercle par le milieu.

DIA*pason*, qui passe par tous les tons.

DIA*phane*, au travers duquel la lumière brille.

DIS.

Cet adverbe grec signifie deux fois , deux , double.
Exemples :

Dis*syllabe*, qui a deux syllabes.

Dis*tique*, couplet de deux vers.

Di*ptère*, qui a deux ailes.

Di*phylle*, qui a deux feuilles.

Dis marque aussi division , diversité , séparation ,
comme dans :

Dis*corde*, division des cœurs, des sentiments.

Dis*grâce*, séparation de grâce.

Dis*puter*, opiner d'une manière différente.

E, EX.

Les prépositions latines *e*, *ex* , expriment une idée
de sortie, d'exclusion. Exemples :

E*honté*, sorti des bornes de la honte.

E*cheniller*, ôter les chenilles.

E*viter*, se tenir hors du chemin.

Ex*humer*, faire sortir de terre.

Ex*patrier* (s'), sortir de sa patrie.

Ex*ode*, histoire de la sortie d'Egypte.

La préposition *e* se change en *ef* et en *es* devant certains mots :

Ef*fronté*, celui dont le front est sorti.

Es*compter*, faire sortir du compte.

EN.

La préposition française *en* , qui vient du latin *in*,
éveille une idée d'intériorité. Exemples :

En*caisser*, mettre en caisse.

En*démique*, qui est dans le peuple.

En*ivrer*, mettre dans l'ivresse.

En*terrer*, mettre en terre.

En se change en *em* devant B, M, P. Exemples :

Em*bellir*, porter de la beauté dans.

Em*mieller*, mettre du miel dans.

Em*piéter*, mettre les pieds dans.

EPI.

La préposition grecque *épi* réveille une idée de po-

sition supérieure ; elle est quelquefois particule aug-
mentative. Exemples :

Epɪdémie, maladie qui est sur le peuple.
Epɪderme, partie supérieure de la peau.
Epɪthalame, chant sur le mariage.

EU.

L'adverbe grec *eu* signifie, en français, *bien*.
Exemples :

Eʊcharistie, action de bien rendre grâces à Dieu.
Eʊphonie, son qui est bien.
Eʊangile, pour *eu-angile*, bonne nouvelle.

EXTRA.

La préposition latine *extra* signifie proprement *hors
de*. Exemples :

Extraordinaire, qui va au-delà de l'ordinaire.
Extravaser, tirer du vase.
Extrafin, au-dessus du fin.

FOR.

La particule *for*, qui vient du latin *foris*, signifie
hors de, en dehors. Exemples :

Forfait, action hors des règles ordinaires.
Fortuit, qui arrive de dehors.
Fourvoyer (se), marcher hors de la voie.

HYPER.

La particule *hyper* qui vient du grec, signifie *au-
delà, au-dessus*. Exemples :

Hyperbole, expression qui va au-delà de la vérité.
Hyperborée, pays, peuples très-septentrionaux.

HYPO.

La particule *hypo*, qui vient du grec, signifie *sous,
dessous*. Exemples :

Hypocrisie, conduite en-dessous.
Hypothèse, position sous ; supposition.
Hypothèque, qui est placé dans une dette active.

IN.

La préposition latine *in* signifie *dans*, *en*, *contre*;

sur. Ces différentes significations sont indiquées dans les mots ci-après :

INcorporer, faire entrer dans un corps.

INfluer, couler dans ou sur.

INvectiver, se porter contre.

La préposition *in* emporte souvent une idée de négation. Exemples :

INconstant, qui n'est pas constant.

INnocent, qui n'est pas nuisible.

INaccessible, dont l'accès est impossible.

INintelligible, qui n'est pas intelligible.

INdigne, qui n'est pas digne.

L'N de *in* se change en L, M, R, quand le mot simple commence par une de ces lettres. Exemples :

ILlettré, qui n'a aucune teinture des lettres.

IMmense, qui ne peut se mesurer.

INréligieux, qui n'a pas de religion.

INTER.

La préposition latine *inter* signifie *entre*, *parmi*. Elle entre dans la composition de plus de cent mots français. Exemples :

INTÉResser, être entre.

INTERrègne, espace de temps entre deux règnes.

INTERrompre, rompre au milieu.

INTERvenir, venir entre.

Nous avons beaucoup de mots où la préposition française *entre*, tient lieu de la préposition latine *inter*. Exemples :

ENTRElacer, enlacer l'un dans l'autre.

ENTREméttre, se mettre entre pour l'intérêt d'autrui.

ENTREprendre, prendre la résolution de faire.

MALÉ.

L'adverbe latin, *male*, signifie *mal*, *méchamment*, comme on peut le voir dans les mots suivants :

MALÉfice, action mauvaise.

MALheureux, opposé d'heureux.

MALveillant, qui veut du mal.

MONO.

La particule *mono*, qui vient de l'adjectif grec *mo-nos*, signifie *seul*. Exemples :

Monosyllabe, qui n'a qu'une syllabe.
Monotone, qui est sur un seul ton.
Monarchie, gouvernement d'un seul.
Moine, qui vit seul.

NON, NE.

Ces particules sont des adverbes latins qui annoncent des négatives. Exemples :

Nonchalant, qui manque de chaleur.
Nonobstant, ne s'opposant pas.
Nectar, qui ne tue pas.
Néant, non-être, non existence.

OB.

La préposition latine *ob* signifie *devant, au-devant,* comme dans les mots suivants :

Objet, chose jetée ou mise devant.
Oblation, chose qu'on porte devant.
Obstacle, chose qui est debout devant une autre.

Le B de *ob* se change en c, f, p dans les mots simples commençant par ces lettres :

Occasion, ce qui tombe, ce qui vient devant.
Offrir, porter une chose devant soi.
Opposer, placer une chose devant.

PAN.

Pan est un mot grec qui signifie *tout*. Cet adverbe est l'initiale d'un assez grand nombre de mots français. Exemples :

Pancarte, papier qui contient un avis au public.
Panorama, vue de la totalité d'un objet.
Pantomètre, instrument pour toutes sortes d'angles.
Panthéon, temple consacré à tous les dieux.

PER, PAR.

Ces deux prépositions, l'une française, l'autre latine, éveillent une idée de route. Exemples :

Pérégrination, action d'aller en voyage.
Perfide, qui traverse, qui viole la foi donnée.

Perspicacité, talent de voir à travers.
Parfum, fumée qui se répand au travers.
Parjure, qui traverse, qui viole un serment.
Parvenu, arrivé aux honneurs par différentes voies.

PHILO.

Cette particule, empruntée du grec *philos*, signifie *ami*. Elle entre dans la composition de plusieurs de nos mots. Exemples :
Philanthrope, ami des hommes.
Philosophe, ami de la sagesse.
Philomèle, ami du chant. Nom poétique du rossignol.
Théophile, ami de Dieu.

POLY.

La particule *poly* qui vient du grec *polus*, énonce la pluralité. Exemples :
Polygone, qui renferme plusieurs angles.
Polysyllabe, qui contient plusieurs syllabes.
Polytechnique, qui embrasse plusieurs arts ou sciences.

PRÉ.

La particule *pre*, qui vient du latin *præ*, signifie *avant*, comme on peut le voir dans les mots suivants :
Préface, action de dire avant tout.
Préfet, qui est avant, qui précède, mis à la tête.
Préférer, porter, mettre une chose avant une autre.
Préjuger, porter un jugement avant.

PRO.

Cette particule, tirée du grec et du latin, signifie *devant, pour, au lieu de, selon.* Exemples :
Procéder, aller en avant.
Produire, mener en avant.
Profane, qui est devant le temple et ne peut y entrer.
Prophète, qui dit ou parle auparavant.
Pronom, qui tient la place du nom.

RE.

La particule *re*, qui est une abréviation des adverbes latins, *retrò*, *rursus*, a plusieurs significations en français.

1° Quand elle, représente *retrò*, elle signifie *en arrière*. Exemples :

Révéler, jeter le voile en arrière.

Regimber, jeter les jambes en arrière.

Refluer, couler en arrière.

Reculer, pousser, aller en arrière.

2° Quand elle représente *rursus*, elle signifie *une seconde fois, de nouveau*. Exemples :

Reformer, former de nouveau.

Retrouver, trouver une seconde fois.

Régénérer, produire une seconde fois.

Réagir, agir une seconde fois.

3° La particule *re* est intensive ; c'est-à-dire, marque la force, la puissance, l'activité, dans quelques mots composés. Exemples :

Reposer, simple, *poser*.

Ressentir, simple, *sentir*.

Repaître (se), simple, *paître*.

Renom, simple, *nom*.

SUB.

La préposition latine, *sub*, qui signifie *sous*, *au-dessous*, sert à exprimer une idée de position inférieure. Exemples :

Subir, aller dessous.

Subjuguer, mettre sous le joug.

Subordonnés, mis en sous ordre.

Les variétés de *sub* sont *su*, *suc*, *sug*, *sup*, *so*, *souf*, *sous*, *sou*, *se*, comme dans les mots ci-après.

Sujet (sub-jet), jeté ou placé sous.

Succéder (sub-céder), venir en seconde ligne.

Suggérer (sub-gérer), fournir en dessous.

Supporter (sub-porter), porter en dessous.

Sobriquet (sub-briquet), nom un peu ridicule.

Souffler (sub-fler), faire du vent en dessous.

Soussigner (sub-signer), signer en dessous.

Soumettre (sub-mettre), mettre dans une position inférieure.

Secourir (sub-courir), courir en dessous.

SUPER.

La préposition latine *super*, qui signifie *sur*, *au-dessus*, sert à exprimer une idée de position supérieure, comme dans :

SUPER*fin*, qui est au-dessus de ce qui est fin.

SUPER*flu*, qui coule par dessus les bords.

SUPER*latif*, qui est porté au-dessus de tout.

Les variétés de *super* sont : *sub*, *sur*, *sus*, *soub*, *sour*, *su*. Exemples :

SUB*récot*, portion d'argent à donner au-dessus de la quote-part.

SUR*charger*, mettre une charge supérieure à la charge ordinaire.

SUS*pendre*, pendre au-dessus.

SOUB*resaut*, saut par-dessus.

SOUR*cil*, touffe de poils au-dessus du cil.

SU*ivre*, aller sur les pas de quelqu'un.

TRANS.

La préposition latine *trans*, qui signifie *au-delà*, indique changement, mutation, translation. Exemples:

TRANS*cendant*, qui monte ou s'élève au-delà.

TRANS*iger*, agir au-delà.

TRANS*mettre*, mettre au-delà.

Les variétés de *trans* sont *tra*, *tré*. Exemples :

TRA*duire*, mener au-delà, changer.

TRÉ*passer*, passer au-delà des bornes de la vie.

TRI.

Cette particule, qui vient du grec, signifie *trois*. Elle entre dans la composition de plusieurs de nos mots. Exemples :

TRI*angle*, figure qui a trois angles.

TRI*phane*, qui brille trois fois.

TRI*bu*, troisième partie du peuple romain.

La particule *tri* se change quelquefois en *tré*, *tres*, *ter*. Exemples :

TRÈ*fle*, qui a trois feuilles. (Tria-folia).

TRES*saillir*, saillir, sauter trois fois.

TER*cet*, couplet composé de trois vers.

UNA.

L'adverbe *unà* signifie ensemble ; cet adverbe entre
en tout ou en partie dans la composition de plusieurs
de nos mots. Exemples :

UNAnime, d'un seul et même esprit.

UNIforme, d'une même forme.

UNISson, plusieurs voix ne formant qu'un son.

NOTA. Outre ces particules, nous en avons encore d'autres,
mais elles n'entrent que dans la composition de quelques mots,
telles sont :

HEMI			*demi.*
HEPTA			*sept.*
HETEROS			*autrement.*
PARA			*à côté, proche, contre.*
PENE	qui signifient		*presque.*
PERI			*autour, auprès.*
SAT, SATIS			*assez.*
SIMUL			*ensemble.*
SYN			*avec, ensemble.*

TABLEAU

des principales prépositions et de leur influence
dans la composition des mots français.

A, AD	jonction, tendance, rapprochement
A, AB, ABS, APO	privation, séparation, éloigne-ment, départ, exclusion.
ANTE, PRE	antériorité, priorité de temps.
POST, DE, RETRO	postériorité, après, en arrière.
PER, PRO	à travers, en avant.
OB, ANTI, CONTRA.	contre, à l'encontre, opposition.
EN, IN, INTRO	intériorité, introduction.
E, EX, DE	sortie, départ, exclusion, extrac-tion.
SUB, SUPER, HYPER, EPI	au-delà, au-dessus, supériorité.
SUB, HYPO	au-dessous, infériorité.
CO, CON, SYN	union, cohésion, ensemble.
SE, DI, DIS	division, séparation, éloignement.
CIRCON, PERI, INTER	autour, parmi, entre.
PER, DIA, TRA, TRANS, EXTRA	par, à travers, au-delà, hors de.

TABLEAU

1° Des principales particules ou prépositions initiales avec leur signification ;

2° De quelques mots simples ou primitifs ;

5° Des principales désinences ou terminaisons.

PARTICULES ou PRÉPOSITIONS INITIALES.	Mots simples ou primitifs.	Désinences ou terminaisons.
A, AB, ABS, éloignement.	AGIR	able
A, privatif des Grecs.	AIGU	ace
AD, jonction, rapprochement.	AIMER	ade
AM, AMB, duplication, autour.	BANDE	age
AMPHI id.	BARBE	aic
ANA, à l'écart.	BLANC	aille — ailler
ANTÉ, priorité de temps.	CAP	ain, ein, in
ANTI, contre.	CÉDER	aire
APO, séparation, éloignement.	CHANT	al
ARCHI, primauté, supériorité.	CORPS	ance, ence
BENE, bien.	DENT	ant, ent
BIS, doublement, deux fois.	DIRE	ande, ende
CACO, mauvais.	DOUX	aque
CATA, contre, dessus.	DUR	ard
CIRCON, autour.	FAIRE	at
CON, avec, ensemble.	FIN	atre
CONTRA, contre, vis-à-vis.	FLEUR	au — aud
DE, départ, sortie.	POMME	ber
DI, privation, éloignement.	HAUT	cher
DIA, par, de, à travers.	HERBE	ée
DIS, duplication, division	HOMME	eme
E, EX, sortie, exclusion.	IMAGE	enter
EC, départ, division.	JET	er
EN, intériorité.	JOINDRE	eric
EPI, sur, dessus.	JOUG	esse
EU, bien.	JOUE	ette
EXTRA, hors de.	LONG	eté, ité
FOR, hors de, en dehors.	MAIN	elle
HEMI, demi.	METTRE	eur
HEPTA, sept.	MODE	eux
HETEROS, autrement.	MORT	fier
HOMOS, semblable.	NOM	fique
HYPER, au-delà, au-dessus.	NUIT	fier

PARTICULES ou PRÉPOSITIONS INITIALES.	Mots simples ou primitifs.	Désinences ou terminaisons.
HYPO, sous, dessous.	NOURRIR	*ger, guer*
IN, dans, en, contre, sur.	NOMBRE	*gner*
INFRA, en dessous, au-dessous.	ODEUR	*ible*
INTER, entre, parmi.	ONDE	*ie*
MALÉ, mal, méchamment.	PAIN	*ien*
META, au-delà, après.	PAIR	*ier*
MONO, seul.	PÈRE	*if*
NON, NE, négation.	PLAIRE	*ifice*
OB, devant, au-devant.	PLEIN	*ile*
PALIN, de rechef.	PLI	*ille*
PAN, tout.	POSER	*iller*
PARA, à côté, proche.	PONT	*ime*
PENÉ, presque.	PORTER	*imer*
PENTA, cinq.	PUR	*ion*
PER, PAR, à travers.	RARE	*ique*
PÉRI, autour, auprès.	RÉGIR	*ir*
PHILO, ami.	RIRE	*is*
POLY, plusieurs.	ROMPRE	*iser*
POST, après.	ROSE	*isme*
PRE, avant.	SACRÉ	*iste*
PRÉTER, outre.	SEL	*il, ile*
PRO, devant, pour, au lieu de.	SANG	*ment*
PROPÉ, proche.	SAINT	*oir, oire*
RE, en arrière, une seconde fois	SENTIR	*oirc*
RETRO, en arrière.	SIGNE	*oir* (verbe)
SEMI, MI, demi	SEUL	*on*
SEX, six.	SON	*ond*
SIMUL, ensemble. •	TABLE	*ot*
SIN, sans.	TORD	*phage*
SUB, sous au-dessous.	TEMPS	*ques*
SUPER, sur, au-dessus.	TENDRE	*re*
SYN, avec, ensemble.	TERME	*ste — tre*
TRANS, au-delà.	TERRE	*ude*
TRI, trois.	UN	*ure*
ULTRA, outre, au-delà.	USER	*ure*
UNA, ensemble.	VAIN	*vore*
	VOIX	

TABLEAU des principales désinences et de leur influence dans les mots français.

Nom de l'action exprimée par le verbe.	age	arpentage , partage , ravaudage.
	ment	abandonnement , enterrement , rampement,
	ion	aspersion , contrition , inflexion.
Nom du lieu où se passe l'action , où la chose se trouve, de l'instrument avec lequel se fait cette action.	er	bûcher , clocher , rucher.
	oir	arrosoir , éteignoir , plantoir.
	oire	écritoire , observatoire , réfectoire.
Nom de l'auteur de l'action , de celui qui en exerce la profession, de ce qui produit la chose exprimée par le nom.	eur	chasseur , tourneur , vanneur.
	er	berger , boucher , vacher.
	ier	bonnetier , charcutier , vannier.
	aire	militaire , notaire , secrétaire.
	ien	musicien , praticien , physicien.
	iste	chimiste , dentiste , lampiste.
Nom du résultat de l'action exprimée par le verbe.	ment	gonflement , mécontentement , sentiment.
	is	abattis , éboulis , ramassis.
	ure	blessure , écorchure , rognure
Nom des qualités , défauts , manières d'être. — Noms abstraits.	ou·e	ignorance , prévoyance , tolérance.
	esse	délicatesse , noblesse , tendresse.
	eur	ardeur , candeur , noirceur.
	eté, ité, té	absurdité , fierté , propreté.

Noms de celui qui habite le pays, qui en est originaire.	an	Catalan, Paysan, Toscan.
	and.	Allemand, Flamand, Normand.
	ain	Africain, Lorrain, Romain.
	ais	Français, Anglais, Soissonnais.
	ein	Italien, Parisien, Prussien.
	ois	Danois, Champenois, Lillois.
	on	Bourguignon, Breton, Gascon.
Noms des fréquentatifs, diminutifs et péjoratifs.	aille, eau	bataille, mitraille, bateau, vaisseau.
	asse, asserie	paillasse, terrasse, tracasserie, rêvasserie.
	erie, ise	ladrerie, lésinerie, bêtise, convoitise.
Noms des diminutifs.	au, eau	chevreau, ormeau, hoyau, tuyau.
	et, ette	batelet, jardinet, clochette, hachette.
	ille	charmille, faucille, ornille.
	illon, ine	carpillon, oisillon, chevrotine, bottine.
	ule, cule	cannule, pilule, animalcule, pellicule.
Noms des qualités qui conviennent ou appartiennent à	al	amiral, impérial, moral, matinal.
	el	éternel, corporel, immortel, temporel.
Noms des qualités qui peuvent, qui doivent s'appliquer à, qui ne peuvent, qui ne doivent pas s'appliquer à	able.	aimable, redoutable, insatiable, incontestable.
	ible.	éligible, visible, incorrigible, incorruptible.
Noms des adjectifs qui expriment l'intensité, la hauteur, l'abondance, la force, l'excès.	ard	bavard, criard, richard.
	aud	badaud, nigaud, rustaud.
	eux	avaricieux, somptueux, vaniteux.
	ond	facond, fécond, pudibond.

Parmi les prépositions, celles surtout qui, comme nous l'avons dit, jouent un rôle important dans la composition des mots français, sont les suivantes :

Ad — con — de —, dis — e, ex — in — entre, inter — ob — par —, per — pre — pro — re — sous — sub — super — sur — trans.

Soit, par exemple, à composer d'autres mots avec les expressions *mettre, mission; poser, position; venir.* A l'aide des prépositions en question, on aura :

AD	{ mettre / mission }		AP¹	{ poser / position }		ADvenir	
COM²	{ mettre / mission }	promettre	COM²	{ poser / position }	CON	{ venir / vention }	
DE	{ mettre / mission }		DE	{ poser / position }		DEvenir	
			DIS	{ poser / position }		DISconvenir	
E	{ mettre / mission }		»		»		
			EX	{ poser / position }			
			IM³	{ poser / position }			
ENTREmettre			ENTRE	{ poser / pôt }			
INTERmission			INTER	{ poser / position }	INTER	{ venir / vention }	
O	{ mettre / mission }		OP	{ poser / position }			
						PARvenir	
PER	{ mettre / mission }						

(1) AD se change en AP devant les mots simples commençant par P.
(2) CON se change en COM devant les mots commençant par B, M, P.
(3) IN se change en IM devant les mots commençant par B, M, P.

»		PRÉ { poser / position		PRÉ { venir / vention
PRO { mettre / mission ; — messe		PRO { poser / position		PROvenir
RE { mettre / mission		RE { poser / position		REvenir
SOU { mettre / mission		»		SOUvenir
»		SUP { poser / position		SUB { venir / vention
»		SUPER{ poser / position		»
»		»		SURvenir
TRANS{ mettre / mission		TRANS{ poser / position		»

Le tableau suivant, formé à l'aide du seul verbe français PORTER (portare), présente un exemple de la valeur des désinences et des particules initiales dans les dérivés et dans les composés.

	PORTER.	port, portée, portable, porteur, portage, portatif.
	PORTANT.	porte, portail, portique, portier, portière.
	PORTÉ.	
Ap	PORTER.	apport, apportage.
Rap	PORTER.	rapport, rapporteur, rapportable.
Com	PORTER.	
Col	PORTER.	colportage, colporteur.
Dé	PORTER.	déporté, déportation.
Em	PORTER.	emporté, emportement.
Rem	PORTER.	
Ex	PORTER.	exportation, exportateur.
Im*	PORTER.	importateur, importation.

(1) Porter dans.

Réim	PORTER.	réimportation.
Re	PORTER.	report.
Sup	PORTER.	support, supportable, supportablement.
Insup	. . . . .	insupportable, insupportablement.
Trans	PORTER.	transport, transportation, transportable.
Im¹	PORTER.	important, importance.
Op	. . . . .	opportunité, opportun, opportunément.
Inop	. . . . .	inopportunité, inopportun.
Im	PORTuner.	importunité, importun, importunément.

---

(1) Être utile, nécessaire, urgent.

PETIT JARDIN
de la
LANGUE FRANÇAISE.

Cent Primitifs suivis de leurs dérivés et de leurs composés.

Agir (agere actum)
Agence
Agent
Agile
Agilement
Agilité
Agissant
Agitateur
Agitation
Agiter
Acte
Acteur – trice
Actif – ve
Action
Actionnaire
Actionner
Activement
Activer
Activité
Actualisation
Actualité
Actualiser
Actuel – le
Actuellement
Adage
Coactif-ve
Coaction

Coactivité
Coagulant
Coagulation
Coaguler
Coagulum
Réactif. — subs.
Réactif-ve.— adj.
Réaction
Réactionnaire
Rétroactif-ve
Rétroaction
Rétroactivité
Transaction
Transactionnel-le

Aigu (acutus)
Aiguille
Aiguiller
Aiguillée
Aiguilletage
Aiguilleter
Aiguilletier
Aiguillette
Aiguillier
Aiguillon
Aiguillonner
Aiguisement
Aiguiser

Aiguiserie
Aiguiseur
Bisaiguë
Aimer (amare amatum)
Aimable
Aimant
Amant
Amateur
Ami
Amiable
Amical
Amicalement
Amitié
Amour
Amouracher
Amourette
Amoureusement
Amoureux-se
Ennemi
Inimitié
Bande (all. *band*)
Bandage
Bandagiste
Bandeau
Bandelette
Bander
Bandereau

Banderoler
Banderolle
Abandon
Abandonnement
Abandonner
Débandage
Débandement
Débander
Rebander
Barre (vara)
Barrage
Barreau
Barrement
Barrer
Barreur
Barricade
Barricader
Barrier
Barrière
Débarras
Débarrasser
Débarrer
Embarras
Embarrassant
Embarrasser
Embarrer
Battre (batuere)
Battage
Battant
Battée
Battement
Batterand
Batterie
Batteur
Battiture
Battognes
Battoir
Battoiré

Battu
Battue
Abattage
Abattant
Abattée
Abatellement
Abattement
Abatteur
Abattis
Abattoir
Abattre
Abatture
Abattures
Combattant
Combattre
Débattre
Rebattre
Blanc (all. *blank*)
Blanchaille
Blanchâtre
Blanche
Blanchement
Blanchet
Blancheur
Blanchiment
Blanchir
Blanchissage
Blanchissant
Blanchisserie
Blanchisseur
Déblanchir
Reblanchir
Cap (caput capitis)
Capitaine
Capitainerie
Capital
Capiteux,-se
Capitole

Capitoul
Capitoulat
Cape
Capote
Capuce
Capuchon
Capucin
Capucine
Capucinade
Capiscol
Capitaliste
Capitulaire
Capitulairement
Capitulant
Capitation
Capitulation
Capituler
Captal
Chapiteau
Chapitre
Céder (cedere, cessum)
Cession
Cessible
Cessionnaire
Accès
Accessibilité
Accessible
Accession
Accessit
Accessoire
Accessoirement
Antécédemment
Antécédence
Antécédent
Concéder
Concession
Concessionnaire
Décès

Décéder
Excéder
Excès
Excessif-ve
Inaccessible
Inaccessibilité
Incessible
Intercéder
Intercesseur
Intercession
Précédemment
Précédent
Précéder
Précession
Prédécéder
Prédécès
Prédécesseur
Procédé
Procéder
Procédure
Procès
Processif-ve
Procession
Processionnaire
Processionnal
Processionnellement
Recéder
Succéder
Succès
Successeur
Successible
Successibilité
Successif-ve
Succession
Successivement
Chant (cantus)
Cantabile
Cantate

Cantatille
Cantatrice
Cantique
Chanson
Chansonner
Chansonnette
Chansonnier
Chanter
Chanterelle
Chanteur
Chantonner
Chantre
Chantrerie
Accent
Accentuation
Accentuer
Déchanter
Désenchantement
Désenchanter
Enchanté
Enchantement
Enchanter
Enchanteur
Inchantable
Rechanter
Chaleur (calor)
Caloricité
Calorifère
Calorification
Calorifique
Calorimètre
Calorimétrie
Calorique
Chaleureux-se
Chaud
Chaude
Chaudeau
Chaudement

Chaudière
Chaudron
Chaudronnée
Chaudronnerie
Chaudronnier
Chauffage
Chauffe
Chauffer
Chaufferette
Chaufferie
Chauffeur
Chauffoir
Chauffure
Echauboulé
Echauboulure
Echaudé
Echauder
Echaudoir
Echaudoire
Echauffaison
Echauffant
Echauffé
Echauffement
Echauffer
Echauffourée
Echauffure
Réchaud
Réchauffé
Réchauffement
Réchauffer
Corps (corpus-corporis)
Corporal
Corporation
Corporéité
Corporel-le
Corporellement
Corporification
Corporisation

Corporifier
Corpulence
Corpulent
Corpusculaire
Corpuscule
Incorporalité
Incorporation
Incorporel-le
Incorporer
Courir (curriere cur-sum)
Courable
Couramment
Courant
Courante
Coureur
Coureuse
Courre
Courrier
Courrière
Cours
Course
Coursier
Curseur
Cursive
Accourir
Accourse
Concourir
Concours
Concurremment
Concurrence
Concurrent
Décourant
Décours
Décurrent
Décursif
Discoureur
Discourir
Discours
Excursion

Incursion
Intercurrent
Occurrence
Occurrent
Parcourir
Parcours
Précurseur
Recourir
Recours
Récurrent
Secourable
Secourir
Secours
Dent (dens, dent-is)
Dentaire
Dentale
Denté
Dentée
Dentelaire
Dentelée
Denteler
Dentelle
Dentelure
Denticule
Dentelet
Denticulé
Dentiforme
Dentifrice
Dentirostres
Dentiste
Dentition
Denture
Bident
Bidenté
Edentés
Edenté
Edenter
Trident
Tridenté

Dire (dicere, dictum)
Dictateur
Dictatorat
Dictatorial
Dictature
Dictée
Dicter
Diction
Dictionnaire
Dicton
Dire
Diseur
Abdication
Abdiquer
Bénédicité
Bénédictin
Bénédiction
Contradicteur
Contradiction
Contradictoire
Contradictoirement
Contredire
Contredisant
Contredit
Dédire
Dédit
Edit
Edital
Indicant
Indicateur — adj.
Indicateur — sub.
Indicatif-ve — adj.
Indicatif — subs.
Indication
Indice
Indicible
Indiction
Interdiction
Interdire

Interdit
Prédicant
Prédicateur
Prédication
Prédiction
Prédire
Redire
Redite
Malédiction
Maudire
Maudit
Médire
Médisance
Médisant

Deux (duo)
Deuxième
Deuxièmement
Dédoubler
Doublage
Double — sub.
Double — adj.
Doublement-adv.
Doublement-sub.
Doublé
Doubler
Doublet
Doublette
Doubleur
Doubleau
Doublure
Duo
Duplicata
Duplicatif-ve
Duplicature
Duplicité
Redoublement
Redoubler
Réduplicatif

Réduplication
Douleur (dolor)
Douloureusement
Douloureux
Condoléance
Condouloir
Indolemment
Indolence
Indolent
Doux (dulcis)
Douce
Douceâtre
Doucement
Doucerette
Doucereux
Doucet-te
Doucette
Doucettement
Douceur
Douci
Doucin
Doucir
Adouci
Adoucir
Adoucissant
Adoucissement
Adoucisseur
Edulcorer
Edulcoration
Radoucir
Radoucissement
Dur (durus, a, um)
Durable
Durablement
Durant
Durcir
Durcissement
Durée

Durement
Durer
Duret-te
Dureté
Durillon
Durillonner
Endurant
Endurci
Endurcir
Endurcissement
Endurer
Rendurcir
Rendurcissement

Ecrire (scribere scriptum)
Ecrit
Ecriteau
Ecritoire
Ecriture
Ecrivailler
Ecrivaillerie
Ecrivailleur
Ecrivain
Ecrivant
Ecrivassier
Ecriveur
Circonscription
Circonscrire
Circonscrit
Conscripteur
Conscription
Conscriptionnel
Conscrit — sub.
Conscrit — adj.
Décrire
Décrivant
Descripteur
Descriptif-ve
Description

Inscription	Factionnaire	Contrefait
Inscrire	Factorage	Défaire
Inscrit	Factorerie	Défait
Manuscrit	Factoton-factotum	Défaite
Post-scriptum	Facture	Défaut
Prescriptible	Facultatif	Défectif
Prescription	Faculté	Défection
Prescrire	Fainéant	Défectueusement
Prescripteur	Fainéanter	Défectueux
Proscription	Fainéantise	Défectuosité
Proscrire	Faisable	Difficile
Proscrit	Faiseur	Difficilement
Récrire	Fait	Difficulté
Réscription	Affaire	Difficultueusement
Rescrit	Affairé	Difficultueux
Souscripteur	Affaireux	Effaçable
Souscription	Affectation	Effacement
Souscrire	Affecté	Effacer
Souscrivant	Affecter	Effaçure
Transcription	Affectif	Effectif-ve
Transcrire	Affection	Effection
Faire (facere factum)	Affectionnément	Effectivement
Façade	Affectionner	Effectrice
Face	Affectueusement	Effectuer
Facer	Affectueux	Effet
Facette	Bienfaisance	Efficace
Facial	Bienfaisant	Efficacement
Facile	Bienfait	Efficacité
Facilement	Bienfaiteur	Efficient
Facilité	Confecteur	Infect
Faciliter	Confection	Infecter
Façon	Confectionnaire	Infection
Façonner	Confectionner	Méfaire
Façonnerie	Confectionneur	Méfait
Façonnier	Contrefaçon	Office
Facteur	Contrefacteur	Official
Factice	Contrefaction	Officialité
Factieux	Contrefaire	Officiant
Faction	Contrefaiseur	Officiel

Officiellement
Officier — verbe
Officier — subs.
Officière
Officieusement
Officieux
Officinal
Officine
Parfaire
Parfait
Parfaitement
Perfectibilité
Perfectible
Perfectionnement
Perfectionner
Préface
Préfectural
Préfecture
Préfet
Refaire
R faisable
Refait
Réfection
Réfectoire
Réfectoral
Réfectorier
Satisfaction
Satisfactoire
Satisfaire
Satisfaisant
Satisfait
Suffire
Suffisamment
Suffisance
Suffisant
Fin (finis)
Fin
Final
Finalement

Finance
Financer
Financier
Financier
Financière
Finasser
Finasserie
Finasseur
Finaud
Finement
Finesse
Finet-te
Fini
Finiment
Finir
Finisseur
Finistère
Affinage
Affiner
Affinerie
Affineur
Affinité
Affinoir
Confiner
Confins
Défini
Définir
Définiteur
Définitif
Définition
Définitivement
Indéfini
Indéfiniment
Indéfinissable
Infini
Infiniment
Infinité
Infinitésimal
Infinitésime

Infinitif
Raffinage
Raffiné
Raffinement
Raffiner
Raffinerie
Raffineur
Fleur (flos-ris)
Fleurage
Fleuraison
Fleurdelisé
Fleurdeliser
Fleurer
Fleurette
Fleureur
Fleuri
Fleurir
Fleurisme
Fleurissant
Fleuriste
Fleuron
Fleuronné
Floraison
Floral
Florales
Floraux
Flore
Floréal
Florence
Florent
Florentin
Florentine
Floricome
Flotifère
Floriforme
Floripare
Florissant
Défleuraison
Défleurir

Défloration
Déflorer
Efflorage
Efflorer
Effleurir
Efflorescence
Efflorescent
Inflorescence
Préfleuraison
Refleurir

Fleuve (fluvius)
Flot
Flottable
Flottage
Flottaison
Flottant
Flotte
Flottement
Flotter
Flotteur
Flottille
Fluent
Fluctuation
Fluctueux
Fluer
Fluide
Fluidité
Fluor
Fluorique
Fluvial
Fluviales
Fluviatile
Flux
Fluxion
Fluxionnaire
Affluence
Affluent
Affluer

Confluent
Confluente
Confluer
Défluer
Défluxion
Effluence
Effluent
Influence
Influencer
Influent
Influer
Réfluer
Reflux
Superflu
Superfluité

Forme (forma)
Formaliser
Formaliste
Formalité
Format
Formation
Formel-le
Formellement
Former
Formeret
Formier
Formulaire
Formule
Formuler
Conformation
Conformé
Conformé
Conformément
Conformer
Conformiste
Conformité
Déformation
Déformer

Difforme
Difformer
Difformité
Information
Informe
Informer
Réformable
Réformateur
Réformation
Réforme
Réformé
Réformer
Réformiste
Transformation
Transformer

Hache (ascia)
Hache-paille
Hacher
Hachereau
Hachette
Hachoir
Hachotte
Hachure
Rehacher

Haut (altus)
Haute
Haussement
Hausser
Haussier
Haussoir
Haut
Hautain
Hautainement
Hautbois
Hautement
Hautesse
Hauteur
Exhaussement

Exhausser
Rehaussement
Rehausser
Rehauts

Herbe (herba)
Herbacé
Herbage
Herbager
Herbageux-se
Herbeiller
Herbeilleux-se
Herber
Herberic
Herbette
Herbeux-se
Herbicole
Herbier
Herbière
Herbifère
Herbigrade
Herbivore
Herborisation
Herboriser
Herboriseur
Herboriste
Herbu
Herbue
Eherber

Honneur (honor)
Honnête
Honnêtement
Honnêteté
Honorable
Honorablement
Honoraire – subs.
Honoraire — adj.
Honorer
Ad honores

Honorifique
Honorine
Déshonnête
Déshonnêtement
Déshonnêteté
Déshonneur
Déshonorable
Déshonorant
Déshonorer
Inhonoré
Malhonnête
Malhonnêtement
Malhonnêteté

Homme (homo)
Homicide
Hommage
Hommager
Hommagé
Hommasse
Hommée
Humain-e
Humainement
Humaniser
Humaniste
Humanité
Inhumain
Inhumainement
Inhumanité

Image (imago imaginis)
Imager
Imagerie
Imaginable
Imaginaire
Imaginatif-ve
Imagination
Inimaginable

Imiter (imitari)
Imitable

Imitateur-trice
Imitatif-ve
Imitation
Imiter
Inimitable

Jet (jactus)
Jactance
Jactancieux
Jactation
Jaculatoire
Javelot
Jetée
Jeter
Jeteur
Jeton
Assujettir
Assujettissant
Assujettissement
Abject
Abjection
Adjectif
Adjectivement
Conjectural
Conjecturalement
Conjecture
Conjecturer
Conjectureur
Déjection
Déjeter
Ejaculateur
Ejaculation
Ejaculatoire
Ejaculer
Ejection
Injecter
Injection
Interjectif-ve
Interjection

Interjectivement
Interjeter
Objecter
Objectif-ve
Objection
Objet
Projectile
Projection
Projecture
Projet
Projeter
Rejet
Rejetable
Rejeter
Rejeton
Subjection
Sujet
Sujétion
Trajectoire
Trajet

Joindre (jungere, junctum)
Joignant
Joint — subs.
Joint — adj.
Jointé
Jointée
Jointif
Jointoyer
Jointuré
Adjoindre
Adjoint
Adjonction
Conjoindre
Conjoint
Conjointement
Conjonctif-ve
Conjonction
Conjonctive

Disjoindre
Disjoint
Disjonction
Disjonctive
Enjoindre
Injonction
Rejoindre
Rejointement
Rejointoyer
Subjonctif

Joug (jugum)
Jugal
Jugulaire
Juguler
Conjugaison
Conjugal
Conjugalement
Conjuguer
Conjungo
Subjuguer

Jour (du lat. diurnum, ou de l'ital. giorno)
Journal — subs.
Journal — adj.
Journalier — subs
Journalier — adj.
Journalisme
Journaliste
Journée
Journellement
Ajournement
Ajourner
Séjour
Séjourner

Jeune (juvenis)
Jeunement
Jeunesse

Jeunet-te
Jouvence
Jouvenceau
Jouvencelle
Juvénil
Rajeunir
Rajeunissement

Long (longus-a-um)
Loin
Lointain — subs.
Lointain — adj.
Longanimité
Longe
Louger
Longévité
Longicorne
Longimétrie
Longirostres
Longitude
Longitudinal
Longitudinalement
Longtemps
Longue
Longuement
Longuet
Longueur
Longue-vue
Allonge
Allongement
Allonger
Barlong
Oblong
Prolongation
Prolonge
Prolongement
Prolonger

Main (manus)
Maintenant

Maintenir
Maintenue
Maintien
Maniable
Maniement
Manier
Manière
Manièré
Maniériste
Manieur
Manifestation
Manifeste — subs.
Manifeste — adj.
Manifestement
Manifester
Manigance
Manigancer
Manipulateur
Manipuler
Manivelle
Manœuvre
Manœuvrer
Manœuvrier -sub.
Manœuvrier—adj.
Manouvrier
Manubiaire
Manuel
Manuellement
Manufacture
Manufacturer
Manufacturier
Manuluve
Manumission
Manuscrit
Manutention
Manutentionnel-le
Manutentionner
Manche

Mancheron
Manchette
Manchon
Manchot
Menottes
Menotter
Mander (maudare mandatum)
Mandant
Mandat
Mandataire
Mandement
Commande
Commandant
Commandement
Commander
Commanderie
Commandeur
Commanditaire
Commandite
Demande
Demander
Demandeur
Quémander
Quémandeur
Recommandable
Recommandation
Recommander
Mettre (mittere-missum)
Mettable
Metteur
Mettre
Messe
Missel
Mission
Missionnaire
Missive
Admettre

Admissibilité
Admissible
Admission
Commettant
Commettre
Commissaire
Commissariat
Commission
Commissionnaire
Commissionner
Commissoire
Commissure
Committimus
Démettre
Démission
Démissionnaire
Emettre
Emissaire
Emission
Inadmissible
Inadmissibilité
Inamissibilité
Inamissible
Irrémissible
Omettre
Omission
Permettre
Permis
Permission
Prétermission
Promettre
Prometteur
Promesse
Promis
Promiccion
Remettre
Remise
Remiser

Rémissible
Rémission
Rémissionnaire
Rémittent
Repromettre
Soumettre
Soumis
Soumission
Soumissionnaire
Soumissionner
Transmettre
Transmissible
Transmission
Mouvoir (movere-motum)
Meublant
Meuble — subs.
Meuble — adj.
Meubler
Mobile
Mobiliaire
Mobilier
Mobilisation
Mobiliser
Mobilité
Moteur
Motrice
Motif
Motilité
Motion
Motiver
Mouvant
Mouvement
Mouver
Mouvoir
Amovibilité
Amovible
Commotion

Emeute
Emeutier
Emotion
Emouvoir
Immeuble
Immobile
Immobilier
Immobilisation
Immobiliser
Immobilité
Inamovibilité
Inamovible
Promoteur
Promotion
Promouvoir
Mode (modus)
Modale
Modalité
Modelage
Modèle
Modeler
Modeleur
Modérantisme
Modérantiste
Modérateur
Modération
Modéré
Modérer
Modérément
Modeste
Modestement
Modestie
Modicité
Modificatif-ve
Modification
Modifier
Modique
Modiquement

Modiste
Modulation
Module
Moduler
Commodat
Commodataire
Commode —subs.
Commode — adj.
Commodément
Commodité
Immodéré
Immodérément
Immodeste
Immodestement
Immodestie
Incommodant
Incommode
Incommodé
Incommodément
Incommoder
Incommodité
Raccommodage
Raccommodement
Raccommoder
Raccommodeur
Mort (mors, tis)
Morfondre
Morfondure
Moribond
Mort
Mortalité
Mortel-le
Mortellement
Mortifère
Mortifiant
Mortification
Mortifier
Mortuaire

Mourant
Mourir
Immortaliser
Immortalité
Immortel-le
Immortelle
Immortification
Immortifié

Naître nasci natus sum
Naïf-ve
Naissance
Naissant
Naïvement
Naïveté
Natal
Natif-ve
Nation
National
Nationaux
Nationalement
Nationaliser
Nationalité
Nativité
Naturalisation
Naturaliser
Naturalisme
Naturaliste
Naturalité
Nature
Naturel-le
Naturellement
Noël
Puîné
Renaissance
Renaissant
Renaître
Surnaturel-le
Surnaturellement

Nom (nomen-nominis)
Nomenclateur
Nomenclature
Nominal
Nominataire
Nominateur
Nominatif-ve
Nominatif—subs.
Nomination
Nominativement
Nominaux
Nommé
Nommément
Nommer
Dénominateur
Dénominatif
Dénomination
Dénommer
Prénom
Pronom
Pronominal
Pronominalement
Renom
Renommé
Renommée
Renommer
Nuit (nox-noctis)
Noctambule
Noctambulisme
Noctilion
Noctiluque
Nocturlabe
Nocturne
Nuitamment
Nuitée
Anuiter (s')
Nourrir (nutrire
nutritum).

Nourrain
Nourri
Nourrice
Nourricier— sub.
Nourricier — adj.
Nourrissage
Nourrissant
Nourrisseur
Nourrisson
Nourriture
Nutritif-ve
Nutrition
Nouveau (novus-a-um)
Nouveauté
Nouvelle
Nouvellement
Nouvelliste
Novale
Novateur
Novation
Novice
Noviciat
Novissime
Innovateur
Innovation
Innover
Renouveler
Renouvellement
Rénovation
Nombre (numerus)
Nombrant
Nombrer
Nombreux-se
Numéraire
Numéral
Numérateur
Numération
Numérique

Numériquement
Numéro
Numérotage
Numéroter
Dénombrement
Dénombrer
Innombrable
Innombrablement
Odeur (odor)
Odorant
Odorat
Odorer
Odoriférant
Inodore
Onde (unda)
Ondé
Ondée
Ondin
Ondoiement
Ondoyant
Ondoyer
Ondulation
Ondulatoire
Ondulé
Onduler
Onduleux-se
Abondamment
Abondance
Abondant
Abonder
Inondation
Inonder
Inondé
Redondance
Redondant
Redonder
Orient (oriri-oriens)
Oriental

Orientaliste
Orientation
Orienté
Orienter (s')
Originaire
Originairement
Original
Originalement
Originalité
Origine
Originel-le
Originellement
Aborigènes
Abortif-ve
Avortement
Avorter
Avorton
Pain (panis)
Panade
Panée
Paner
Panerée
Paneterie
Panetier
Panetière
Panier
Panification
Pair (par)
Paire
Pairement
Pareil
Pareillement
Parité
Appareillage
Appareillement
Appareiller
Appareilleur
Appariement

Apparier
Comparable
Comparaison
Comparatif
Comparativement
Comparée
Comparer
Dépareiller
Déparier
Disparate
Disparité
Impair
Incomparable
Incomparablement
Non-pareil
Paître (pasci-pastum)
Pacage
Pacager
Paissant
Paisson
Pasteur
Pastoral
Pastorale
Pastoralement
Pastoureau
Pastourelle
Pâtre
Pâturage
Pâture
Pâturer
Pâtureur
Repaître
Repas
Pâtir (pati-passus)
Passibilité
Passible
Passif
Passion

Passionné
Passionner
Passivement
Patiemment
Patience
Patient
Compassion
Compassibilité
Compatible
Compatir
Compatissant
Impassibilité
Impassible
Impatiemment
Impatience
Impatient
Impatientant
Impatienter
Père (pater patris)
Parrain
Parricide
Patenôtre
Pater
Paternel-le
Paternellement
Paternité
Patres (ad)
Patriarchal
Patriarchat
Patriarche
Patrice
Patriciat
Patricien
Patrie
Patrimoine
Patrimonial
Patriote
Patriotique
Patriotiquement

Patriotisme
Patron
Patronnage
Patronal
Patronne
Patronner
Patronnesse
Patronnet
Patronymique
Compérage
Compère
Expatriation
Expatrier
Rapatriage
Rapatriement
Rapatrier
Pauvre (pauper)
Pauvrement
Pauvresse
Pauvret-te
Pauvreté
Appauvrir
Appauvrissement
Paix (pax pacis)
Paisible
Paisiblement
Pacificateur
Pacification
Pacifier
Pacifique
Pacifiquement
Peuple (populus)
Peuplade
Peupler
Populace
Populacier
Populaire
Populairement

Populariser
Popularité
Population
Populeux-se
Dépeuplement
Dépeupler
Dépopularisation
Dépopulariser
Dépopulation
Repeuplement
Repeupler
Plaire (placere placitum)
Plaisamment
Plaisance
Plaisant
Plaisanter
Plaisanterie
Plaisir
Placet
Complaire
Complaisamment
Complaisance
Complaisant
Déplaire
Déplaisance
Déplaisant
Déplaisir
Plein (plenus a-um)
Plein
Pleinement
Plénière
Plénipotentiaire
Plénirostres
Plénitude
Pléonasme
Complément
Complémentaire
Complet

Complètement
Compléter
Complétif-ve
Explétif-ve
Emplir
Replet
Réplétion
Remplage
Remplir
Remplissage
Supplément
Supplémentaire
Supplétif-ve
Pli (plica)
Pliable
Pliage
Pliant
Plicatile
Plié
Pliement
Plier
Plieur
Plioir
Plique
Plissage
Plissement
Plisser
Plisseur
Applicable
Application
Applique
Appliqué
Appliquer
Complication
Complice
Complicité
Compliquer
Déplier

Déplisser
Duplicata
Duplicatif-ve
Duplication
Duplicité
Explicable
Explicateur
Explicatif-ve
Explication
Explicité
Explicitement
Expliquer
Implication
Implicité
Implicitement
Impliquer
Multiple
Multipliable
Multipliant
Multiplicande
Multiplicateur
Multiplication
Multiplicité
Multiplier
Rempli
Remplier
Repli
Replier
Réplique
Répliquer
Simple
Simplement
Simplesse
Simplicité
Simplifiable
Simplification
Simplifier
Suppliant

Supplication
Supplice
Supplicié
Supplicier
Supplier
Supplique
Triple
Triplement
Tripler
Triplicata
Triplicité
Triplinervé
Poser (ponere-positum)
Pondeuse
Pondre
Posage
Pose
Posé
Posément
Poseur
Positif — subs.
Positif-ve — adj.
Position
Positivement
Postal
Poste
Posté
Poster
Postillon
Posture
Apposer
Apposition
Composé
Composées
Composer
Composite
Compositeur
Composition

Composteur
Compote
Compotier
Déposant
Déposé
Déposer
Dépositaire
Dépositeur
Déposition
Déposter
Dépôt
Disponibilité
Disponible
Disposé
Disposer
Dispositif-ve _
Disposition
Exposant
Exposé
Exposer
Exposition
Imposable
Imposant
Imposé
Imposer
Imposition
Imposte
Imposteur
Imposture
Impôt
Interposer
Interposition
Opposant
Opposé
Opposer
Opposite
Opposition
Préposé

Préposer
Prépositif-ve
Préposition
Propos
Proposable
Proposant
Proposer
Proposition
Réimposer
Réimposition
Reposé
Reposée
Reposer
Reposoir
Supposable
Supposé
Supposer
Supposition
Suppositoire
Suppôt
Superposer
Superposition
Transposable
Transposer
Transpositeur
Transpositive
Transposition

Pont (pons-pontis)

Ponté
Pontet
Pontife
Pontifical
Pontificalement
Pontificat
Ponton
Pontonage
Pontonier

Porter (portare)

Port
Portable
Portage
Portail
Portant
Portatif
Porte
Portée
Porteur
Portier
Portière
Apport
Apportage
Apporter
Colportage
Colporter
Colporteur
Comporter
Déportation
Déporté
Déporter
Emporté
Emportement
Emporter
Exportateur
Exportation
Exporter
Importance
Important
Importateur
Importation
Importer
Importun
Importunément
Importuner
Importunité
Inopportun

Inopportunité
Insupportable
Opportun
Opportunément
Opportunité
Rapport
Rapportable
Rapporter
Rapporteur
Remporter
Réimportation
Réimporter
Report
Reporter
Support
Supportable
Supportablement
Supporter
Transport
Transportable
Transportation
Transporter

Privé (privus-a-um)
Privatif
Privation
Privativement
Privauté
Priver
Privilége
Privilégié·
Apprivoiser

Presser (pressare fait de première pressum)
Pressant
Presse
Pressé
Pressier
Pression

Pressirostres
Pressis
Pressoir
Pressurage
Pressurer
Pressureur
Compresse
Compressibilité
Compressible
Compressif
Compression
Comprimé
Comprimer
Dépresser
Dépression
Déprimé
Déprimer
Exprès
Expres-se
Expressément
Expressif
Expression
Exprimable
Exprimer
Impresses
Impressif
Impression
Impressionnable
Impressionné
Imprimable
Imprimé
Imprimer
Imprimerie
Imprimeur
Oppresser
Oppresseur
Oppressif
Oppression

Oppressivement
Opprimé
Opprimer
Réimpression
Réimprimer
Répressif
Répression
Réprimable
Réprimande
Réprimander
Réprimant
Réprimé
Suppressif
Suppression
Supprimer

Pudeur (pudor)
Pudibond
Pudicité
Pudique
Pudiquement
Impudemment
Impudence
Impudent
Impudeur
Impudicité
Impudique
Impudiquement

Pur (purus-a-um)
Purée
Purement
Pureté
Purgatif-ve
Purgation
Purgatoire
Purger
Purgerie
Purification
Purificatoire

Purifier
Puriforme
Purisme
Puriste
Puritain
Puritanisme
Dépuratif-ve
Dépuration
Dépuratoire
Dépurer
Expurgatoire
Impur
Impureté
Repurger
Rare (rarus-a-um)
Raréfactif-ve
Raréfaction
Raréfier
Rarement
Rarescence
Rarescibilité
Rarescible
Rareté
Rarifeuille
Rariflore
Rarissime
Rarité
Régir (regere-rectum)
Régence
Régent
Régenter
Régicide
Régie
Régime
Régiment
Région
Régisseur
Registre

Réglable
Réglage
Règle
Réglé
Réglement
Réglément
Réglementaire
Réglementé
Régler
Réglet
Réglette
Régleur
Régloir
Réglure
Régnant
Règne
Régner
Régnicole
Régularisation
Régularisé
Régularité
Régulateur
Régulier
Régulièrement
Régal
Régalade
Régalaut
Régale
Régalement
Régaler
Régaleur
Régalien
Régaliste
Recta
Rectangle
Rectangulaire
Recteur
Rectification

Rectifier
Rectiligne
Rectitude
Recto
Rectoral
Rectoral
Rectrices
Rectum
Roi
Royal
Royale
Royalement
Royaliste
Royaume
Royauté
Correct
Correctement
Correcteur
Correctif-ve
Correction
Correctionnel-le
Correctionnelle-
-ment
Corrigé
Corriger
Corrigible
Direct
Directement
Directeur-trice
Direction
Directoire
Directorat
Directorial
Dirigeant
Diriger
Erecteur
Erection
Eriger

Indirect
Indirectement
Irrégularité
Irrégulier
Irrégulièrement
Prorata
Rire (ridere-risum)
Ridicule
Ridiculement
Ridiculiser
Ridiculité
Rieur
Rioter
Rioteur
Rire — subs.
Ris — subs.
Risée
Risibilité
Risible
Dérision
Dérisoire
Sourire — subs.
Sourire — verbe.
Souris
Sobriquet
Roue (rota)
Rond
Rondache
Ronde
Rondeau
Rondelet-te
Rondelette
Rondelle
Rondemént
Rondeur
Rondin
Rondiner
Rondir

Rotacé
Rotateur
Rotation
Roté
Rotifère
Rot
Rotonde
Rotondité
Rotule
Rouage
Roué
Rouelle
Rouer
Rouerie
Rouet
Rouette
Roulade
Roulage
Roulant
Rouleau
Roulée
Roulement
Rouler
Roulet
Roulette
Rouleur
Rouleuse
Roulier
Roulis
Rouloir
Roulon
Route
Routier — subs.
Routier — adj.
Routine
Routiner
Routinier
Arrondir

Arrondissement
Déroulement
Dérouler
Déroute
Dérouter
Rompre (rumpere ruptum)
Rompement
Rompu
Rompure
Ruptile
Ruptoire
Rupture
Abrupt
Abrupte (ex ab.)
Corrompre
Corrupteur
Corruptibilité
Corruptible
Corruptif-ve
Corruption
Eruptif-ve
Eruption
Incorruptibilité
Incorruptible
Incorruption
Irruption
Sacré (sacer-cra-crum)
Sacramentaires
Sacerdoce
Sacerdotal
Sacramental
Sacramentalement
Sacre
Sacrement
Sacrer
Sacrifiable
Sacrificateur

Sacrificature
Sacrifice
Sacrifier
Sacrilége
Sacrilégement
Sacristain
Sacristie
Sacristine
Consacrant
Consacré
Consacrer
Consécrateur
Consécration
Exécrable
Exécrablement
Exécration
Exécrer
Resacrer

Sel (sal-salis)

Salade
Saladier
Salage
Salaire
Salaison
Salant
Salarié
Salarier
Salé — subs.
Salé — adj.
Saler
Saleron
Saleur
Salière
Salifiable
Salification
Salignon
Salin
Salinage

Saline
Salir
Salivation
Salive
Saliver
Saloir
Salorge
Salpêtre
Salpêtrer
Salpêtrier
Salpêtrière
Salpêtreuse
Salses
Salure
Sauce
Saucer
Saucière
Saucisse
Saucisson
Saumâtre
Saumon
Saumoneau
Saumoné
Saumure
Saunage
Sauner
Saunerie
Saunier
Saunière
Saupiquet
Saupoudrer
Dessaler
Resaucer

Salut (salus-salutis)

Saluade
Salubre
Salubrité
Saluer

Salutaire
Salutairement
Salutation
Salvage
Salve
Salvé
Sauf
Sauvement
Sauver
Sauvetage
Sauveteur
Sauveur
Sauge
Resaluer

Sang (sanguis-sanguinis)

Saignant
Saignée
Saignement
Saigner
Saigneur
Saigneux-se
Sang-froid
Sanglant
Sangsue
Sanguification
Sanguifier
Sanguin
Sanguinaire
Sanguine
Sanguinelle
Sanguinolent
Sanguisorbe
Consanguin
Consanguinité
Exsanguin

Saint (sanctus-a-um)

Sanctifiant
Sanctificateur

Sanctification
Sanctifier
Sanction
Sanctionner
Sanctuaire
Saintement
Sainteté

Sentir (sentire-sensum)
Sens
Sensation
Sensé
Sensément
Sensibilité
Sensible
Sensiblement
Sensiblerie
Sensitif-ve
Sensitive
Sensorium
Sensualisme
Sensualiste
Sensualité
Sensuel-le
Sensuellement
Sentence
Sentencier
Sentencieusement
Sentencieux-se
Senteur
Sentiment
Sentimental
Sentimentalement
Assentiment
Consentant
Consens
Consentement
Consentir
Dissension

Dissentiment
Insensé
Insensibilité
Insensible
Insensiblement
Pressentiment
Pressentir
Ressenti
Ressentiment
Ressentir

Rose (rosa)
Rosace
Rosacée
Rosaire
Rosat
Rosé
Roselé
Roser
Roseraie
Rosette
Rosetier
Rosier
Rosière

Serpent (serpens-serpentis)
Serpentaire
Serpentaire
Serpente
Serpenteau
Serpenter
Serpentin
Serpentin
Serpentine
Serpigineux-se
Serpentement
Serpenticole
Serpentifère
Serpentiforme

Serpentigène
Serpentigère
Serpentineux-se

Signe (signum)
Seing
Signal
Signalé
Signalement
Signaler
Signataire
Signature
Signer
Signet
Signifiant
Significatif
Signification
Signifier
Assignable
Assignat
Assignation
Assigné
Assigner
Consignataire
Consignation
Consigne
Consigner
Désignatif
Désignation
Désigner
Dessin
Dessinateur
Dessiner
Insigne
Insignes
Insignifiance
Insignifiant
Résignant
Résignataire

Résignation
Résigner
Soussigné
Soussigner
Solide (solidus-a-um)
Soldat
Soldatesque
Solde
Solder
Solidaire
Solidairement
Solidarité
Solidement
Solidification
Solidifier
Solidité
Soudage
Soude
Souder
Soudoir
Consolidant
Consolidation
Consolidé
Consolider
Seul (solus a-um)
Seulement
Seulet-te
Soliloque
Solipède
Solitaire
Solitairement
Solitude
Désolant
Désolateur
Désolation
Désoler
Son (sonus)
Sonate

Sonnaille
Sonnailler
Sonnailler
Sonnant
Sonné
Sonner
Sonnerie
Sonnet
Sonnette
Sonneur
Sonnettier
Sonomètre
Sonore
Sonorité
Assonance
Assonant
Consonnance
Consonnant
Consonne
Dissonnance
Dissonnant
Dissouner
Personnage
Personnaliser
Personnalité
Personnat
Personne —subs.
Personne — pro.
Personné
Personnées
Personnel —subs.
Personnel — adj.
Personnellement
Personnification
Personnifier
Résonnance
Résonnant
Résonnement
Résonner

Resonner
Splendeur (splendor)
Splendide
Splendidement
Resplendir
Resplendissant
Resplendissement
Stupeur (stupor)
Stupéfactif
Stupéfiant
Stupéfaction
Stupéfait
Stupéfier
Stupide
Stupidement
Stupidité
Table (tabula)
Tablature
Tableau
Tablée
Tabler
Tabletier
Tablette
Tabletterie
Tablier
Tabloin
Attabler
Etabli
Retable
Tard (tardus-a-um-tarde)
Tarder
Tardif-ve
Tardifère
Tardiflore
Tardigrade
Tardivement
Tardiveté

Tardipède
Attarder
Retard
Retardataire
Retardation
Retardatrice
Retardement
Retarder
Temps (tempus-tem-
pori)
Tempe
Tempérament
Tempérance
Tempérant
Température
Tempéré
Tempérer
Tempête
Tempêter
Tempêtueux
Temporaire
Temporairement
Temporal
Temporalité
Temporel-le
Temporellement
Temporisation
Temporisement
Temporiser
Temporiseur
Contemporain
Contemporanéité
Intempérance
Intempérant
Intempéré
Intempérie
Intempestif-ve
Intempestivement

Tendre (tendere-ten-
sum-tentum)
Tendance
Tendant
Tendelet
Tendeur
Tendineux
Tendoires
Tendon
Tendu
Tensif-ve
Tension
Tentacule
Tente
Tenture
Attendre
Attendu
Attente
Attentif-ve
Attention
Attentionné
Attentivement
Coutendant
Contentieusement
Contentieux-sub.
Contentieux-se
Contention
Détendage
Détendoir
Détendre
Détente
Distendre
Distension
Entendement
Entendeur
Entendre
Entente
Étendage

Étendard
Étendoir
Étendre
Étendu — adj.
Étendue — subs.
Extenseur
Extensibilité
Extensible
Extensif-ve
Extension
Intendance
Intendant
Intense
Intensif-ve
Intension
Intensité
Intensivement
Intenter
Intention
Intentionné
Intentionnel-le
Intentionnellement
Prétendant
Prétendre
Prétendu
Prétentieusement
Prétentieux
Prétention
Rétendeur
Rétendoir
Rétendre
Terme (terminus)
Terminaison
Terminal
Terminer
Déterminant
Déterminatif-ve

9

Détermination
Déterminé
Déterminément
Déterminer
Exterminateur
Extermination
Exterminer
Indétermination
Indéterminé
Indéterminément
Prédéterminant
Prédétermination
Prédéterminer

Terre (terra)

Terrage
Terrageau
Terrager
Terragnol
Terraille
Terrain,—Terrein
Terral
Terranéole
Terraqué
Terrasse
Terrassement
Terrasser
Terrasseur
Terrasseux-se
Terrassier
Terreau
Terreauter
Terror
Terrestre
Terreux-se
Terricole
Terrien
Terrier

Terrification
Terrigène
Terrine
Terrinée
Terrir
Territoire
Territorial
Terroir
Terrot
Terrure
Déterré
Déterrer
Déterreur
Enterrement
Enterrer
Méditerranée
Renterrer
Souterrain
Souterré

Un (unus-a-um)

Unanime
Unanimement
Unanimité
Uni
Unième
Unièmement
Uniflore
Uniforme
Uniformément
Uniformité
Unilabiée
Unilatéral
Uniloculaire
Uniment
Union
Unipétalée
Unique

Uniquement
Unir
Unisexée
Unisexuelle
Unisson
Unitaires
Unité
Unitif-ve
Univalve
Univers
Universalité
Universaux
Universel —subs.
Universel-le—adj.
Universellement
Universitaire
Université
Univocation
Univoque
Désunion
Désunir
Réunion
Réunir

User (uti usus)

Us
Usage
Usager
Usance
Usant
Usé
User
Usine
Usité
Ustensile
Usuel-le
Usuellement
Usufructuaire

Usufruit
Usufruitier
Usuraire
Usurairement
Usure
Usurier
Usurpateur-trice
Usurpation
Usurper
Outil
Outillé
Outiller
Utile
Utilement
Utiliser
Utilité
Abus
Abuser

Abuseur
Abusif-ve
Abusivement
Désabusement
Désabuser
Inusité
Inutile
Inutilement
Inutilité

Vain (vanus-a-um)

Vainement
Vanité
Vaniteux
Vanter
Vanterie
Evanouir

Evanouissement

Voie (via)

Viatique
Voierie
Voyage
Voyager
Voyageur
Voyer
Déviation
Dévier
Fourvoiement
Fourvoyer
Obvier
Triviaire
Trivial
Trivialement
Trivialité

NOMS

DES PRINCIPAUX PERSONNAGES DE L'HISTOIRE SAINTE,

avec la traduction française.

Noms.	Traduction française.
Aaron	Montagne ou montagneux.
Abdias	Serviteur du Seigneur.
Abel	Deuil.
Abimelech	Père Roi.
Abner	Flambeau du père.
Abraham	Père de la multitude.
Absalon	Père de la paix.
Achab	Frère du père.
Adam	Fait de terre. — Homme.
Aman	Qui met le trouble.
Aser	Bonheur — félicité.
Assuerus	Le premier et le chef.
Azarias	Aide du Seigneur.
Azor	Aide.
Babel	Confusion.
Balaam	Vieillesse du peuple.
Barac	Foudre — lumière.
Barnabé	Fils de la consolation.
Baruch	Bénit.
Bathuel	Descendance de Dieu.
Benjamin	Fils de ma droite.
Benoni	Fils de ma douleur.
Béthanie	Maison d'obéissance.
Béthel	Maison de Dieu.
Bethléem	Maison du pain.
Bethphage	Maison proche des vallées.
Bethsames	Maison du soleil.
Booz	Dans sa force.
Caïn	Possession — acquisition.

Noms.	Traduction française.
Capharnaüm	Champ de la pénitence.
Cham	Chaud — chaleur.
Chanaan	Négociateur.
Christus	Oint — sacré.
Dagon	Blé — froment.
Dalila	Pauvreté.
Dan	Qui juge.
Daniel	Jugement de Dieu.
Darius	Qui recherche.
Dathan	Rit — loi.
David	Aimé, chéri.
Debora	Abeille.
Diabolus	Calomniateur.
Doeg	Inquiet.
Edom	Roux.
Eleazar	Aide de Dieu.
Eliacim	Résurrection de Dieu.
Elie	Seigneur Dieu.
Eliezer	Aide de Dieu.
Elimelech	Mon Dieu, mon Roi.
Emmanuel	Dieu avec nous.
Emmaüs	Qui craint le conseil.
Enos	Homme courageux.
Ephraïm	Qui porte du fruit.
Esaü	Travailleur.
Esther	Cachée.
Ezéchias	Force du Seigneur.
Ezéchiel	Force de Dieu.
Galaad	Abjection.
Gabriel	L'homme de Dieu.
Gad	Heureux.
Galilœa	Changeant — inconstant.
Gédéon	Qui brise.
Golgotha	Calvaire.
Goliath	Transmigration.

Noms.	Traduction française.	
Heber	Passage.	
Hebrœus	Qui passe au-delà.	
Heli	Offrande.	
Hénoc	Dédié — consacré.	
Holopherne	Général courageux.	
Isaac	Ris.	
Isaïe	Salut du Seigneur.	
Isboseth	Homme de confusion.	
Iscariotes	Homme de massacre.	
Ismaël	Exaucé de Dieu.	
Israël	Fort contre Dieu.	
Issachar	Il est ma récompense.	
Jabel	Qui détruit.	
Jacob	Supplanteur.	
Japhet	Agrandi.	
Jechonias	Préparatif du Seigneur.	
Jérémie	Grandeur du Seigneur.	
Jéroboam	Qui combat le peuple.	
Jérusalem	Vision de la paix.	
Jésus	Sauveur.	
Jezraël	Semence de Dieu.	
Joab	Qui a son père.	
Joachaz	Intelligence du Seigneur.	
Joachim	Préparatif du Seigneur.	
Joas	Qui ne s'accorde pas.	
Job	Qui s'afflige — qui gémit.	
Jonas	Colombe.	
Joram	Elevé.	
Josaphat	Le Seigneur juge.	
Joseph	Accroissement.	
Josias	Feu du Seigneur.	
Josué	Sauveur.	
Judas	Eloge.	
Laban	Blanc — pur.	
Lamech	Pauvre — humilié.	

Noms.	Traduction française.
Lazare	Aide de Dieu.
Lévi	Lié — joint — uni.
Lot	Enveloppé.
Magdeleine	Magnifique.
Malachie	Mon messager.
Malaleel	Qui loue Dieu.
Manassès	Oublié.
Mardochée	Contrition.
Melchias	Le Seigneur roi.
Melchisedech	Roi de la justice.
Mathusalem	Qui demande sa mort.
Michel	Qui est comme Dieu.
Moab	De mon père.
Naaman	Beau.
Nabuchodonosor	Cri du jugement.
Nathan	Donné.
Nathanael	Présent de Dieu.
Noé	Repos.
Obed	Serviteur.
Osée	Sauveur.
Oza	Grandeur d'âme.
Osias	Force du Seigneur.
Pharaon	Qui disperse.
Rachel	Brebis.
Raguel	Pasteur de Dieu.
Rebecca	Nourrie — rassasiée.
Roboam	Qui étend.
Ruben	Qui voit son fils.
Ruth	Rassasiée.
Sabbat	Repos.
Sadoc	Juste.
Salmanasar	Paix liée.
Salomon	Pacifique.
Samson	Son soleil.
Samuel	Placé par Dieu.

Noms.	Traduction française.
Satan	Adversaire — ennemi.
Saül	Demandé.
Sedecias	Le juste du Seigneur.
Sem	Nom, réputation — renommée.
Seth	Placé.
Sisara	Qui voit une hirondelle.
Susanne	Lis — Rose.
Timothée	L'honneur de Dieu.
Tobie	Bon Seigneur.
Ur	Feu.
Urie	Feu du Seigneur.
Zabulon	Séjour — retraite.
Zacharie	Souvenir du Seigneur.
Zelpha	Qui parle doucement et bien.
Zorobabel	Eloigné de la confusion.

CRI

DE PLUSIEURS ANIMAUX.

L'*Aigle* trompette.
L'*Alouette* grisolle.
L'*Ane* brait.
L'*Ane sauvage* brame.
La *Belette* belotte.
Le *Bélier* blatère.
Le *Bœuf* beugle.
Le *Bouc* mouette.
La *Brebis* bêle.
La *Caille* carcaille, margote.
Le *Canard* nasille, canquette.
Le *Cerf* brame.
Le *Chat* miaule.
Le *Cheval* hennit.
Le *Chien* gronde, aboie, clatit.
Le *Chien (petit)* glapit.
La *Chouette* chuinte, huc.
La *Cigale* claquette, frissonne, chante.
La *Cigogne* craquette, glottore.
La *Colombe* gémit.
Le *Cochon* grogne, groine.
Le *Coq* chante, coqueline, coquerique.
Le *Coq-d'Inde* glougoutte.
Le *Corbeau* croasse, coraille.
La *Corneille* babille, graille.
Le *Coucou* coucoue, coucoube.
L'*Eléphant* barette, barit.
La *Fauvette* fredonne.
Le *Geai* cajole, froue.
La *Grenouille* coasse.
Le *Grillon* grésillonne.
La *Grive* froue.

La *Grue* gruine, craque.
Le *Lapin* clapit.
Le *Lion* rugit.
Le *Loriot* siffle.
Le *Loup* hurle.
Le *Merle* fringote.
La *Mouche* bourdonne.
L'*Oie* gratite.
Les *Oiseaux* gazouillent.
Les *Oiseaux de proie* glapent.
La *Panthère* caurit.
La *Perdrix* caccabe.
La *Pie* jacasse.
Le *Pigeon mâle* caracoule.
Le *Pigeon femelle* roucoule.
Le *Pinson* fringote.
La *Poule* caquette, glousse.
La *Poule-d'Inde* pêpie.
Le *Renard* glapit.
Le *Rossignol* chante.
La *Souris* guiore.
Le *Taureau* mugit.
La *Tourterelle* gémit.
La *Vache* beugle.

RECUEIL DE DICTÉES

ou

Morceaux extraits des meilleurs Auteurs.

1.

EXISTENCE DE DIEU.

La première et la plus importante de toutes les questions est celle-ci : Y a-t-il un Dieu, ou n'y en a-t-il pas ? Est-il, au dessus de toutes choses, un être raisonnable, duquel l'univers, sa nature et l'ordre qui y règne, tirent leur existence; ou devons-nous regarder toutes choses comme les effets d'un éternel néant, d'un aveugle hasard, ou comme les éternelles conséquences d'une nécessité éternellement morte ? Voilà, de toutes les idées que ma raison puisse former, celle qui a le plus d'importance et qui me touche de plus près. De quelque côté que je porte mes regards, soit que je considère le ciel qui est au-dessus de moi, soit que je considère les créatures qui m'environnent, soit que je ferme les yeux et que je m'absorbe dans mes propres réflexions, toujours cette pensée m'est présente dans toute son importance. La beauté que j'aperçois partout, l'harmonie qui règne au milieu de cette variété infinie, ravissent mon âme qui se perd dans cet abîme.

Je contemple le ciel. Quelle est cette puissance mystérieuse qui conserve, dans un ordre constant, ces mondes immenses et innombrables ? Quelle sagesse incompréhensible maintient immobiles dans leur assiette, et à une distance incommensurable, une partie de ces globes, tandis que par la loi la plus simple, elle en fait mouvoir d'autres autour des premiers, comme autour de leur centre commun, à des distances exactement proportionnées à la nature intime de chacun ? S'il n'y a pas de Dieu, pas d'être raisonnable et libre qui ait ordonné tout cela, tout est pour moi l'énigme la plus obscure, et la perfection et l'harmonie que je rencontre sur la terre deviennent à mes yeux tout aussi inexplicables. — (*Jérusalem.*)

2.

MÊME SUJET.

Je sens qu'il y a un Dieu, et je ne sens pas qu'il n'y en ait

point ; cela me suffit, tout le raisonnement du monde m'est inutile : je conclus que Dieu existe. Cette conclusion est dans ma
nature ; j'en ai reçu les principes trop aisément dans mon enfance, et je les ai conservés depuis trop naturellement dans un
âge plus avancé, pour les soupçonner de fausseté : mais il y a
des esprits qui se défont de ces principes. C'est une grande question, s'il s'en trouve de tels ; et, quand il serait ainsi, cela prouve
seulement qu'il y a des monstres.

L'athéisme n'est point. Les grands, qui en sont le plus soup-
çonnés, sont trop paresseux pour décider en leur esprit que
Dieu n'est pas ; leur indolence va jusqu'à les rendre froids et
indifférents sur cet article si capital, comme sur la nature de leur
âme et sur les conséquences d'une vraie religion ; ils ne nient
ces choses ni ne les accordent ; ils n'y pensent point.

Nous n'avons pas trop de toute notre santé, de toutes nos
forces, et de tout notre esprit, pour penser aux hommes ou au
plus petit intérêt ; il semble au contraire que la bienséance, et
la coutume exigent de nous que nous ne pensions à Dieu que dans
un état où il ne reste en nous qu'autant de raison qu'il faut pour
ne pas dire qu'il n'y en a plus. — (La Bruyère.)

3.

LA PROVIDENCE DANS L'ORDRE DE L'UNIVERS.

Levez les yeux vers le ciel : comme il s'étend au loin, avec
quelle vitesse il opère sa révolution, soit pendant le jour, lorsqu'il est éclairé par le soleil, soit pendant la nuit, lorsqu'il est
parsemé d'étoiles ! Cet équilibre si parfait et si merveilleux ne
nous démontre-t-il pas un suprême modérateur ? Voyez cet astre
dont la course fait les années, et cette planète changeante, qui
fait les mois par son croissant et son décours. Que dirai-je de
cette succession toujours constante de la lumière et des ténèbres,
qui marque à l'homme les heures du travail et celles du repos ?
Que dirai-je de cette vicissitude inaltérable des saisons, si nécessaire pour toutes les productions de la terre ? Le printemps avec
ses fleurs, l'été avec ses moissons, l'automne avec ses fruits,
l'hiver avec ses olives, ne nous annoncent-ils pas un père, auteur
de toutes choses ? Un pareil ordre ne serait-il pas aisément troublé, s'il ne reposait pas sur une sagesse suprême ? Avec quelle
prévoyance tout a été disposé ! Aux frimas de l'hiver succède la
douce température du printemps ; aux chaleurs de l'été, les fraî-
cheurs de l'automne ; de manière que nous passons insensible-

ment d'une saison à l'autre , et que nous sommes préservés du danger qui résulterait pour nos corps d'une transition trop subite. Jetez les yeux sur la mer ; une loi l'attache à son rivage ; voyez les arbres ; ils trouvent leur nourriture dans les entrailles de la terre. Considérez l'Océan ; il est soumis à la régularité du flux et du reflux : les fontaines, elles coulent d'une veine intarissable : les fleuves , leur cours n'est jamais interrompu... Mais plus que tout le reste , la perfection du corps humain proclame un Dieu pour auteur : cette stature droite, ce visage tourné vers le ciel , ces yeux placés dans la partie la plus élevée comme des sentinelles, et tous les sens enfin disposés comme dans une forteresse. — (*Minucius, Félix, Octave.*)

4.

AUTRE PREUVE DE L'EXISTENCE DE DIEU.

Qu'est-il besoin de nouvelles recherches et de spéculations pénibles pour connaître ce qu'est Dieu ? Nous n'avons qu'à lever les yeux en haut ; nous voyons l'immensité des cieux qui sont l'ouvrage de ses mains ; ces grands corps de lumière qui roulent si régulièrement et si majestueusement sur nos têtes, et auprès desquels la terre n'est qu'un atome imperceptible. Quelle magnificence ! Qui a dit au Soleil : « Sortez du néant et présidez au jour » ; et à la Lune : « Paraissez et soyez le flambeau de la nuit ? » Qui a donné l'être et le nom à cette multitude d'étoiles qui décorent avec tant de splendeur le firmament, et qui sont autant de soleils immenses, attachés chacun à une espèce de monde nouveau qu'ils éclairent ? Quel est l'ouvrier dont toute la puissance a pu opérer ces merveilles, où tout l'orgueil de la raison éblouie se perd et se confond ? Quel autre que le Souverain Créateur de l'univers pourrait les avoir opérées ? Seraient-elles sorties d'elles-mêmes du sein du hasard et du néant , et l'impie sera-t-il assez désespéré pour attribuer à ce qui n'est pas une toute-puisssance ce qu'il ose refuser à celui qui est essentiellement, et par qui tout a été fait ?

5.

DU SENTIMENT DE LA DIVINITÉ.

Ce fut le sentiment de la Divinité qui rassembla d'abord les hommes et qui devint la base de la religion et des lois qui dévaient cimenter leur réunion. Ce fut sur lui que s'appuya la vertu quand elle se proposa d'imiter la Divinité non-seulement par l'exercice des arts et des sciences, que les anciens Grecs appelaient, pour cet effet, de petites vertus; mais dans le résultat de l'intelligence et de la puissance divines, qui est la bienfaisance. Elle consista dans les efforts faits sur nous-mêmes pour le bien des hommes, dans l'intention de plaire à Dieu seul. Elle donna à l'homme le sentiment de son excellence en lui inspirant le mépris des biens terrestres et passagers; et le désir des choses célestes et immortelles. Ce fut cet attrait sublime qui fit du courage une vertu et qui fit marcher l'homme vers la mort parmi tant de soins de conserver la vie. Brave d'Assas! qu'espériez-vous sur la terre en versant votre sang la nuit, sans témoin, aux champs de Klosterkam pour le salut de l'armée française? — (*Bernardin de Saint-Pierre.*)

6.

SUITE.

Le sentiment de la Divinité élève l'homme, qui, par sa faiblesse naturelle, devrait toujours ramper sur la terre dont il est formé; il balance en lui le sentiment de sa misère qui l'attache aux plaisirs de l'habitude, et il exalte son âme en lui donnant sans cesse le désir de la nouveauté. Il est l'harmonie de la vie humaine et la source de tout ce que nous y trouvons de délicieux et de ravissant. C'est de lui que se couvrent les illusions de l'amour, qui croit toujours voir un objet divin dans un objet aimé; c'est lui qui présente à l'homme l'ambition des perspectives sans fin. L'athée même, avec sa sagesse négative, est entraîné par cette impulsion; en vain il se démontre le néant et la révolution de toutes choses; son cœur combat sa raison; il se flatte intérieurement que son livre lui attirera un jour les hommages de la postérité. Vaine espérance! Les écrivains auxquels on revient toujours ne sont pas les plus spirituels ni les plus savants, mais ceux qui parlent au cœur et rendent l'action de la Providence toujours présente.

Avec le sentiment de la Divinité, tout est grand, tout est noble, beau, invincible dans la vie étroite; sans lui, tout est faible, déplaisant, et amer, même au sein des grandeurs..... L'homme a beau s'environner des biens de la fortune; dès que ce sentiment disparaît de son cœur, l'ennui s'en empare. Si son absence se prolonge, il tombe dans la tristesse, ensuite dans,

une noire mélancolie, et enfin dans le désespoir. Si cet état
d'anxiété est constant, il se donne la mort. La vie humaine,
avec ses pompes et ses délices, cesse de lui paraître une vie
quand ell e cesse de lui paraître immortelle et divine. (*Idem.*)

7.

SUITE.

Quel que soit le désordre de nos sociétés, le sentiment de la
Divinité, instinct céleste, se plaît toujours avec les enfants des
hommes. Il inspire les hommes de génie en se montrant à eux
sous les attributs éternels. Il présente au géomètre les progres-
sions ineffables de l'infini, au musicien des harmonies ravissantes, à l'historien les ombres immortelles des hommes vertueux. Il élève un Parnasse au poète et un Olympe aux héros.
Il luit sur les jours infortunés du peuple. Il erre sur les vastes
mers, et rappelle des doux climats de l'Inde le matelot euro-
péen aux rivages orageux de l'Occident. Il donne des regrets à
ceux qui n'ont rien à perdre, et une patrie à des malheureux.
Il couvre nos berceaux des charmes de l'innocence, et les tombeaux de nos pères des espérances de la vertu. Il se repose au
milieu des villes tumultueuses sur les temples de la religion.
Souvent il fixe dans des déserts et attire sur des rochers les respects de l'univers. C'est ainsi qu'il vous a couvertes de majesté,
ruines de la Grèce et de Rome; et vous aussi, mystérieuses
pyramides d'Égypte! C'est lui que nous cherchons sans cesse
au milieu de nos occupations inquiètes; mais dès qu'il se
montre à nous dans quelque acte inopiné de vertu, ou dans
quelqu'un de ces événements qu'on appelle des coups du ciel,
ou dans quelques-unes de ces émotions sublimes indéfinissables
qu'on appelle par excellence des traits de sentiment, son premier effet est de produire en nous un mouvement de joie très-
vif, et le second de nous faire verser des larmes. Notre âme,
frappée de cette lueur divine, se réjouit à la fois d'entrevoir la
céleste patrie et s'afflige d'en être exilée. (*Idem.*)

8.

LE DIEU DES CHRÉTIENS.

Ce que nous adorons est un Dieu unique qui, par sa parole,
par sa sagesse et par sa toute-puissance, a tiré du néant tout cet

univers avec tout le cortége des éléments, des corps et des esprits pour l'ornement de sa divine majesté. De là vient que les
Grecs ont donné au monde le nom de Cosmos ou d'ornement.
Dieu est invisible, quoiqu'il se montre partout; impalpable,
quoique sa grâce nous retrace son image; incompréhensible,
quoique l'intelligence humaine le connaisse. C'est ce qui prouve
à la fois son existence et sa grandeur; car ce qu'on peut voir,
ce qu'on peut toucher à la manière ordinaire, est moindre que
les yeux qui voient, que les mains qui touchent, que l'intelligence qui comprend. Mais ce qui est immense, ne peut être
parfaitement connu que de soi-même. Rien ne donne une idée
de Dieu plus magnifique que l'impossibilité de l'apprécier à sa
juste valeur. Son infinie perfection le découvre et le dérobe tout
à la fois aux hommes. Voilà pourquoi ils sont inexcusables de
ne pas reconnaître celui qu'ils ne sauraient ignorer. — (*Tertul-
lien.*)

9.

DIEU DANS L'ORAGE.

Dieu terrible! qui peut subsister devant toi et ton tonnerre?
Le Seigneur est grand! insensé qui le braverait! Il fait un
signe…. et nous disparaissons. — Il a dressé sa tente dans la
nuit obscure; les peuples tremblent déjà; la destruction, aux
ailes rapides, veille auprès de son trône formidable. — Des
sombres hauteurs, sa main embrasée lance l'éclair; et comme
une mer de feu, la foudre se répand dans la campagne. — La
fureur du tonnerre ébranle la terre jusque dans ses solides fondements; tout ce qui vit à sa surface ou dans ses profondeurs
est rempli d'épouvante. — La nature tremblante reconnaît le
bras du Seigneur; les flammes couvrent au loin le ciel et la
terre. — Qui me protégera, moi, pauvre mortel, moi qui ne suis
que poussière, si celui qui habite les cieux, et qui moissonne
les mondes comme les feuilles desséchées, n'a pas pitié de moi
dans sa miséricorde? — Notre Dieu est plein de bonté, même
lorsqu'il semble en fureur; il aime tendrement les hommes; sa
patience et sa douceur épargnent leur faiblesse. (*Traduit d'Us.*)

10.

DIEU VOIT ET GOUVERNE TOUTES CHOSES.

Le monde est gouverné par la providence de Dieu; et c'est

lui qui conduit les événements humains , non-seulement en général, mais encore en particulier. Tous les hommes doivent être convaincus que Dieu est le maître et l'arbitre de toutes choses, et que tout ce qui se passe ici-bas , ne se fait que par sa puissance et sa volonté ; qu'il pénètre dans l'âme de chacun d'eux, et qu'il fait distinction des bons d'avec les méchants. Si, imbus de ces sentiments, nous les avions toujours à l'esprit, la crainte de la vengeance divine en détournerait beaucoup du crime. — Que celui-là ne s'imagine pas gagner quelque chose ; qui n'a aucun témoin de son crime : car celui en présence de qui nous vivons, sait tout. Rien n'échappe à Dieu ; c'est à lui que nous devons compte de toutes nos actions.

Il faut nous comporter comme si nous vivions sous les yeux de tout le monde. Nous devons penser comme si quelqu'un pouvait descendre au fond de notre âme : et en effet, quelqu'un le peut ; car que nous sert-il de dissimuler avec les hommes ? Rien n'est caché à Dieu ; toujours présent à nos esprits, il assiste à toutes nos pensées , ou , pour mieux dire, il ne s'en écarte jamais.

11.

L'HOMME EST LE PRINCIPAL OUVRAGE DE DIEU.

Cet animal doué de prévoyance, de sagacité, de mémoire et de réflexion , que nous appelons homme , a été créé par l'Être suprême dans un état supérieur à celui des autres créatures : en effet, seul parmi tous les autres animaux, il a reçu en partage la raison et la pensée, dont tous sont dépourvus. Or, qu'y a-t-il de plus parfait que la raison , qu'on nomme si justement sagesse , lorsqu'elle est arrivée à un certain point de maturité et de perfection.

La raison que l'homme a reçue de Dieu en naissant, lui donne quelque ressemblance avec son créateur , et lui fait contracter avec la Divinité, une espèce d'alliance, de société. C'est pourquoi la nature, je veux dire Dieu, a donné libéralement aux hommes pour leur usage une si prodigieuse quantité de choses, que tout ce que la terre produit, bien loin d'être l'ouvrage du hasard , paraît avec raison nous avoir été donné à dessein. Nous devons encore la découverte d'une infinité d'arts aux leçons de la nature , dont la raison , imitant les procédés , a procuré à l'homme l'acquisition de plusieurs choses, ou nécessaires, ou commodes à la vie.

12.

NATURE DE L'HOMME.

C'est avec raison qu'on assignera la première place à l'homme, pour qui la nature semble avoir produit tous les animaux ; mais elle vend bien cher les grands présents qu'elle lui fait. Peut-être même est-elle moins mère que marâtre. D'abord, c'est le seul des animaux qu'elle habille de vêtements étrangers : elle donne aux autres, de quoi les couvrir chacun selon son espèce ; les coquilles, le cuir, les piquants, le poil, la soie, le crin, le duvet, la plume ; l'écaille et la laine. Elle a muni les arbres mêmes, contre le froid et le chaud ; en es enveloppant d'une écorce quelquefois double. L'homme est le seul qu'au jour de sa naissance, elle jette nu sur la terre nue, livré dès cet instant aux pleurs et aux cris. De tant d'êtres vivants, nul autre n'est destiné à répandre plus de larmes, et ces larmes commencent avec sa vie ; mais le rire, grands dieux ! alors même qu'il devance le temps, le rire n'éclôt jamais sur ses lèvres avant le quarantième jour. A ce triste essai de la lumière, succèdent des liens qui enchaînent tous ses membres ; et il pleure, cet être qui doit un jour donner des lois au reste des animaux. Il commence sa vie par un supplice, et tout son crime est d'être né. Hélas ! quelle démence ! après de tels commencements, de se croire le droit d'être orgueilleux ! (*Pline le Naturaliste*).

13.

TOUTES LES VERTUS NOUS VIENNENT DE DIEU.

La vertu ne nous vient pas de la nature ; elle n'est point le fruit de la science ; mais elle est un don de la Divinité. La nature ne donne point la vertu ; nous naissons pour elle, mais sans elle. — Il n'est point d'homme vertueux sans Dieu. L'homme peut-il s'élever au-dessus de sa condition, si Dieu ne lui prête son secours ? C'est lui qui inspire les desseins nobles et hardis ; c'est lui qui fait sa demeure au-dedans de chaque homme de bien. Lorsque vous voyez un homme intrépide dans les dangers, insensible aux passions, heureux au milieu de l'adversité, paisible dans les tempêtes, regardant avec dédain tous les biens d'ici-bas, comme s'il était élevé à un degré supérieur à l'humanité ; n'êtes-vous pas pénétré d'admiration, et comme forcé de vous écrier : « Une vertu plus grande et plus excellente que ce petit corps où elle est, l'anime ; l'esprit divin est descendu dans ce mortel. »

—. Si vous voyez un homme dont l'âme pure et élevée se rit de tout ce qui fait l'objet de la crainte ou des désirs de ses semblables : n'en doutez pas, c'est une puissance céleste qui le fait agir et le gouverne. Un homme aussi grand né peut exister et se soutenir sans le secours de la Divinité.

14.
LA VERTU EST LE BIEN PROPRE ET UNIQUE DE L'HOMME.

Le cheval est né pour la course, le bœuf pour labourer, le chien pour suivre à la piste ; l'homme a été mis au monde pour deux choses, savoir : pour penser, et pour agir conformément à la nature, c'est-à-dire, à la raison. C'est en cela que consiste l'honnête, qui est sur la terre le seul bien qui convienne à l'homme. Car il n'importe pas, pour le bonheur de l'homme, qu'il laboure des champs vastes, qu'il ait un grand nombre de clients, ou qu'il repose sur un lit précieux ; mais qu'il soit homme de bien. Or il sera honnête homme, si la raison chez lui est subordonnée aux lois de la nature, et se règle sur sa perfection : c'est ce qui s'appelle vertu et honnêteté. — L'honnêteté se réduit ordinairement à quatre chefs, qui sont : la Prudence, la Justice, la Force et la Tempérance. Mais de chacune de ces vertus découlent plusieurs sortes de devoirs ; et l'on n'est honnête ou malhonnête homme, qu'à proportion qu'on les observe ou qu'on les néglige.

15.
LA PRIÈRE.

La prière est un élan spontané du cœur vers Dieu, pour rendre hommage à sa toute-puissance, lui demander ce dont nous avons besoin, et le remercier des grâces qu'il nous a accordées. Ce sentiment n'est donc pas hors de la portée de l'enfant ; il le comprend, il l'exprime ; et son cœur se forme ainsi à l'amour et à la reconnaissance. Sa langue s'est déliée et la parole lui est venue : enseignez-lui d'abord ces prières où il reconnaît toute la plénitude de la bonté divine, et qui lui apprennent à aimer ses parents et son prochain, à ne désirer que les choses que Dieu lui-même lui a indiquées comme les plus nécessaires ; faire le bien et pardonner le mal ; où, en invoquant l'intercession de la mère du Christ, il s'habitue à révérer la sienne. Plus tard, quand sa raison et son jugement se seront développés, viendra le symbole de la foi ; et enfin, quand quelques fautes légères, auxquelles son étourderie primitive s'est laissée aller, altèrent son innocence , c'est alors que se présentent la confession mentale de ces fautes et l'expression du regret et du repentir qu'elles lui ont inspirés. Quelle que soit la nature de vos classes , vous les commencerez toutes par une invocation à Dieu, à qui vous demanderez pour vos élèves l'esprit d'attention et de docilité. Quelque brillantes , en effet , que soient leurs dispositions , elles ne peuvent rien sans l'assistance divine ; et le peu de fruit et de succès que certains enfants ont retiré, même de longues études , remonte trop souvent à l'oubli de ce premier devoir. — (Salmon.)

16.

PRIÈRE A DIEU.

Dieu tout-puissant, toi qui ne m'es connu que par le culte de l'âme , toi qui, ignoré des méchants , te révèles toujours aux bons, toi qui n'as ni commencement ni fin, toi qui étais avant et qui seras après tous les temps, toi dont l'esprit humain ne peut comprendre, ni la langue exprimer la nature , toi qui, créateur de toutes choses, as créé aussi la matière d'où tu les as tirées ! donne-moi, père des hommes, donne-moi un cœur invincible à toutes les séductions du crime, et repousse loin de moi le funeste poison du démon tentateur. Daigne, père des hommes, daigne accomplir ma prière et mes vœux : fais que je ne craigne, que je ne désire rien ; que je regarde comme suffisant ce qui me suffit en effet ; que jamais rien de honteux ne me force à rougir de moi-même; que je ne fasse jamais à personne ce que je ne voudrais pas qu'on me fît ; que je ne me souille jamais d'un crime réel, et que le soupçon ne vienne jamais me flétrir ; car il y a peu de distance entre le vrai coupable et celui qu'on soupçonne de l'être ; que je n'aie jamais le pouvoir de mal faire, mais celui d'observer en sécurité le bon et le juste ; que ma vie soit obscur et mon extérieur simple ; que je sois cher à mes amis ; que je vive toujours en paix, et quand la dernière heure viendra d'un pas imprévu marquer la fin de ma vie, que, fort d'une bonne conscience, je ne redoute ni ne souhaite la mort.

17.

NÉCESSITÉ DE LA RELIGION.

La religion est nécessaire à l'homme ; le monde extérieur frappe ses regards, et ses regards enchantés lui demandent qui l'a fait et ce qu'il signifie ; il se replie sur lui-même, et, après avoir étudié sa nature, il se demande à son tour ce qu'il est et où il va ; alors la religion se lève et lui montre, au-delà de tous ces mondes qu'il aperçoit, la main de celui qui les a créés ; elle pénètre avec lui dans des mystères dont la profondeur l'avait d'abord effrayé ; elle lui fait entendre le mot d'un problème qui le poursuit partout, et qu'il fuirait jusqu'aux limites de la vie sans pouvoir l'éviter.

Il ne saurait, en effet, lever les yeux au ciel qu'il ne le voie gravé sur le front des étoiles, envisager son semblable qu'il ne le lise sur sa face, faire un pas dans la vie qu'il ne l'y rencontre, soulever un brin d'herbe qu'il ne le sente peser dans sa main, heurter un grain de sable que son pied ne le remue et que sa raison ne le retrouve dans chacune des atomes qui le composent. Partout donc, et dans toutes les circonstances, il a besoin de Dieu pour lui expliquer comment il existe, comment il sent, comment il raisonne ; pour lui dire ce qui est bien et ce qui est mal, pour lui montrer où la vertu méconnue trouvera sa récompense, où le crime ignoré recevra son châtiment. L'homme d'ailleurs ne peut à son gré prendre le plaisir ou la peine, l'un ou l'autre lui vient sans qu'il l'ait choisi ; il vaudrait mieux pour lui qu'il n'existât pas, si, quand il possède le premier, rien ne calmait en lui la crainte de le perdre ; si, lorsqu'il l'a perdu, rien ne pouvait l'en consoler. — (*Salmon.*)

18.

SUITE.

La religion est indispensable à l'homme ; c'est le premier, c'est le plus grand, c'est aussi le dernier de ses besoins. Par elle, il comprend le monde et se comprend lui-même ; elle lui révèle sa destinée, elle lui montre le but où il doit tendre, elle lui enseigne la voie par laquelle il doit y parvenir, elle seconde les penchants qui l'y mènent, elle refrène les passions qui l'en écartent, elle l'aide à surmonter les obstacles qu'il trouve sur sa route, elle le soutient dans les épreuves qui lasseraient sa constance ; enfin elle le conduit dans cette vie et elle lui ouvre les portes de l'autre. Il faut donc qu'elle l'accompagne dès le premier pas qu'il fait pour y arriver ; il n'est pas d'âge où il puisse l'ignorer, il n'est pas un instant dans la vie où elle ne doive lui répondre, si sa raison la cherche, si son cœur la désire, si le cri de l'enfant qui naît, le gémissement du vieillard qui s'éteint, l'appellent et la réclament. Elle nous accueille au berceau, bénit notre enfance, veille sur tous nos jours , et quand nous ne sommes plus, elle prie sur notre tombe. Pour accomplir cette tâche, pour assurer son empire, elle doit entrer dans le cœur de l'homme avec les premières affections ; elle doit croître et se développer avec lui , passer par toutes ses phases , se revêtir de toutes ses formes , se mêler à toutes ses pensées, empreindre toutes ses opinions, se confondre avec toutes ses habitudes , non pour les transformer en sèches et assujettissantes pratiques, mais pour leur prêter de la douceur et du calme, et pour le préserver de ces langueurs pénibles , de ces décourageantes amertumes qui traînent à leur suite, le scepticisme et l'indifférence. (*Id.*)

19.

SUITE.

Que la religion entoure, dès le premier moment , l'âme de l'homme comme l'air qu'il respire, l'enveloppe lui-même ; que sa raison l'habitue graduellement à sa lumière, comme ses yeux à celle du soleil , à laquelle ils ne s'ouvrent que peu à peu. Si Dieu se révélait à elle tout à coup, ne serait-il pas à craindre que cette pensée n'éclatât sur elle comme la foudre , et ne l'a néantît au lieu de l'éclairer ?

Le sentiment religieux est de tous les âges ; l'enfance même doit l'éprouver ; c'est un germe précieux que Dieu a déposé en nous-mêmes, il appartient à l'éducation de le faire mûrir pour que nous en recueillions les fruits ; semence immortelle qui se dessèche quand on la néglige , mais qui est toujours prête à revivre quand on la cultive ; rien ne peut l'étouffer dans notre cœur ; où l'action puissante de l'enseignement et du culte va le chercher pour le féconder. Il y subsiste en tout temps ; la raison l'y trouve lorsqu'elle s'éveille , lorsqu'elle s'égare et qu'elle y revient , elle l'y retrouve encore ; il doit , en nous , faire le fond de la conscience, s'identifier avec elle, et la religion qui en est la forme, devenir, pour ainsi dire, sa familière. A Dieu , l'homme doit rattacher tout ce qu'il fait, tout ce qu'il dit; le bien et le mal, le plaisir et la peine; il faut, en un mot, qu'il voie constamment l'œil de la Providence ouvert sur sa conduite, et son bras tendu vers lui, pour châtier ses fautes ou applaudir à ses vertus. — (*Idem.*)

20.

L'AME HUMAINE GRANDIT PAR LA CONTEMPLATION DES CHOSES DIVINES.

Tout le mouvement que se donnent les hommes n'est autre chose que l'agitation d'une fourmilière qui travaille dans un étroit espace. Et, en effet, quelle différence y a-t-il entre les fourmis et nous, qu'un degré de plus dans la petitesse? Ce n'est pour ainsi dire qu'un point que ce monde où vous naviguez, où vous faites la guerre, où vous organisez des royaumes, royaumes bien petits encore, alors même qu'ils n'ont pour limites que l'un et l'autre océan. Mais au-dessus de nous s'étendent d'immenses espaces que l'âme est admise à posséder. C'est vers ces régions que, se dégageant de la matière, se dépouillant de toute souillure, et se contentant d'un mince bagage, elle peut, libre et légère, s'élancer sans obstacle. Y est-elle parvenue, elle s'en nourrit, elle s'en accroît, et, comme délivrée de ses liens, elle retourne à son origine. La preuve que cette origine est divine, c'est que l'âme se complait aux choses célestes, et s'y complait, non comme à un bien étranger, mais comme à un bien qui lui est propre. Là, elle considère en paix le lever et le coucher des astres, et leur harmonieux accord au milieu de routes si diverses, et le point où chaque étoile commence à briller, et l'apogée de sa course avec sa direction et son terme. Curieuse spectatrice, elle s'enquiert de toutes ces choses. Et pourquoi ne le ferait-elle pas? elle sait que le divin est de son ressort, et alors elle dédaigne les limites étroites de sa précédente demeure.

21.

DE LA RAPIDITÉ DE LA VIE.

La vie humaine est semblable à un chemin dont l'issue est un précipice affreux. On nous en avertit dès le premier pas; mais la loi est portée, il faut avancer toujours. Je voudrais retourner

en arrière. Marche ! marche ! Un poids invincible, une force
irrésistible nous entraînent ; il faut sans cesse avancer vers le
précipice. Mille traverses, mille peines nous fatiguent et nous
inquiètent dans la route. Encore si je pouvais éviter ce précipice
affreux ! Non, non, il faut marcher, il faut courir : telle est la
rapidité des années. On se console pourtant, parce que, de
temps en temps, on rencontre des objets qui nous divertissent,
des eaux courantes, des fleurs qui passent. On voudrait s'arrêter.
Marche ! marche ! Et cependant on voit tomber derrière soi
tout ce qu'on avait passé : fracas effroyable ! inévitable ruine !
On se console parce qu'on emporte quelques fleurs cueillies en
passant, qu'on voit se faner entre ses mains du matin au soir, et
quelques fruits qu'on perd en les goûtant : enchantement ! illusion ! Toujours entraîné, tu approches du gouffre affreux : déjà
tout commence à s'effacer, les jardins moins fleuris, les fleurs
moins brillantes, leurs couleurs moins vives, les prairies moins
riantes, les eaux moins claires : tout se ternit ; tout s'efface.
L'ombre de la mort se présente, on commence à sentir l'approche du gouffre fatal. Mais il faut aller sur le bord. Encore un
pas : déjà l'horreur trouble les sens ; la tête tourne, les yeux
s'égarent. Il faut marcher ; on voudrait retourner en arrière :
plus de moyens ; tout est tombé, tout est évanoui, tout est
échappé. — (Bossuet.)

22.

LE COURS DES CHOSES.

Dis, que sont devenues les violettes qui brillaient d'un si doux
éclat, et formaient une couronne à la reine des fleurs ? Hélas !
jeune homme, le printemps s'enfuit : ces violettes sont flétries.

Dis, que sont devenues les roses que nous cueillions en chantant, lorsque bergers et bergères paraient leurs seins et leurs
chapeaux ? Hélas ! jeune fille, l'été fuit : ces roses sont flétries.

Conduis-moi vers le ruisseau qui abreuvait les violettes de
ses fraîches ondes et descendait dans la vallée avec un doux
murmure ! L'air et le soleil étaient brûlants : le petit ruisseau
n'est plus.

Mène-moi donc à ce berceau de verdure entouré de rosiers,
où un amour fidèle réunissait le berger et la bergère ! L'aquilon
s'est déchaîné, la grêle est tombée avec furie : le berceau de
verdure a disparu.

Dis, qu'est devenue la jeune fille qui, avec une charmante

pudeur, s'inclinait vers les violettes pour échapper à mon regard? Jeune homme, toute beauté s'enfuit : la jeune fille aussi est flétrie.

Dis, qu'est devenu le poète qui, dans les prairies diaprées, chantait et les violettes, et les roses, et les bergères, et le berceau de verdure, et le ruisseau? Jeune fille, notre vie s'enfuit : le poète aussi est flétri. — (*G. Jacobi.*)

23.

LES MALHEURS DE L'EXIL.

Il n'en est pas des exils que la nature prescrit comme de ceux commandés par les hommes. L'oiseau n'est banni un moment que pour son bonheur; il part avec ses voisins, avec son père et sa mère, avec ses frères et ses sœurs; il ne laisse rien après lui : il emporte tout son cœur. La solitude lui a préparé le vivre et le couvert; les bois ne sont point armés contre lui; il retourne enfin mourir aux bords qui l'ont vu naître; il y trouve le fleuve, l'arbre, le nid, le soleil paternels. Mais le mortel chassé de ses foyers y rentre-t-il jamais? Hélas! l'homme ne peut dire, en naissant, quel coin de l'univers gardera ses cendres, ni de quel côté le souffle de l'adversité les portera. Encore si on le laissait mourir tranquille. Mais aussitôt qu'il est malheureux, tout le persécute : l'injustice particulière dont il est l'objet, devient une injustice générale. Il ne trouve pas, ainsi que l'oiseau, l'hospitalité sur la route; il frappe, et l'on n'ouvre pas; il n'a, pour appuyer ses os fatigués, que la colonne du chemin public, ou la borne de quelque héritage. Souvent même on lui dispute ce lieu de repos qui, placé entre deux champs, semblait n'appartenir à personne; on le force à continuer sa route vers de nouveaux déserts. Le ban qui l'a mis hors de son pays, semble l'avoir mis hors du monde. Il meurt, et il n'a personne pour l'ensevelir. Son corps gît délaissé sur un grabat, d'où le juge est obligé de le faire enlever, non comme le corps d'un homme, mais comme une immondice dangereuse aux vivants. Ah! plus heureux lorsqu'il expire dans quelque fossé au bord d'une grande route, et que la charité du Samaritain jette en passant un peu de terre étrangère sur ce cadavre!

N'espérons donc que dans le ciel, et nous ne craindrons plus l'exil; il y a dans la religion toute une patrie. — (*Châteaubriand.*)

24.

NOUS VALONS MIEUX EN MALADIE QU'EN SANTÉ.

Ces jours derniers, la maladie d'un de mes amis me fit faire
cette réflexion, que nous sommes fort gens de bien tout le temps
que nous sommes malades ; car quel est le malade que l'avarice
ou l'ambition tourmente ? Il n'est plus enivré d'amour , entêté
d'honneurs ; il néglige les richesses, et le peu qu'il a , parce qu'il
est sur le point de le quitter , lui paraît toujours suffisant. Alors
il croit un Dieu , il se souvient qu'il est homme ; il n'envie , il
n'admire, il ne méprise personne. Les médisances ne lui font ni
impression ni plaisir ; il ne rêve que bains et sources. Tout ce
qu'il se propose , s'il peut en échapper , c'est de mener à l'avenir une vie douce et tranquille , une vie innocente et heureuse.
Je puis donc ici nous faire , en peu de mots , une leçon dont les
philosophes font des volumes entiers : persévérons à être tels, en
santé, que nous nous proposons de devenir quand nous sommes
malades. Adieu. — (*Pline le Jeune.*)

25.

BONHEUR DE LA VIEILLESSE.

Heureux qui passe sa vie dans ses propres champs, et qui voit
dans sa vieillesse la maison qu'il a vue dans son enfance ; qui,
s'appuyant sur un bâton dans les lieux mêmes où il a rampé, ne
compte sa longue existence que par celle d'une seule et même
cabane ! La fortune ne l'entraîne point dans le tumulte des hasards et il ne va pas , hôte changeant, boire des eaux étrangères.
Il n'a à craindre ni les mers comme marchand , ni le clairon
comme soldat ; il n'a point à soutenir les rauques combats du
forum. Ignorant ce qui se passe, et ne connaissant pas même la
ville voisine, il jouit en pleine liberté de l'aspect de son ciel. C'est
par la succession des produits naturels et non par les consuls
qu'il compte les années, l'automne par les fruits et le printemps
par les fleurs. C'est le même champ qui lui cache et qui lui rend
le soleil, et c'est a son univers que, dans sa simplicité rustique,
il mesure la durée de son jour. Il se souvient encore du faible
germe qui est devenu un chêne immense, et les bois qu'il a vus
naître, il les a vus vieillir avec lui. Et cependant, ses forces ré-
sistent aux coups de l'âge , et la troisième génération contemple
avec respect les muscles encore robustes de l'aïeul. Qu'un autre

aille errer au loin et visiter jusqu'aux extrémités de l'Ibérie : si l'un fait plus de chemin sur la terre, l'autre en fait plus dans la vie. — (*Claudien.*)

26.

LE PÊCHEUR MOURANT.

Le pêcheur mourant ne trouve dans le souvenir du passé que des regrets qui l'accablent ; dans tout ce qui se passe à ses yeux, que des images qui l'affligent ; dans la pensée de l'avenir, que des horreurs qui l'épouvantent. Ne sachant plus à qui avoir recours, ni aux créatures qui lui échappent, ni au monde qui s'évanouit, ni aux hommes qui ne sauraient le délivrer de la mort, ni au Dieu juste qu'il regarde comme un ennemi déclaré dont il ne doit plus attendre d'indulgence, il se roule dans ses propres horreurs, il se tourmente, il s'agite pour fuir la mort qui le saisit, ou du moins pour se fuir lui-même. Il sort de ses yeux mourants je ne sais quoi de sombre et de farouche qui exprime les fureurs de son âme ; il pousse du fond de sa tristesse des paroles entrecoupées de sanglots qu'on n'entend qu'à demi, et qu'on ne sait si c'est le désespoir ou le repentir qui les a formées. Il jette sur un Dieu crucifié des regards affreux, et qui laissent douter si c'est la crainte ou l'espérance, la haine ou l'amour qu'ils expriment. Il entre dans des saisissements où l'on ignore si c'est le corps qui se dissout, ou l'âme qui sent l'approche de son juge. Il soupire profondément, et l'on ne sait si c'est le souvenir de ses crimes qui lui arrache ces soupirs, où le désespoir de quitter la vie. Enfin, au milieu de ses tristes efforts, ses yeux se fixent, ses traits changent, son visage se défigure, sa bouche livide s'entr'ouvre d'elle-même, tout son esprit frémit, et, par ce dernier effort, son âme infortunée s'arrache comme à regret de ce corps de boue, tombe entre les mains de Dieu, et se trouve seule au pied du tribunal redoutable. — (*Massillon.*)

27.

LA MORT DU CHRÉTIEN.

La mort rencontra un jour un homme vertueux. « Je te salue, messagère de l'immortalité, je te salue !» C'est ainsi que l'homme vertueux parla à la mort. — « Comment, dit-elle, fils du péché, tu ne trembles pas devant moi ? — Non, celui qui n'a pas à

trembler devant lui-même, n'a pas non plus à trembler devant
toi. — Ne frissonnes-tu pas, à l'aspect des maladies qui me précèdent en gémissant , et de la sueur froide qui dégoutte . de mes
ailes ? — Non , répliqua l'homme vertueux. — Et pourquoi ne
frémis-tu pas ? — Parce que les maladies et la sueur froide m'annoncent ta présence. — Et qui es-tu donc , mortel, pour ne pas
me craindre ? — Je suis chrétien, répondit celui-ci en souriant. »
Soudain la mort le toucha de son souffle , et la mort et le mortel
avaient disparu. Un tombeau s'était ouvert sous leurs pieds , et
au fond, il y avait quelque chose. Je pleurais ; mais bientôt des
voix divines attirèrent mes regards vers les nuages , et dans ces
nuages, je vis le chrétien. Il souriait encore comme il avait souri
en présence de la mort, et il joignait les mains. Des esprits resplendissants allaient à sa rencontre avec des cris d'allégresse, et
le chrétien resplendissait comme eux. Alors mes regards se por-
tèrent vers la tombe, et je vis ce qui était au fond. — Ce n'était
que le vêtement usé du chrétien. — (*Lavater.*)

28.
LA PHILOSOPHIE ET LA RELIGION.

Je fais un effort, et je m'adresse à vous qui vous dites éclairé
par une nouvelle sagesse. Je suis accablé de la plus profonde
douleur : un père, une mère qui faisaient mon appui, qui me gui-
daient par leurs conseils, qui m'environnaient de leur tendresse;
ces parents tutélaires viennent de m'être enlevés. Un fils , une
fille, l'un et l'autre ma gloire et ma consolation , ont été mois-
sonnés près de moi ; une épouse , une compagne fidèle , dont
toutes les paroles , toutes les actions , tous les sentiments , tous
les regards alimentaient ma vie, vient d'expirer dans mes bras;
Il me reste un moment de force : je viens à vous , philosophe ;
que me direz-vous ?

« Cherche des distractions , porte ailleurs tes pensées; un
abîme sans fin te sépare à jamais des objets de ta tendresse ; et
ces souvenirs, ces regrets qui te pénètrent de douleur, ne sont
qu'une forme de végétation, un dernier jeu d'une matière orga-
nique. »

Ah! vous avez aimé et vous pouvez prononcer tranquillement
ces impitoyables paroles ! Eloignez de moi vos secours, je les redoute plus que mes peines.

Et toi, fille du ciel, aimable et douce Religion ! que me diras-tu?

« Espère , espère ! un Dieu t'a tout donné , et peut encore

tout le rendre. » Ah ! quelle différence entre ces deux langages!
que l'un nous avilit, que l'autre nous élève ! que l'un offense
avec dureté nos sentiments les plus chers, que l'autre s'allie avec
douceur à toutes ces idées dont nous avons composé notre bonheur !

29.

PREUVE DE L'IMMORTALITÉ DE L'AME.

Si l'homme n'a point d'autre bonheur à espérer qu'un bonheur
temporel, pourquoi ne le trouve-t-il nulle part sur la terre ? D'où
vient que les richesses l'inquiètent, que les honneurs le fatiguent,
que les plaisirs le lassent, que les sciences le confondent et
irritent sa curiosité, loin de la satisfaire, que la réputation le
gêne et l'embarrasse, que tout cela ensemble ne peut remplir
l'immensité de son cœur et lui laisse encore quelque chose à désirer?
Tous les autres êtres, contents de leur destinée, paraissent heureux à leur manière, dans la situation où l'auteur de la nature les
a placés. Les astres, tranquilles dans le firmament, ne quittent
pas leur séjour pour aller éclairer une autre terre ; la terre, réglée dans ses mouvements, ne s'élance pas en haut pour aller
prendre leur place ; les animaux rampent dans les campagnes,
sans envier la destinée de l'homme qui habite les villes et les palais somptueux ; les oiseaux se réjouissent dans les airs, sans
penser qu'il y a des créatures plus heureuses qu'eux sur la terre:
tout est heureux, pour ainsi dire, tout est à sa place dans la
nature ; l'homme seul est inquiet et mécontent ; l'homme seul
est en proie à ses désirs, se laisse déchirer par des craintes,
trouve son supplice dans ses espérances, devient triste et malheureux au milieu de ses plaisirs ; l'homme seul ne rencontre
rien ici-bas où son idée puisse se fixer.

D'où vient cela ? O homme ! ne serait-ce point parce que vous
êtes ici-bas déplacé, que vous êtes fait pour le ciel, que votre
cœur est plus grand que le monde, que toute la terre n'est pas
votre patrie, et que tout ce qui n'est pas Dieu n'est rien pour
vous ? — (*Massillon.*)

30.

DU REMORDS ET DE LA CONSCIENCE.

La conscience fournit une preuve de l'immortalité de notre
âme. Chaque homme a au milieu du cœur un tribunal où

il commence, par se juger soi-même, en attendant que l'arbitre souverain confirme la sentence. Si le vice n'est qu'une conséquence physique de notre organisation, d'où vient cette frayeur qui trouble les jours d'une félicité coupable? Pourquoi le remords est-il si terrible, qu'on préfère souvent de se soumettre à la pauvreté et à toute la rigueur de la vertu, plutôt que d'acquérir des biens illégitimes? Pourquoi y a-t-il une voix dans le sang, une parole dans la pierre? Le tigre déchire sa proie et dort; l'homme devient homicide et veille! Il cherche les lieux déserts, et cependant la solitude l'effraye; il se traîne autour des tombeaux, et cependant il a peur des tombeaux! Son regard est inquiet et mobile; il n'ose fixer le mur de la salle du festin, dans la crainte d'y voir des caractères funestes. Tous ses sens semblent devenir meilleurs pour le tourmenter: il voit au milieu de la nuit des lueurs menaçantes; il est toujours environné de l'odeur du carnage; il découvre le goût du poison jusque dans les mets qu'il a lui-même apprêtés; son oreille, d'une étrange subtilité, trouve le bruit où tout le monde trouve le silence; et, en embrassant son ami, il croit sentir sous ses vêtements un poignard caché. — *(Chateaubriand.)*

31

AUTRE PREUVE DE L'IMMORTALITÉ DE L'AME.

Une multitude d'hommes achèvent leur carrière sans s'être demandé où l'on va, une fois la fin du voyage arrivée. Cependant, tout nous indique qu'après cette demi-existence qui est la nôtre, il y a en nous quelque chose d'idéal et de subtil qui ne peut périr. Les uns et les autres travaillant, combattant, cherchant à nous faire place, nous ne nous agitons pas dans le vide. Notre destinée ne se conçoit pas terminée à la tombe. Voyez ces mondes resplendissants qu'un souffle de l'Être suprême a suffi à créer, et qui roulent perpétuellement suspendus au-dessus de nos têtes. Quelle que soit notre ignorance à leur égard, la régularité que la science s'est plu à reconnaître dans leurs mouvements, nous indique un Dieu infini. Il règne entre les mille et mille chefs-d'œuvre échappés de sa main puissante une harmonie qui n'a jamais pu être dépassée que par elle-même. Pas un insecte, pas un ciron qui n'ait sa fonction; la nôtre serait-elle donc d'être inutilement dévorés par notre intelligence? Non, ce Dieu par qui nous savons que tous les biens ont été créés; ce Dieu, après le peu de vraies joies que nous avons eues sur la terre, après les nobles espérances que nous avons cru pouvoir nourrir, après tous les efforts que la pratique de la vertu nous a coûtés , et toutes les douleurs que la vie matérielle nous a fait éprouver; non, ce Dieu ne saurait nous avoir condamnés au néant.

32.

PEU DE CHRÉTIENS ONT DROIT DE PRÉTENDRE AU SALUT A TITRE D'INNOCENCE.

...... Il n'est point de lien qu'un vil intérêt ne divise ; la bonne foi n'est plus que la vertu des simples ; les haines sont éternelles ; les réconciliations sont des feintes ; et jamais on ne regarde un ennemi comme un frère ; on se déchire, on se dévore les uns les autres. Les assemblées ne sont plus que des censures publiques ; la vertu la plus entière n'est plus à couvert de la contradiction des langues ; les jeux sont devenus ou des trafics , ou des fraudes, ou des fureurs ; les repas, ces liens innocents de la société, des excès dont on n'oserait parler ; les plaisirs publics , des écoles de lubricité : notre siècle voit des horreurs que nos pères ne connaissaient même pas. La ville est une Ninive pécheresse ; la cour est le centre de toutes les passions humaines ; et la vertu , autorisée par l'exemple du souverain , honorée de sa bienveillance, animée par ses bienfaits, y rend le crime plus circonspect, mais ne l'y rend pas peut-être plus rare. Tous les états, toutes les conditions ont corrompu leurs voies : les pauvres murmurent contre la main qui les frappe ; les riches oublient l'auteur de leur abondance ; les grands ne semblent nés que pour eux-mêmes, et la licence paraît le seul privilége de leur élévation ; le sol même de la terre s'est affadi ; les lampes de Jacob se sont éteintes ; les pierres du sanctuaire se traînent indignement dans la boue des places publiques , et le prêtre est devenu semblable au peuple. Tous les hommes se sont égarés. — (*Massillon.*)

33.

DE L'AMITIÉ.

L'amitié est une affection pure et désintéressée , capable de donner naissance à un dévouement quelquefois héroïque, quand elle repose sur des bases solides. C'est le sentiment le plus doux qu'il soit donné à l'homme d'éprouver après celui qui unit l'époux à son épouse, le père à ses enfants, le fils à son père , le

frère à sa sœur. L'amitié, c'est un échange de bons procédés
entre ceux qu'elle lie ; c'est l'oubli de soi pour les autres. L'a-
mitié rend faciles les sacrifices de temps, d'intérêt, d'amour
propre. L'amitié enfante nécessairement la réciprocité, si ceux
qui en sont l'objet, se montrent à la hauteur de cette puissante
vertu. L'amitié agit sur les cœurs ; elle fait facilement abstraction
des avantages de la fortune, de la position sociale, de la beauté
physique, des ornements de l'esprit et de la profondeur de l'intelligence ; elle s'appuie sur la religion qui inspire l'amour des
autres, sur la bonté qui rend tout facile, sur l'honnêteté qui
interprète favorablement les intentions, et sur la droiture qui
accepte volontiers les bonnes raisons données. En un mot, l'a-
mitié se sent, se constate, se traduit, mais ne se définit point.
— (*M. Gricourt.*)

34.

DE L'AMOUR MATERNEL.

L'amour maternel est un rayon de cette intelligence céleste
répandu dans tout l'univers et qui, depuis l'homme, va s'affaiblis-
sant jusqu'aux dernières limites de la création animée. Il suffit
qu'une mère voie sourire son enfant pour être convaincue de la
réalité d'une félicité suprême. La bonté de la Providence se
montre tout entière dans le berceau de l'homme. Quels accords
touchants ! ne seraient-ils que les effets d'une loi conservatrice
de tous les êtres ? L'enfant naît, la mamelle est pleine ; la bouche
du jeune convive n'est point armée, de peur de blesser la coupe
du banquet maternel ; il croît, le lait devient plus nourrissant ;
on le sèvre, la merveilleuse fontaine tarit : cette femme si faible
a tout-à-coup acquis des forces qui lui font surmonter des fatigues
que ne pourrait supporter l'homme le plus robuste. Qu'est-ce
qui la réveille au milieu de la nuit, au moment même où son fils
va demander le repas accoutumé ? d'où lui vient cette adresse
qu'elle n'a jamais eue ? comme elle touche cette tendre fleur sans
la briser ! Le moindre bruit épouvantait la vierge ; quels sont les
périls que ne brave pas une mère quand il s'agit de son fils ?

Amour maternel ! à ce nom, qui ne se sent profondément
ému ! tu réunis et tu surpasses en force, en puissance, en durée
toutes les autres affections du cœur humain. — (*Bernardin de
Saint-Pierre.*)

35.

DE L'AMITIÉ FRATERNELLE.

De toutes les harmonies morales, il n'y en a pas de plus suave, de plus consolante que l'amitié fraternelle. La nature a réuni autour d'elle les liens les plus forts : ce sont ceux de la parenté, de l'instruction, de l'exemple, de l'habitude et des souvenirs. Cet accord si touchant entre frères est presque toujours l'heureuse conséquence d'une bonne éducation. Les enfants qui ont été élevés avec sagesse et douceur aiment sincèrement leurs parents, et ils aiment aussi leurs frères puisque ceux-ci leur en rappellent la mémoire chérie. L'amour fraternel dépend donc beaucoup de l'amour filial, qui est lui-même le résultat infaillible de l'amour paternel et le fondement inébranlable des sociétés....

Jeunes frères, quelle que soit un jour la diversité de votre sort, n'oubliez jamais que la même mère vous a portés dans son sein, qu'elle vous a prodigué les mêmes soins, les mêmes caresses; que le même père a dirigé votre éducation, qu'il s'est applaudi à vos succès; que votre prospérité, votre bonheur a été l'objet constant de sa généreuse ambition; que l'un et l'autre vous ont confondus dans leur cœur comme un être collectif dans lequel ils espéraient se survivre.— (*Id.*)

36

DE L'AMOUR FILIAL.

Nos parents ont en quelque sorte participé à la puissance créatrice de Dieu pour nous donner la vie ; ils partagent aussi les soins affectueux de la Providence pour nous la conserver; n'ont-ils pas des droits à la reconnaissance que nous devons à cet Être suprême ? Puisque c'est par eux qu'il nous fait vivre, il veut sans doute que nous vivions en grande partie pour eux ; ils sont ses organes à notre égard; qu'ils soient donc pour nous ses représentants; combien à tous ces titres ne doivent-ils pas nous être chers !... Dans toutes les époques de la vie, l'enfant doit obéir avec soumission à ses parents, les aimer, les aider dans leurs travaux, les soigner dans leurs maladies; mais c'est surtout dans la vieillesse, dans cet âge de besoin et d'infirmités, que son amour doit porter le plus de fruits; car, à mesure qu'il grandit, il les verra vieillir, et tandis qu'à travers les brillantes fleurs de la jeunesse, il s'avance vers la virilité, les au-

teurs de ses jours s'avancent à pas rapides vers la décrépitude.
Quelles que soient cependant leurs infirmités , qu'à ses yeux du
moins, elles ne lui fassent rien perdre de leur dignité. N'est-ce pas
pour lui qu'ils ont vieilli ? ne sont-ce pas peut-être les soins
qu'ils ont pris de son enfance , leurs travaux continus pour satisfaire à son éducation , et les inquiétudes que leur ont causées
ses maladies, qui ont avancé leur âge, blanchi leurs cheveux, ridé
leurs fronts , courbé leurs têtes : leurs infirmités deviennent
donc de nouveaux titres à ses soins affectueux, à son respect , à
sa reconnaissance. — (Guffroy.)

37.

LE GRAND-PÈRE ET LE PETIT-FILS.

Il y avait autrefois un vieillard si décrépit qu'il pouvait à
peine marcher ; ses genoux tremblaient ; il n'entendait et il ne
voyait presque plus ; sa tête branlante retombait sur sa poitrine,
et il ne lui restait plus de dents depuis longtemps ; si bien que
lorsqu'il était à table, les forces lui manquant pour tenir sa cuil-
lère, une partie des aliments tombait sur la nappe , une autre
coulait le long de sa bouche. Son fils et sa belle-fille finirent par
se dégoûter de ce spectacle , et le vieux grand-père fut réduit à
se mettre derrière le poêle dans un coin de la maison ; et ils lui
présentèrent sa soupe dans une écuelle de terre, encore ne lui en
donnaient-ils pas toujours assez. Le pauvre vieillard portait d'un air
affligé ses yeux sur la table où étaient assis ses enfants, et de grosses
larmes coulaient le long de ses joues ridées. — Or , il arriva un
jour que ses mains tremblantes ne purent soutenir l'écuelle, elle
tomba et se cassa. La jeune femme le gronda durement ; il ne
répondit rien, et se contenta de gémir. Alors ils lui achetèrent,
pour quelques sous, une petite jatte de bois, dans laquelle il fut
obligé de manger. Pendant ce temps, son petit-fils âgé de quatre
ans, assis au coin du feu, s'amusait à ajuster ensemble quelques
petites planchettes. « Que fais-tu là ? lui demanda son père. —
Dame, répliqua l'enfant, je fais une petite auge ; papa et maman
mangeront dedans quand je serai grand et qu'ils seront devenus
vieux. » — Alors le mari et la femme se regardèrent pendant
quelque temps, puis ils se mirent à pleurer. A partir de ce jour,
ils admirent de nouveau le vieux grand-père à leur table , et
quand celui-ci répandait un peu de soupe sur la nappe, sa belle-
fille l'essuyait patiemment sans jamais lui rien dire.

38.

APOLOGUE D'UN PAYSAN CAUCHOIS.

Les enfants d'un brave paysan d'Ivetot le sollicitaient vivement de leur abandonner tout son bien, lui promettant de le nourrir avec soin et de l'entretenir convenablement pour le reste de ses jours : cet homme ajourna sa réponse à deux mois de là, et il engagea ses enfants à bien examiner ce qu'il allait faire. Il prit alors un nid de moineaux, et il enferma les petits dans une cage exposée en dehors de la fenêtre, puis il fit observer à ses enfants que le père et la mère venaient très-exactement leur apporter de la nourriture à travers les barreaux de la cage, qu'ils veillaient sur eux, et qu'enfin ils ne les laissaient manquer de rien.

Quand les petits furent devenus assez grands pour pouvoir se suffire à eux-mêmes, notre paysan attrapa le père et la mère et les mit en cage à la place de leurs enfants, auxquels il donna la liberté. Les jeunes moineaux s'inquiétèrent à leur tour si peu de leurs parents, qu'ils les laissèrent mourir de faim dans la cage où on les avait mis sans nourriture. Le paysan dit alors à ses enfants, qui s'indignaient de cette conduite ingrate et cruelle : « Vous le voyez, mes amis, il ne faut jamais compter sur la tendresse de ceux à qui on a donné le jour. De petits oiseaux viennent de nous en donner un triste et frappant exemple. Et sachez bien une chose, c'est que, nous autres hommes, nous valons encore bien moins que les animaux. » Depuis ce jour, les enfants de cet homme n'ont plus osé renouveler la proposition qu'ils lui avaient faite. — (*Extrait du Bulletin de l'Aisne.*)

39.

RECONNAISSANCE D'UNE PANTHÈRE.

Démétrius le naturaliste rapporte d'une panthère un fait digne de mémoire. Le père du philosophe Philinus traversait un désert. Tout à coup il aperçoit une panthère couchée au milieu du chemin : elle attendait quelque voyageur. Saisi d'effroi, il veut retourner sur ses pas ; mais l'animal se roule autour de lui, joignant aux caresses les plus pressantes des signes de tristesse et de douleur, auxquels on ne pouvait se méprendre, même dans une panthère. Elle était mère, et ses petits étaient tombés dans une fosse, à quelque distance. Le premier effet de la compassion fut de ne plus craindre, et le second, d'examiner ce qu'elle de-

mandait. Elle lui tirait doucement l'habit avec la griffe : il se
laisse conduire, et dès qu'il a compris la cause de sa douleur, et
le prix qu'elle met à sa vie , il retire ses petits. La mère avec
eux accompagne son bienfaiteur jusqu'au delà des déserts, faisant
éclater sa joie par les démonstrations les plus vives. Il était aisé
de voir qu'elle témoignait sa reconnaissance sans exiger aucun
retour ; désintéressement bien rare , même dans l'homme. —
(*Pline le naturaliste.*)

40.

AMOUR DU PAYS.

La patrie est tout entière aux lieux où nous sommes nés , où
vivent nos parents et nos amis, où l'on parle la langue dont notre
cœur s'émeut quand ses accents ont frappé notre oreille ; dans
la prairie que notre enfance a foulée , dans les champs que nos
mains ont cultivés et qui nous ont nourris , dans la verdoyante
forêt qui en borne l'horizon....

> Ithaque ne voit pas de prés féconds verdir ,
> Ni d'agiles chevaux dans la lice bondir ;
> Mais ces monts, habités par des chèvres sauvages ,
> Sont plus chers à mes yeux que de gras pâturages.

Il est trois choses que les enfants ne doivent jamais oublier :
Dieu, leurs parents, leur pays et leur souverain qui ne fait qu'un
avec lui. C'est Dieu qui les a créés : qu'ils ne le renient jamais
et observent sa loi; c'est lui qui leur a donné leurs parents, qu'ils
les honorent, parce qu'ils sont son image, qu'ils les aiment pour la
vie qu'ils en ont reçue ; c'est lui qui les a fait naître dans le sein
de la patrie qui les a adoptés ; qu'ils la chérissent comme une
mère attentive qui veille sur leurs jours ; qu'à leur tour , ils
veillent auprès d'elle pour défendre son honneur , pour protéger
son indépendance , pour assurer son repos ; qu'ils lui restent
fidèles, qu'ils ne l'abandonnent jamais ; que partout ils se rallient
à son drapeau, et qu'en tout temps, ils soient prêts à répandre,
pour sa cause, le sang que Dieu a fait couler dans leurs veines.
— (*Salmon.*)

41.

DE L'AMOUR DE LA PATRIE.

Le sentiment de l'innocence est la source de l'amour de la patrie, parce qu'il nous rappelle les affections douces et pures du premier âge ; il s'accroît avec l'étendue, et s'augmente avec les années, comme un sentiment d'une nature céleste et immortelle. Il y a en Suisse un air de musique antique et fort simple, appelé le *Ranz des Vaches.* Cet air est d'un tel effet qu'on fut obligé de défendre de le jouer en Hollande et en France devant les soldats de cette nation ; parce qu'il les faisait déserter tous l'un après l'autre, en leur rappelant les vallons, les lacs, les montagnes de leur patrie ; et en même temps les compagnons du premier âge ; les premières amours, les souvenirs des bons aïeux, etc.

L'amour de la patrie semble croître à proportion qu'elle est innocente et malheureuse. Voilà pourquoi les peuples sauvages aiment plus leur pays que les peuples policés , et ceux qui habitent des contrées âpres et rudes, comme les habitants des montagnes, que ceux qui vivent dans des contrées fertiles et dans de beaux climats. Jamais la cour de Russie n'a pu engager aucun Samoïède à quitter les bords de la Mer glaciale pour s'établir à Saint-Pétersbourg. On amena, le siècle passé, quelques Groenlandais à la cour de Copenhague ; on les y combla de bienfaits ; et ils y moururent en peu de temps de chagrin. Plusieurs d'entre eux se noyèrent en voulant retourner en chaloupe dans leur pays. Ils virent avec le plus grand sang-froid toutes les magnificences de la cour du Danemarck ; mais il y en avait un qui pleurait toutes les fois qu'il apercevait une femme portant un enfant dans ses bras ; on conjectura que cet infortuné était père. Sans doute la douceur de l'éducation domestique attache ainsi fortement ces peuples aux lieux qui les ont vus naître. — (*Bernardin de Saint-Pierre.*)

<hr />

42.

DE LA PITIÉ.

C'est le sentiment de l'innocence qui est le premier mobile de la pitié ; voilà pourquoi nous sommes plus touchés des malheurs d'un enfant que de ceux d'un vieillard. Ce n'est pas parce que l'enfant a moins de ressources et d'espérances ; car il en a plus que le vieillard qui est souvent infirme et qui s'avance vers la mort, tandis que l'enfant entre dans la vie ; mais l'enfant n'a jamais offensé, il est innocent. Ce sentiment s'étend aux animaux mêmes, qui nous touchent souvent plus de pitié que les hommes par cela seul qu'ils ne sont pas nuisibles.

Ainsi le sentiment de l'innocence développé dans le cœur de

l'homme un caractère divin qui est celui de la générosité. Il ne porte point sur le malheur en lui-même, mais sur une qualité morale qu'il démêle dans l'infortuné qui en est l'objet. Il s'accroît par la vue de l'innocence, et quelquefois encore plus par celle du repentir. L'homme seul des animaux en est susceptible, et ce n'est pas toujours par un retour secret sur lui-même, car, si cela était, en comparant un enfant et un vieillard qui sont malheureux, nous devrions être plus touchés des maux du vieillard, attendu que nous nous éloignons des maux de l'enfance, et que nous approchons de ceux de la vieillesse. Cependant le contraire arrive par l'effet du sentiment de l'innocence. — (*Id.*)

43.
PLAISIR DU MYSTÈRE.

Il n'est rien de beau, de doux, de grand que les choses mystérieuses. Les sentiments les plus merveilleux sont ceux qui nous agitent un peu confusément. La pudeur, l'amour chaste, l'amitié vertueuse sont pleins de secrets. On dirait que les cœurs qui s'aiment s'entendent à demi-mot, et qu'ils ne sont que comme entr'ouverts. L'innocence à son tour qui n'est qu'une sainte ignorance, n'est-elle pas le plus ineffable des mystères? L'enfance n'est si heureuse que parce qu'elle ne sait rien, la vieillesse si misérable que parce qu'elle sait beaucoup : heureusement pour elle quand les mystères de la vie finissent, ceux de la mort commencent.

. . . . . Quels plus profonds, quels plus sublimes mystères que ceux que recèle la voûte des cieux dans le silence d'une belle nuit ? Sont-ce des soleils que ces étoiles innombrables ? Les planètes qui tournent comme nous autour du soleil ont-elles des habitants ? Où vont ces longues comètes qui traversent des espaces immenses ? Qu'est-ce que cette voie lactée qui sépare le firmament ? Quels sont ces deux nuages sombres placés au pôle antarctique près de la Croix du Sud ? Y a-t-il dans le ciel des lieux où la lumière ne parvienne jamais ? O mystère ! couvre ces vues ravissantes de tes ombres sacrées ! Ne permets pas à la science humaine d'y porter son triste compas. — Tout est caché, tout est inconnu dans l'univers, l'homme lui-même n'est-il pas un étrange mystère ? D'où part l'éclair que nous appelons existence, et dans quelle nuit va-t-il s'éteindre ? C'est ce doute, tout pénible qu'il est, qui fait un des charmes de la religion. Ceux qui en veulent une fondée uniquement sur la démonstration, ne connaissent pas les besoins du cœur humain. — (*Id.*)

44.

DU SENTIMENT DE LA MÉLANCOLIE.

La nature est si bonne qu'elle tourne à notre profit tous les phénomènes ; et si nous y prenons garde, nous verrons que les plus communs sont ceux qui nous sont les plus agréables.

Je goûte, par exemple, du plaisir lorsqu'il pleut à verse, que je vois les vieux murs mousseux tout dégouttants d'eau, et que j'entends les murmures des vents qui se mêlent aux frémissements de la pluie. Ces bruits mélancoliques me jettent pendant la nuit dans un profond sommeil. Je ne suis pas le seul homme sensible à ces affections. Pline parle d'un consul romain qui faisait dresser, lorsqu'il pleuvait, son lit sous le feuillage épais d'un arbre, afin d'entendre frémir les gouttes de pluie et de s'endormir à leur murmure.

Je ne sais à quelle loi physique rapporter les sensations de la mélancolie ; mais je trouve que ce sont les affections de l'âme les plus délicieuses. La mélancolie est la volupté d'une âme sensible. Cela vient, ce me semble, de ce qu'elle satisfait à la fois deux puissances dont nous sommes formés, le corps et l'âme, le sentiment de notre misère et celui de notre excellence. — (*Id.*)

45.

SUITE.

C'est la mélancolie qui fait répandre ces larmes délicieuses, qui donne cet attendrissement qu'on ressent dans la jouissance d'un plaisir pur, dans le souvenir même d'un ami vertueux que la mort a séparé de nous. Elle est encore cette émotion d'une âme ulcérée qui, dans le sein même des disgrâces, ose chercher le bonheur et la paix. Mais dans telle situation qu'elle se manifeste, elle suppose un esprit philosophe qui hait le tumulte du monde, et un cœur délicat et sensible qui cherche ou qui possède les biens du sentiment, et n'estime qu'eux seuls. Voilà ce qui fait mériter les épithètes de tristes, de singulières aux personnes qui, touchées d'un beau naturel, préfèrent à un bal brillant, à une société tumultueuse, une promenade champêtre le matin sur les coteaux pour y admirer le réveil de la nature ; qui aiment à se reposer au milieu du jour à l'ombre des bois, et le soir à parcourir les riantes prairies sur les bords des ruisseaux, sans autre compagnie que leurs réflexions, ou avec un second lui-même.

Aimable et douce mélancolie! le voile dont tu caches tes charmes les fait méconnaître aux âmes vulgaires ; tu les réserves pour tes favoris ; les biens que tu leur dispenses, ne causent point de soucis, n'entraînent point de remords. — (*Id.*)

46.

DES TOMBEAUX.

Il n'y a point de monuments plus intéressants que les tombeaux des hommes, et surtout ceux de nos parents. Il est remarquable que tous les peuples naturels, et même la plupart des peuples civilisés, ont fait des tombeaux de leurs ancêtres le centre de leurs dévotions et une partie essentielle de leur religion. Il faut en excepter ceux dont les pères se font haïr des enfants par une éducation triste et cruelle..... Les tombeaux des ancêtres sont à la Chine un des plus beaux embellissements des faubourgs des villes et des collines des campagnes..... Nos voluptueux qui reviennent souvent aux sentiments de la nature, en font construire de factices dans leurs jardins. A la vérité, ce ne sont pas ceux de leurs parents ; d'où peut leur venir ce sentiment de mélancolie funèbre au milieu des plaisirs ? N'est-ce pas de ce que quelque chose subsiste encore après nous ? Si un tombeau ne leur faisait naître que l'idée de ce qu'il doit renfermer, c'est-à-dire d'un cadavre, sa vue révolterait leur imagination. La plupart d'entre eux craignent tant de mourir ! Il faut donc qu'à cette idée physique, il se joigne quelque sentiment moral. La mélancolie voluptueuse qui en résulte naît, comme toutes les sensations attrayantes, de l'harmonie de deux principes opposés, du sentiment de notre existence rapide et de celui de notre immortalité qui se réunissent à la vue de la dernière habitation des hommes. — (*Bernardin de Saint-Pierre.*)

47.

SUITE.

Un tombeau est un monument placé sur les limites des deux mondes. Il nous présente d'abord la fin des vaines inquiétudes de la vie et l'image d'un éternel repos ; ensuite il élève en nous le sentiment confus d'une immortalité heureuse dont les probabilités augmentent à mesure que celui dont il nous rappelle la mémoire a été plus vertueux. C'est là que se fixe notre vénération. Et cela est si vrai que, quoiqu'il n'y ait aucune différence entre la cendre de Socrate et celle de Néron, personne ne voudrait avoir dans ses bosquets celle de l'empereur romain, quand même elle serait renfermée dans une urne d'argent, et qu'il n'y a personne qui ne mît celle du philosophe dans le lieu le plus honorable de son appartement, quand elle ne serait que dans un vase d'argile.

C'est donc par cet instinct intellectuel pour la vertu que les tombeaux des grands hommes nous inspirent une vénération si touchante. C'est par le même sentiment que ceux qui renferment des objets qui ont été aimables nous donnent tant de regrets; car les attraits de l'amour ne naissent que des apparences de la vertu. Voilà pourquoi nous sommes émus à la vue du petit tertre qui couvre les cendres d'un enfant aimable, par le souvenir de son innocence; voilà encore pourquoi nous voyons avec tant d'attendrissement une tombe sous laquelle repose une jeune femme, l'amour et l'espérance de sa famille par ses vertus. — (*Idem.*)

48.

DE L'ORGUEIL.

Nous sommes pleins de nous-mêmes comme si, à nous seuls, nous nous étions faits ce que nous sommes; que nous n'en devions rien à personne, et que nous ayons atteint les dernières limites de la perfection. Et cependant, pour quelle part sommes-nous dans ce que nous valons, et que cette valeur s'amoindrit quand la raison l'examine et la mesure! Qu'il faudrait réduire à peu de chose ce qui nous revient de nos biens et de nos honneurs, de notre savoir et de nos vertus, si nous en retranchions ce que nous devons à notre naissance, à nos parents, aux circonstances, à la bonté des hommes et aux bienfaits de la Providence. Vous brillez par ces grands biens que vous possédez et par le luxe que vous étalez; mais vos richesses, un père vous les a transmises, ou une spéculation favorisée par la fortune les a portées dans votre trésor, lorsqu'à peine vous osiez les désirer; votre science est vaste : d'où vous vient ce savoir qui est le fondement de votre renommée? et avant, d'où vous viennent cette intelligence rapide, cette mémoire immense, incessamment ouverte pour recevoir, pour conserver tout ce qui avait fixé vos regards, frappé votre oreille ou provoqué votre réflexion; cette parole facile qui porte une idée sur vos lèvres aussitôt qu'elle est éclose dans votre pensée ? D'où vous viennent enfin , cette vigueur du corps , cette énergie de l'esprit , cette intensité de la volonté ? D'où vous viennent-elles encore une fois ? Non de vous à qui vous les reportez dans votre présomption , mais de la Providence à qui peut-être vous n'avez jamais songé à en rendre grâce. — (*Salmon.*)

49.
DE L'IVROGNERIE.

Les excès malheureusement si fréquents de la boisson doivent par eux-mêmes démontrer à un maître la nécessité d'en prémunir la jeunesse ; ils sont assez révoltants pour porter leur préservatif dans l'abrutissement qu'ils portent. Les Spartiates l'avaient bien compris , et c'est pour cette raison qu'ils avaient coutume de faire enivrer un esclave pour le montrer en cet état à leurs enfants , afin que le dégoût et l'horreur qu'ils en ressentiraient les préservassent d'une semblable conduite. En effet , quoi de plus hideux , de plus effroyable qu'un homme ivre ? Voyez-le dans un repas , d'abord il est sottement joyeux , bavard importun , bouffon , ridicule , et, ce qui est pis , à mesure que les fumées des liqueurs lui dérobent l'usage de la raison , il devient railleur , outrageant , calomniateur , furieux , quelquefois adulateur , rampant , complaisant , déhonté , libertin obscène , et enfin débauché crapuleux. De là , ces contestations et ces querelles scandaleuses, ces inimitiés et ces haines opiniâtres qui troublent l'intérieur des ménages , désolent des familles entières , et qui trop souvent donnent naissance à des crimes épouvantables. — (*Guffroy.*)

50.
LA COLÈRE.

La colère est une courte folie : elle a pour quelques instants les symptômes que la démence furieuse présente sans cesse. N'est-ce pas une chose humiliante pour une jeune fille surtout , qu'on puisse la comparer , ne fut-ce qu'une heure dans toute une semaine , à ces êtres infortunés qu'on n'a jamais abordés sans effroi et sans pitié ? Quelque indulgente que soit l'institutrice , elle doit , non pas sévir durement contre l'enfant colère , mais la surveiller sans cesse , causer raison avec la jeune fille qui montre un caractère irascible, qu'un mot fait sortir des gonds. Si elle veut même que ses avis soient utiles, il faut qu'elle-même conserve le calme et le sang-froid qu'a perdus son élève ; et cependant, n'en avons-nous pas vu qui se sont émues presque autant que celles qu'elles avaient dessein de ramener ? Au lieu de discussions aigres ou railleuses, qu'elle mène la jeune furieuse devant une glace, et la force à se contempler : à la vue de ces yeux ardents, de cette figure grimaçante, de ce teint enflammé, la jeune fille rougira ; et quels que soient et ses cris et sa colère, elle adoucira sa voix glapissante ou rauque, étouffera ses plaintes, et des larmes de repentir succéderont aux pleurs de rage qu'elle aura versés auparavant.

51.

DE L'AVARICE.

Si l'avarice n'est pas la plus criminelle des passions, elle est du moins la plus avilissante. Pour reconnaître à quel point elle est hideuse, il suffit de jeter un regard sur les défauts qui lui doivent leur origine, et qui lui ont valu le grade infâmant de vice capital.

A combien de vicieuses affections, d'actions criminelles l'avare n'est-il pas exposé et même contraint pour satisfaire sa cupidité ?

Il veut acquérir, et rien ne peut ébranler ni sa fermeté, ni son énergie ; pour triompher, tous moyens lui sont bons ; il ne respecte ni la justice, ni la religion : pour posséder, toutes les voies lui sont bonnes, qu'elles soient honnêtes, honteuses, licites, criminelles, peu lui importe, il veut de l'or ! Faut-il employer l'imposture, la fourberie, la concussion, rien ne l'arrêtera ; il ne reculera pas devant la plus infâme trahison, il emploiera même le parjure, fût-il le plus solennel ! Etre riche, voilà son envie, son désir, sa passion, et pour le devenir, fallût-il vendre ce qu'il a de plus cher, son père, son âme et Dieu même s'il le pouvait, rien ne lui coûterait pour assouvir son avide frénésie.

..... Au sein de l'abondance, il est sourd à la misère du pauvre ; comment pourrait-il le secourir, lui qui s'assujettit aux plus pénibles privations ? Le spectacle d'un homme souffrant n'offre rien qui soit digne de sa pitié ; il dédaigne de l'entendre, souvent il achève de lui serrer le cœur de tristesse en l'éloignant par un refus brusque et glacé. — (*Guffroy.*)

52.
IL NE FAUT PAS CONFONDRE L'AVARICE AVEC L'ÉCONOMIE.

La prodigalité ne convient à personne, l'économie devient une nécessité pour tous ceux qui n'ont d'autres moyens de fortune que le travail, et qui songent à l'avenir pour se préserver du besoin. L'économie n'est point l'avarice : l'une ne se permet point de dépenses inutiles , mais ne regarde pas comme un sacrifice celles que commandent les convenances et la raison ; l'autre se refuse le nécessaire , et sourde aux légitimes exigences de la nature, s'impose les plus dures privations ; la première ne néglige aucuns produits, et tire parti des plus faibles pour en amener, à la longue, de considérables ; la seconde spécule sur tout , pour en retirer de tout, et arrache des bénéfices à des entreprises qui ne promettaient que des pertes à la probité et à la délicatesse ; enfin l'homme économe, content de peu, vit heureux et tranquille dans la médiocrité, et se ménage pour l'avenir cette félicité si facile et si douce dont il jouit dans le présent ; l'homme avare , mécontent de tout, ne trouve le bonheur nulle part et irrite sans cesse une cupidité qui fera , jusqu'au dernier moment , le malheur de ses jours. Ayez donc horreur de l'avarice, et soyez économes, pour préserver votre vie des soucis et des besoins, compagnons nécessaires de l'homme qui n'amasse pas quand il gagne, pour le temps où il ne pourra plus gagner. Il n'y a pas de petits profits ; le centime, en s'ajoutant aux centimes, produit le franc ; il se conserve mieux, lorsqu'il y en a d'autres pour le garder , et qu'ils s'appellent tous les jours pour augmenter l'épargne : celle de la semaine est imperceptible ; celle du mois s'apprécie ; celle d'une année de votre jeunesse fera la douceur et la tranquillité de l'un de vos vieux ans. — (*Salmon.*)

53.
DE LA CHARITÉ.

La charité n'est pas seulement l'aumône ; elle renferme tout le bien que nous pouvons faire ; tous les services que nous pouvons rendre à notre prochain , jusqu'aux mouvements généreux qui nous portent vers lui , jusqu'aux vœux que nous formons pour son bonheur, jusqu'à la goutte d'eau sainte que nous répandons sur la cendre de ceux qui viennent de quitter la vie. Cet

homme est affligé, vous allez le consoler, c'est la charité qui vous
conduit près de lui ; celui-ci est infirme, vous venez le visiter et
le soulager, c'est la charité qui vous a inspiré cette bonne pensée;
un procés divise ces voisins , votre intervention les rapproche ,
et votre main trace la transaction qui scelle leur réconciliation,
c'est la charité qui fait porter ce fruit à vos exhortations. Un fils
est éloigné de ses parents , une lettre qu'il leur écrit d'au-delà
des mers, leur apprend qu'il vit encore et qu'ils ne doivent plus
le pleurer ; ils veulent lui répondre , c'est vous qui ferez cette
réponse et qui exprimerez la joie de la famille ; vous avez partagé cette joie, et pourtant vous avez été charitable. Cet homme
est probe ; mais un autre, jaloux de sa renommée , cherche à la
ternir par la calomnie ; vous parlez pour le défendre , vos paroles sont un bienfait que la charité revendique. Cette femme
n'est que légère, mais la langue des méchants la dit criminelle ;
vous représentez qu'on se trompe en la jugeant sur les apparences,
et que la réputation est un bien qu'on ne doit pas lui faire perdre
sur de simples doutes , et la charité applaudit à votre langage.
— (Idem.)

54.

SUITE.

La nuit approche , chacun s'empresse de regagner son logis ;
un voyageur égaré et accablé de fatigue , s'achemine lentement
vers le village : il arrive à ce but inconnu , mais qu'il a désiré
cependant ; il s'arrête, il hésite ; il a besoin de repos et de pain ;
l'hospitalité lui donnera peut-être l'un et l'autre : à quel foyer
ira-t-il les demander ? cette maison est la demeure d'un homme
opulent, mais elle lui impose, il n'ose en franchir le seuil et passe
outre. Il aperçoit , auprès d'un petit héritage , un toit moins
élevé et dont l'aspect le rassure ; celui qui l'habite , n'est pas
malheureux comme lui, il n'a donc que cette aisance qui le met
au-dessus du besoin ; plus voisin de son indigence , il y compa-
tira mieux. Il frappe timidement à la porte, et prononce à demi-
voix, un mot qui est une prière.... Vous lui ouvrez , sa misère
vous touche, vous le faites entrer, vous l'interrogez ; il vous ra-
conte ses malheurs et vous en êtes ému ; il s'assied à votre foyer,
vous apaisez sa faim , il dormira cette nuit sous votre toit , et ,
lorsque le lendemain il le quitte, vous ne voulez pas qu'il parte
sans le pain qui le soutiendra jusqu'à son premier gîte. Grâces
vous soient rendues, vous aimez la bienfaisance et vous la pratiquez ! — (Idem.)

55.

LES LETTRES FONT L'ORNEMENT ET LA CONSOLATION DES HOMMES.

Quand il serait vrai que l'on ne retirât pas de l'étude des belles-lettres tout le fruit qu'il est constant que l'on en retire , et que tout leur avantage se bornât au plaisir qu'elles procurent, cette dernière raison seule devrait les rendre très-dignes de l'application d'un homme bien né ; car la plupart des autres arts ne conviennent point à tous les temps, ni à tous les âges , ni à tous les lieux. Les belles-lettres servent de nourriture à la jeunesse , de récréation à la vieillesse, d'ornement dans la prospérité, d'asile et de consolation dans l'adversité ; elles sont une distraction chez soi, n'embarrassent point au-dehors ; elles ne nous quittent ni le jour ni la nuit, elles voyagent et vont à la campagne avec nous

En employant son temps à l'étude, on évite les chagrins et les dégoûts de la vie ; on est sûr de ne jamais être ennuyé du jour, et de ne pas soupirer après la nuit , de n'être ni à charge à soi-même, ni inutile à ses semblables.

Nous éprouvons que les lettres et les beaux-arts ne sont pas seulement le charme d'une vie heureuse , mais encore un soulagement dans le malheur : témoins ceux qui étant entre les mains des ennemis , soit en prison , soit en exil, ont trouvé de la consolation dans les belles-lettres.

56.

ÉCUEILS QU'IL FAUT ÉVITER DANS L'ÉTUDE DES SCIENCES.

Il faut éviter deux défauts dans lesquels on tombe ordinairement, quand on se livre au désir d'apprendre, qui sans doute est naturel, et n'a rien que d'honnête. L'un est de croire savoir ce qu'on ne sait pas, et de prononcer témérairement sur ce qu'on ne connaît pas assez. Tout homme qui voudra éviter ce défaut , donnera à l'examen de chaque chose tout le temps et tout le soin nécessaires pour la bien connaître. L'autre défaut est de s'attacher avec trop d'ardeur et de donner trop de temps à des choses obscures, difficiles et qui ne sont d'aucune utilité. Si l'on ne sait se garder de ces deux défauts , l'étude et l'application à des choses honnêtes et dignes d'être apprises , n'auront rien que de très-louable.

Si quelqu'un cependant était tellement dominé par la passion de s'instruire qu'il négligeât de défendre ceux qu'il doit protéger, il s'écarterait des règles du devoir et surtout de la justice qu'on ne pratique qu'en défendant les intérêts de ses semblables, et dont on doit toujours placer l'observance stricte avant la contemplation et la connaissance des choses naturelles. C'est ce que pense et ce que pratique l'homme de bien. Car quel est l'homme, quelque curiosité qu'il eût d'examiner et de contempler la nature, qui ne quittât volontiers sur-le-champ les objets les plus dignes de sa connaissance, pour secourir, selon son pouvoir, sa patrie, ses amis ou ses parents, s'il apprenait qu'ils fussent en danger ?

57.

C'EST AVOIR ACQUIS UNE SCIENCE UTILE ET NÉ-CESSAIRE, QUE DE SAVOIR BIEN VIVRE.

Celui qui a consacré son âme à la vertu, et qui la suit partout où elle l'appelle ; qui, comprenant que l'homme est un animal né pour la société et le bien commun, regarde le monde entier comme une famille réunie sous un même toit ; qui vit toujours comme s'il était en public ; qui ne connaît de mal que ce qui est honteux, et de bien que ce qui est honnête ; qui rapporte toutes ses actions à cette règle et à cette loi ; qui regarde comme les plus malheureux de tous les mortels, quelque éclatante que soit leur fortune, les hommes esclaves de l'intempérance et de la débauche, dont l'esprit croupit dans une lâche oisiveté : celui, dis-je, qui sait et pratique tout cela, a pleinement acquis la science utile et nécessaire. Tout le reste peut nous servir de délassements dans nos loisirs.

Il vaut mieux ne connaître qu'un petit nombre de sages préceptes, mais en faire une application et un usage continuels, que d'en apprendre beaucoup et de ne jamais les mettre en pratique.

58.

CE N'EST PAS EN LISANT BEAUCOUP DE LIVRES QU'ON S'INSTRUIT.

La lecture d'un grand nombre de volumes sans choix, a quelque chose de vague et d'inconstant. Il faut s'en tenir à une petite quantité de livres, et s'en nourrir, si l'on veut en tirer

quelque chose qui se fixe dans la mémoire. Une lecture fixe est
utile ; celle qui est variée, n'est qu'agréable. Un homme qui
veut arriver au terme qu'il se propose, doit suivre un chemin
unique, et non en parcourir plusieurs. — Vous vous plaignez
de la disette de livres. Il n'importe pas d'en avoir beaucoup,
mais d'en avoir de bons. La multitude des livres n'est propre
qu'à distraire l'esprit. J'aime, dites-vous, à feuilleter tantôt ce
livre-ci, tantôt celui-là. Il n'est qu'un estomac malade, qui
goûte de plusieurs viandes, dont la diversité nuit au lieu de
nourrir. Lisez donc constamment des livres reconnus bons ; et,
s'il vous prend quelquefois fantaisie de vous amuser à en lire
d'autres, revenez toujours aux premiers. Faites tous les jours
acquisition de quelque remède contre les différents poisons de
l'âme ; et après avoir parcouru plusieurs articles, choisissez-en
un pour en faire ce jour-là votre nourriture.

59.

MOYENS D'EXERCER LA MÉMOIRE.

La mémoire est la perception nette et ferme des idées et des
mots qu'on a précédemment trouvés. Si la mémoire ne s'en cons-
titue pour ainsi dire la gardienne, on sent que, quels qu'en soient
la valeur et le mérite, ils sont entièrement perdus pour l'orateur.
Beaucoup de rhéteurs indiquent, comme moyen d'obtenir cette
faculté, certaines remarques des lieux, certaines images des
choses ; mais cela est loin d'avoir un effet sûr. Il vaut mieux
exercer sa mémoire en apprenant par cœur le plus qu'on peut,
soit de ses propres écrits, soit des écrits d'autrui. Cependant
d'habiles maîtres excluent de cet exercice nos propres compositions : ils veulent qu'on écrive beaucoup, mais qu'on n'apprenne
que des morceaux choisis dans les meilleurs auteurs en chaque
genre, orateurs, historiens et autres. C'est par là que nous af-
fermirons notre mémoire, que nous l'habituerons à ce qu'il y a
de meilleur, que nous aurons toujours en nous-mêmes des mo-
dèles à imiter, et qu'à notre insu, nous reproduirons dans notre
style les formes heureuses dont notre esprit se sera pénétré et
imbu. Quant à nos propres œuvres, il n'y a rien de plus utile
pour les retenir que la division et l'ordre ; car si les choses sont
enchaînées de manière à se faire suite les unes aux autres, il n'y
en a aucune qui puisse dès lors échapper à notre souvenir.

60.

DE LA LECTURE DES ROMANS.

Les jeunes filles sont naturellement curieuses ; aussi combien n'en a-t-on pas vu se passionner pour les choses futiles, dangereuses même. Les unes se sont érigées en précieuses et ont lu tous les livres, quels qu'ils fussent, qui pouvaient satisfaire leur curiosité ; elles se sont enthousiasmées, quoi qu'on leur ait dit, pour des récits d'aventures toutes chimériques, où l'amour-propre est mêlé ; elles se sont accoutumées insensiblement au langage magnifique des héros des romans et se sont rendu l'esprit visionnaire ; elles se sont gâtées, par cela même, pour le monde ; car tous ces beaux sentimens en l'air, toutes ces passions généreuses, toutes ces aventures qu'a inventées l'auteur du roman, dans le dessein d'arriver à plaire, n'ont aucun rapport avec les vrais motifs qui font agir dans le monde, et qui ont toujours décidé les affaires. Une jeune fille, pleine du tendre et du merveilleux qui l'ont charmée dans ses lectures, est tout étonnée de ne point trouver dans le monde de vrais personnages qui ressemblent à ces héros ; elle voudrait vivre comme ces soi-disant princesses, tout imaginaires, qui sont dans les romans, toujours charmantes, toujours adorées, toujours au dessus du besoin. Quel dégoût pour elle de descendre de l'héroïsme et d'un monde tout féerique au plus bas détail du ménage ! Voilà où conduit la lecture des romans. — (*Extrait du Bulletin de l'Aisne.*)

61.

MAXIMES MORALES.

Mon enfant, le premier devoir de l'homme sur la terre est de connaître Dieu comme créateur, de le craindre comme Seigneur, et de l'aimer comme père, de mettre en lui votre entière confiance. — Regardez les commandemens de Dieu comme les règles très-saintes et très justes d'un bon et sage père, qui sait parfaitement ce qui est propre à ses enfants, et qui ne leur ordonne que ce qui leur est utile de faire ou d'éviter. — Réglez votre vie sur sa loi, et vos espérances sur ses promesses, et soyez certain qu'il n'y a de vrais maux que ceux dont il nous menace, et de vrais biens que ceux qu'il nous promet. — Ne suivez jamais les mauvais conseils de ceux qui, par leurs discours et par des flatteries basses et viles, s'efforcent de corrompre la pureté de vos mœurs , et qui tendent des embûches à votre innocence. — Dans les peines et les afflictions qui vous arrivent , prenez garde de ne point vous laisser abattre par le mal, mais travaillez au contraire à vaincre le mal par le bien. — Soyez bien persuadé que l'impatience trouble et transporte l'âme , qu'elle augmente et grossit les maux , et que souvent elle fait prendre de fausses mesures pour les éviter ; que la patience, au contraire , nous rend maîtres de nous mêmes , qu'elle nous fait vaincre le mal que nous souffrons, ainsi que l'ennui qui nous fait souffrir. — (*Guffroy.*)

62.

Mon enfant, que vos sentiments, vos désirs, vos paroles soient favorables au prochain ; croyez-le toujours meilleur , ou moins méchant qu'il paraît. — Respectez toujours les vieillards ; écoutez leurs conseils et suivez-les , car jamais ils ne vous égareront, parce qu'ils sont dictés par l'expérience. — Ne déguisez jamais la vérité si vous voulez inspirer de la confiance , un premier mensonge conduit à un autre , et insensiblement on s'habitue à se mentir à soi-même. — Si vous êtes dans la possibilité de faire du bien, faites-le, mais ne le publiez jamais ; jouissez tranquillement du plaisir de faire des heureux. — Ne dites jamais du mal de votre prochain, ce serait lui faire un tort irréparable ; il vaut mieux se taire que de calomnier. — Ne soyez pas jaloux du talent des autres; mais cherchez à doubler les vôtres. — Il y a de la lâcheté à envier les succès d'autrui. — Celui qui désire toujours et qui n'est jamais content de son sort , finit en cherchant le bonheur, par ne le trouver jamais. — Si vous êtes sensible aux maux et aux peines de vos camarades, vous vous ferez chérir d'eux, car l'amitié ne se commande pas ; si vous voulez vous faire aimer, rendez-vous aimable par vos vertus et vos talents. — (*Idem.*)

63.

Mon enfant , si vous aimez le travail, vous êtes riche ; l'oisiveté seule fait des malheureux , elle enfante tous les vices. Accoutumez-vous de bonne heure à remplir tous les moments de la vie d'objets utiles. — La gaîté est naturelle à votre âge, l'ambition peut seule vous ravir ce bonheur. — Les plaisirs agréables sont les plus simples ; ce sont surtout ceux que l'on se procure soi-même. — Celui qui est doux et studieux évite avec soin le paresseux et le dissipé. — Ne vous vantez pas de quelques talents que la nature vous a donnés, et que votre éducation a développés; laissez aux autres le plaisir de les distinguer ou de les imiter. — Pour que l'on supporte vos défauts, soyez sans passion pour ceux des autres : n'espérez le bonheur dans la société, qu'en faisant pour autrui ce que vous désirez que l'on fasse pour vous. — Ne vous accoutumez pas à contredire vos camarades; vous finirez par empoisonner vos discours les plus simples, et par vous faire des ennemis. — Ne jugez pas les hommes par leur costume, mais bien par leurs actions. — (*Idem.*)

64.

Mon enfant, la colère est un délire qui porte toujours aux plus grands excès; celui qui s'y abandonne s'en repent quand il n'est plus temps. — S'il arrive que l'on vous irrite, recueillez toute votre raison, et ne vous laissez jamais entraîner à un mouvement violent. — La politesse et les manières aimables annoncent assez ordinairement des vertus sociales. — N'ayez jamais l'ambition de vouloir passer pour plus instruit que vous ne l'êtes réellement. — Défiez-vous de celui qui vous caresse avec affectation, il vous tend un piége pour vous tromper et pour obtenir de vous ce que vous avez l'intention de lui refuser. — On n'a pas d'ami plus sincère que son père; s'il s'irrite quelquefois, son cœur souffre. L'amitié seule peut le porter à prendre un caractère ferme; sachez-lui donc gré de la violence qu'il se fait à lui-même. — Vous trouverez des amis qui aiment à plaisanter; ne vous fâchez pas. Quelque piquante que soit la raillerie, n'opposez que de la douceur, et forcez le méchant à se repentir. — L'union dans les familles fait leur bonheur et leur richesse; conservez-la aux dépens même de quelques jouissances particulières, et n'ayez pas de meilleurs amis que vos frères et vos sœurs. — Si vous êtes paresseux, vous serez ignorant. On n'obtient rien sans peine; le travail brave toutes les difficultés; il nous rend d'ailleurs la vie plus agréable. — (*Idem.*)

65.

Mon enfant, si vous connaissez le charme de l'amitié, soyez fidèle à vos serments; partagez avec votre ami, plaisirs, chagrins, dangers; repoussez la médisance qui voudrait vous diviser. Sachez que l'homme vertueux peut seul compter sur de véritables

amis. — Méritez toujours la confiance de votre ami ; gardez
le secret qu'il vous a confié. — Ne promettez jamais ce que
vous ne pouvez tenir ; un engagement contracté est une dette
sacrée qu'il faut acquitter. — L'économie est une vertu que la
nature donne, et que l'imagination développe : sachons cependant la borner ; car lorsqu'elle dégénère en avarice, elle devient
un vice honteux. — Étudiez-vous à être doux, charitable, officieux, honnête et complaisant envers tous, observez ce qui vous
choque dans les autres, et faites en sorte qu'on ne le trouve
point en vous, pratiquez au contraire tout ce que vous y remar-
querez de bien et de louable. — Ne remettez pas à demain ce
que l'occasion vous invite à faire aujourd'hui ; prévenez les
demandes de ceux que vous savez être dans le besoin, et qui
cherchent à solliciter de vous un service : cette prévoyance re-
haussera le prix du bon office que vous lui rendrez, et quand vous
ne pourrez pas accorder ce qui vous sera demandé, consolez du
moins ceux que votre main ne saurait soulager. — Si vous n'êtes
pas bon fils, vous ne serez jamais ni bon mari ni bon père. —
(Extrait de la Conduite de l'Instituteur, par Guffroy.)

66.
ÉLOGE DE LA VIE CHAMPÊTRE.

Il n'est point de vie plus libre, plus innocente, de vie qui soit
plus fidèle aux antiques usages que celle qui délaisse les villes
pour les forêts. Là, jamais l'avarice ne vient allumer son feu dé-
vorant dans le cœur de celui qui confie son innocence aux soli-
tudes élevées des montagnes ; il ne connaît ni l'inconstance de la
faveur populaire, ni les applaudissements trompeurs de la foule,
ni le souffle empesté de l'envie. Il n'est point l'esclave du trône,
et pour y monter, il ne poursuit pas de vains honneurs et des richesses périssables ; il vit aussi libre de crainte que d'espérance. La
noire et dévorante envie ne l'attaque point de sa dent pernicieuse.
Il ignore tous ces crimes, enfants des villes et des sociétés, et sa
conscience coupable ne tremble point au moindre bruit. Il ne
sait point forger de mensonges. Il ne cherche pas à s'abriter sous
un palais soutenu par mille colonnes, et dans son orgueil, il
ne prodigue point l'or sur les lambris de sa demeure. Sa piété
n'inonde pas les autels de flots de sang, et cent taureaux blancs
comme la neige ne viennent pas présenter au couteau du prêtre
leur tête chargée de gâteaux sacrés. Mais il possède en liberté
les campagnes solitaires, et il erre innocemment sous la voûte

immense du ciel ; il ne connaît que l'art de tendre des piéges aux
bêtes fauves; et lorsque son corps succombe sous la fatigue, il va
réparer ses forces dans les eaux transparentes de l'Ilissus. —
(*Sénèque le tragique.*)

67.

REGRETS DU PAYS NATAL.

« Qu'ils sont heureux ceux qui peuvent aller goûter tous les
jours les plaisirs innocents et paisibles dont on jouit à la campagne ! je me croirais le plus fortuné des hommes , si un pareil
bonheur pouvait m'échoir », disait à ses amis l'auteur d'un petit
livre de fables qui maudissait le séjour tumultueux des villes.
Combien, moi aussi, je bénirais le Ciel, s'il m'était permis d'aller
m'asseoir sous les rameaux frais et touffus, qui bordent l'avenue
du village qui me vit naître , où s'asseyaient , aux beaux jours ,
ceux à qui je dois l'existence ! Que j'aimerais de me promener
sous ce beau climat où la verte olive, la mûre vermeille, les épis
dorés et les grappes azurées croissent ensemble sous un ciel toujours bleu et rafraîchi par les brises de la mer, ou sur de riantes
collines où paissent et bondissent de nombreux troupeaux ! Que
j'aimerais de revoir ces beaux vallons, ces fortunés rivages, où
je passai les premiers jours de mon enfance , où je courais du
matin au soir, où je cueillais les fleurs que la nature y fait éclore,
et les fruits qu'elle y fait naître en abondance ! Je ne vous verrai
peut-être plus , ruisseaux limpides , que je franchissais dans mon
jeune âge ! Je vieillirai peut-être loin des lieux où vécurent mes
pères, et je mourrai sans que je puisse espérer qu'on portera ma
dépouille mortelle dans le voisinage du vallon où , enfant , j'ai
vu folâtrer nos agneaux ! sans que je puisse être certain que les
bergers du village viendront arroser le gazon qui couvrira mon
tombeau !

68.

ADIEUX D'UN JEUNE MALADE.

Adieu, beaux champs que j'ai tant de fois parcourus , disait
un jeune malade ; adieu , collines que j'ai tant de fois gravies ;
adieu, sources que j'ai bénies, comme donnant la fraîcheur et la
vie à ces collines et à ces champs. Je vous ai vue , aimable nature qui m'entourez , je vous ai aimée ; je ne vous verrai plus ,
arbres que j'ai dans les beaux jours de chaleur remerciés pour

votre ombrage bienfaisant, et dans les jours d'hiver pour vos
utiles dépouilles. Quand je vous ai quittés au commencement de
la saison qui s'est écoulée, le pauvre malade ne s'inclinait pas
encore vers le tombeau ; mais quand votre dernière feuille sera
tombée, l'âme que Dieu m'a prêtée se détachera de mon corps,
et mes membres, qui se sont usés avant l'âge, seront portés dans
la tombe. Cette tombe, je l'ai vu creuser par le fossoyeur, je l'ai
mesurée. Mon Dieu, combien j'y serai à l'étroit ! Combien ma
pauvre dépouille, même quand on l'aura cachée sous un mon-
ceau de terre, y sera froidement ! Oui, mais dans le sein de Dieu,
là-haut, au-dessus de ces astres éclairant la céleste voûte, mon
âme vivra d'une vie qui ne doit pas finir.

69.

ANECDOTE.

Un jour, un voyageur qui s'était égaré, aperçut sur la lisière
d'un bois, au bord d'un étang, une pauvre cabane qu'habitaient
probablement des gens que la fortune n'avait pas favorisés, car
c'était une espèce de hutte bâtie de mauvaise terre et couverte
d'une toiture de chaume que les pluies avaient endommagée en
plus d'un endroit. Le voyageur arrive, sans qu'on l'aperçoive,
auprès de cette habitation misérable. S'en étant approché, il vit,
rangés autour d'une table, un vieux berger, sa femme et ses enfants, qui se disposaient à commencer leur frugal repas. La
femme et les enfants étaient tout attention, tandis que le berger,
les mains jointes, appelait la bénédiction divine sur les modestes
mets qui allaient apaiser leur faim. A cette vue, le voyageur ne
put retenir un soupir en pensant à tous les repas beaucoup plus
abondants qu'il avait vu faire sans le plus léger témoignage de
reconnaissance envers le Ciel, et à tant de gens riches qu'il avait
vus jouir des dons de Dieu sans le remercier. Il sent que ce sont
là des gens véritablement pieux ; il s'en réjouit. Quoiqu'il fût
très-fatigué, il n'entrait pas, tant il se trouvait de plaisir à les
regarder. Mais, à la fin, un enfant l'aperçoit et appelle son père
qui accourt au-devant de l'étranger avec un empressement qui
n'était pas feint. La femme et les enfants s'empressèrent de suivre
cet exemple ; le voyageur s'écrie : « Quelle que soit votre pauvreté, quelques privations que vous enduriez, vous êtes réellement riches, car vous possédez deux précieux trésors : la crainte
de Dieu et la bienveillance envers les hommes.

70.

À DES PARENTS QU'ON A PERDUS.

Quel était mon bonheur quand je vous possédais encore, père tendre, mère chérie, qui m'avez tant aimé et que j'ai perdus ! Qu'en revoyant ces lieux où vous m'avez tant de fois prodigué vos caresses, j'éprouve de douleur et de saisissement ! Qu'elle est amère, la tristesse qui m'accable ! Hélas ! dans le temps fortuné où vous étiez près de moi, ma vie n'était qu'une suite de moments heureux. Tels j'avais rêvé que seraient tous les jours de ma jeunesse. Telle je pensais que devait longtemps encore être mon existence. Oh ! quelle déception ! Maintenant, la nature entière me semble en deuil comme moi. Quels qu'aient été les charmes du printemps, de quelque fraîche verdure qu'il se soit paré, cette saison m'a semblé pâle et tout autre qu'elle n'était autrefois. L'été n'a point rappelé la joie dans mon cœur. L'automne, qui commence, ne la rappellera pas davantage. Que dis-je ? cette saison ne fait qu'accroître ma mélancolie. En parcourant ces bois jaunissants, en foulant ces feuillages flétris, tombant sans cesse des arbres, il me semble que tout ce qui m'entoure s'attriste comme moi. Mais je sais que je reverrai dans un séjour plus heureux ces êtres chéris que je n'ai point cessé de pleurer : cette pensée me ranime et rend à mon âme les forces qu'elle avait perdues.

71.

LE CONTENTEMENT.

Que m'importent or et biens, si je suis content ! Pourvu que Dieu m'accorde une bonne santé, je suis de joyeuse humeur et chante d'un cœur reconnaissant mon cantique du matin et du soir. — Tel qui nage dans l'abondance, qui possède maison, métairie, argent, est cependant toujours plein de lui-même, et ne trouve aucun plaisir au monde. Plus il a, plus il veut avoir ; ses plaintes ne cessent jamais. — On appelle ce monde une vallée de larmes, et cependant il me paraît si beau. Ses joies sont sans nombre et sans mesure, et tous les êtres y participent ; il n'y a pas jusqu'au scarabée et au petit oiseau qui ne se réjouissent du soleil de mai. — C'est pour nous plaire que se parent les prairies, les montagnes et les bois ; que partout retentit le ramage des oiseaux. L'alouette chante le travail, le rossignol le doux repos. — Et lorsque le soleil d'or se lève et que le monde devient d'or, lorsque tout est en fleurs et que les épis couvrent les champs, alors je me dis : « Toute cette magnificence, c'est pour mon plaisir que Dieu l'a créée. » — (*Miller.*)

72.

LEVER DU SOLEIL.

On le voit s'annoncer de loin par les traits de feu qu'il lance au-devant de lui. L'incendie augmente, l'orient paraît tout en flammes : à leur éclat, on attend l'astre long-temps avant qu'il se montre ; à chaque instant on croit le voir paraître ; on le voit enfin. Un point brillant part comme un éclair, et remplit aussitôt tout l'espace ; le voile des ténèbres s'efface et tombe ; l'homme reconnaît son séjour et le trouve embelli. La verdure a pris, durant la nuit, une vigueur nouvelle ; le jour naissant qui l'éclaire, les premiers rayons qui la dorent, la montrent couverte d'un brillant réseau de rosée, qui réfléchit à l'œil les lumières et les couleurs. Les oiseaux en chœur se réunissent et saluent de concert le père de la vie : en ce moment, pas un seul ne se tait. Leur gazouillement, faible encore, est plus lent et plus doux que dans le reste de la journée ; il se sent de la langueur d'un paisible réveil. Le concours de tous ces objets porte aux sens une impression de fraîcheur qui semble pénétrer jusqu'à l'âme. Il y a là une demi-heure d'enchantement auquel nul homme ne résiste : un spectacle si grand, si beau, si délicieux, n'en laisse aucun de sang-froid. — (*J.-J. Rousseau.*)

73.

LE MATIN.

Debout, frères, debout ! le jour commence à poindre, le soleil se lève à l'horizon. Debout, chers amis, ne tardez pas ; son aimable lumière nous appelle. — Voyez comme il s'avance dans sa royale splendeur, et nous donne le jour ; voyez comme il répand sur la terre réveillée la prospérité et l'abondance. — Comme un héros, il parcourt fidèlement sa carrière en bénissant une moitié du monde, et remplit ce que Dieu a créé de joie, de chaleur et de vie. — C'est l'image de la vertu réelle, qui, même voilée par les nuages et dérobant son éclat, répand encore

sur l'univers les trésors de son amour. — Dieu, dont la toute-
puissance a créé le soleil, nous a donné aussi, avec l'existence,
la mission de faire, pour le bonheur du monde, tout ce qui est
dans la mesure de nos forces. — Oh ! voyez, voyez, il s'avance,
et partout éclatent des transports de joie et d'allégresse, et tout
chante le Dieu qui nous le ramène. — Debout, frères, debout !
que l'émotion de notre cœur déborde en un cantique de louanges.
Rendons grâces au Seigneur qui a créé le soleil. — (*Karl
Rudolph.*)

74.

LE SOIR.

La lune s'est levée, les étoiles d'or étincellent dans un ciel pur
et serein ; le bois est sombre et solitaire, et le brouillard s'élève
des prairies comme de blancs fantômes. — Voilé par les ombres
silencieuses du crépuscule, le monde est plein de charme et d'a-
bandon : c'est comme une paisible retraite où nous pouvons
oublier dans le sommeil les soucis de la journée. — Voyez-vous
là-bas l'astre des nuits ? On ne peut apercevoir que la moitié de
son disque, et cependant il est beau et arrondi. C'est ainsi que
nous poursuivons de nos arrogantes moqueries une foule de
choses, parce que nos yeux ne peuvent les saisir. — Orgueilleux
enfans des hommes, nous ne sommes que de pauvres pécheurs ;
notre science se borne à bien peu de chose ; nous nous repais-
sons de chimères, et perdus dans nos artifices, nous nous éloignons du but. O mon Dieu ! faites que, les yeux tournés vers le
Ciel, nous ne mettions pas notre confiance dans ce qui est
passager, notre joie dans ce qui est frivole ; faites que, sur cette
terre, nous soyons devant vous doux et sans fiel comme des enfans ! — Puissiez-vous enfin nous retirer de ce monde sans angoisses et par une douce mort, pour nous recevoir ensuite dans
votre paradis, ô notre Seigneur et notre Dieu ! — Et maintenant, mes frères, au nom du Tout-Puissant, allez goûter le repos ! Fraîche est la brise du soir. Que Dieu nous épargne ses
châtimens et nous accorde un paisible sommeil, ainsi qu'au
pauvre malade notre voisin ! — (*Claudius.*)

75.

LE VOL DE L'HIRONDELLE.

Le vol est l'état naturel, je dirais presque l'état nécessaire de l'hirondelle. Elle mange en volant, elle boit en volant, se baigne en volant, et quelquefois donne à manger à ses petits en volant... Elle sent que l'air est son domaine, elle en parcourt toutes les dimensions et dans tous les sens, comme pour en jouir dans tous les détails, et le plaisir de cette jouissance se marque par de petits cris de gaieté. Tantôt elle donne la chasse aux insectes voltigeants, et suit avec une agilité souple leur trace oblique et tortueuse ; tantôt elle rase légèrement la surface de la terre, pour saisir ceux que la pluie ou la fraîcheur y rassemble ; tantôt elle échappe elle-même à l'impétuosité de l'oiseau de proie par la flexibilité preste de ses mouvemens ; toujours maîtresse de son vol dans sa plus grande vitesse, elle en change à tout instant la direction ; elle semble décrire au milieu des airs un dédale mobile et fugitif, dont les routes se croisent, s'entrelacent, se fuient, se rapprochent, se heurtent, se roulent, montent, descendent, se perdent et reparaissent pour se croiser, se rebrouiller encore en mille manières, et dont le plan, trop compliqué pour être représenté aux yeux par l'art du dessin, peut à peine être indiqué à l'imagination par le pinceau de la parole. — (*Gueneau de Montbelliard.*)

76.

DESCRIPTION D'UNE TEMPÊTE.

Pendant que les matelots oubliaient les dangers de la mer, une soudaine tempête troubla le ciel et la mer. Les vents déchaînés mugissaient avec fureur dans les voiles ; les ondes noires battaient les flancs du navire, qui gémissaient sous leurs coups. Tantôt nous montions sur le dos des vagues enflées ; tantôt la mer semblait se dérober sous le navire, et nous précipiter dans l'abîme. Nous apercevions auprès de nous des rochers contre lesquels les flots irrités se brisaient avec un bruit horrible. Alors je compris par expérience ce que j'avais souvent ouï dire à Mentor, que les hommes mous et abandonnés aux plaisirs, manquent de courage dans les dangers. Tous nos Cypriens abattus pleuraient comme des femmes ; je n'entendais que des cris pitoyables, que des regrets sur les délices de la vie, que de vaines promesses aux dieux, pour leur faire des sacrifices, si on pouvait arriver au port. Personne ne conservait assez de présence d'esprit, ni pour ordonner les manœuvres, ni pour les faire. Il me parut que je devais, en sauvant ma vie, sauver celle des autres. Je pris le gouvernail en main, parce que le pilote, troublé par le vin, comme une bacchante, était hors d'état de connaître le danger du vaisseau ; j'encourageai les matelots effrayés, je leur fis abaisser les voiles, ils ramèrent vigoureusement, nous passâmes au travers des écueils , et nous vîmes de près toutes les horreurs de la mort. — (*Fénelon.*)

77.

DESCRIPTION D'UN HAMEAU SUISSE.

Près du château où s'étaient écoulées mes premières années , se voyaient des rocs nus et escarpés, couverts de neiges éternelles, coupés par des sentiers dont la pente raide et difficile côtoyait d'affreux précipices. Quel que fût le danger de ces routes sauvages, j'aimais à les parcourir ; ici, des torrents impétueux ; là, des antres obscurs où le chamois allaitait ses petits ; plus loin , une immense forêt d'ifs et de pins ; enfin une plaine découverte. Jamais un site plus beau ne s'est offert à mes regards ; quelques pays que j'aie parcourus , quelque agrestes que soient les lieux que j'ai visités, je n'en ai pas trouvé de comparable à ce hameau suisse : et pourtant, que de contrées n'ai-je pas explorées dans ma vie aventureuse ! Quelquefois , des montagnards que je n'avais vu s'approcher se trouvaient près de moi ; ils se rendaient à la chasse où les entraînait , soit leur inclination , soit l'appât du gain : car la venaison se vend cher en Suisse, les voyageurs en sont friands, et la paient fort bien, quoiqu'il soit d'usage de ne vanter de la Suisse que le poisson et le laitage qu'ont fournis les lacs et le bétail.

78.

TOPOGRAPHIE DE JÉRUSALEM.

Au centre d'une chaîne de montagnes se trouve un bassin aride, fermé de toutes parts par des sommets jaunes et rocailleux; ces sommets ne s'entr'ouvrent qu'au levant, pour laisser voir le gouffre de la mer morte et les montagnes lointaines de l'Arabie. Au milieu de ce paysage de pierres , sur un terrain inégal et penchant , dans l'enceinte d'un mur jadis ébranlé par les coups de bélier , et fortifié par des tours qui tombent , on aperçoit de vastes débris ; des cyprès épars, des buissons d'aloès et de nopals, quelques masures arabes, pareilles à des sépulcres blanchis, recouvrent cet amas de ruines : c'est la triste Jérusalem.

Au premier aspect de cette région désolée , un grand ennui saisit le cœur ; mais lorsque , passant de solitude en solitude , l'espace s'étend sans bornes devant nous , peu à peu l'ennui se dissipe ; le voyageur éprouve une terreur secrète qui, loin d'abaisser l'âme, donne du courage et élève le génie. Des aspects extraordinaires décèlent de toutes parts une terre travaillée par des miracles : le soleil brûlant , l'aigle impétueux, l'humble hysope, le cèdre superbe, le figuier stérile, toute la poésie, tous les tableaux de l'Ecriture sont là ; chaque nom renferme un mystère, chaque grotte déclare l'avenir, chaque sommet retentit des accents d'un prophète. Dieu même a parlé sur ces bords : les torrents desséchés , les rochers fendus , les tombeaux entr'ouverts, attestent le prodige ; le désert paraît encore muet de terreur, et l'on dirait qu'il n'a osé rompre le silence depuis qu'il a entendu la voix de l'Eternel. — (*Châteaubriand*).

79.

ÉRUPTION DU VOLCAN DE QUITO.

Heureux les peuples qui habitent des vallées et des collines que la mer a formées dans son sein, des sables que roulent ses flots, et des dépouilles de la terre ! le pasteur y conduit ses troupeaux sans alarmes : le laboureur y sème et y moissonne en paix. Mais malheur aux peuples voisins de ces montagnes sourcilleuses dont le pied n'a jamais trempé dans l'Océan , et dont la cime s'élève au-dessus des nues ! Ce sont des soupiraux que le feu souterrain s'est ouverts en brisant la voûte des fournaises profondes où sans cesse il bouillonne. Il a formé ces monts des rochers calcinés , des métaux brûlants et liquides des flots de cendres et de bitume qu'il lançait, et qui, dans leur chute, s'accumulaient aux bords de ces gouffres ouverts. Malheur aux peuples que la fertilité de ce terrain perfide attache ! Les fleurs, les fruits et les moissons couvrent l'abîme sous leurs pas. Ces germes de fécondité dont la terre est pénétrée, sont les exhalaisons du feu qui la dévore ; sa richesse, en croissant, présage sa ruine , et c'est au sein de l'abondance qu'on lui voit engloutir ses heureux possesseurs. Tel est le climat de Quito. La ville est dominée par un volcan terrible, qui, par de fréquentes secousses, en ébranle les fondements. — (*Les Incas*).

80.

SUITE.

Un jour que le peuple indien , répandu dans les campagnes ,

labourait, semait, moissonnait (car ce riche vallon présente tous
ces travaux à la fois), et que les filles du soleil, dans l'intérieur
de leur palais, étaient occupées, les unes à filer, les autres à
ourdir les précieux tissus de laine dont le pontife et le roi sont
vêtus, un bruit sourd se fait d'abord entendre dans les entrailles
du volcan. Ce bruit, semblable à celui de la mer, lorsqu'elle
conçoit les tempêtes, s'accroît, et se change bientôt en un mugissement profond. La terre tremble, le ciel gronde, de noires
vapeurs l'enveloppent, le temple et les palais chancellent et menacent de s'écrouler; la montagne s'ébranle, et sa cime entr'ouverte, vomit, avec les vents enfermés dans son sein, des flots de
bitume liquide, et des tourbillons de fumée, qui rougissent, s'enflamment, et lancent dans les airs des éclats de rochers brûlants
qu'ils ont détachés de l'abîme : superbe et terrible spectacle de
voir des rivières de feu bondir à flots étincelants, au travers
des monceaux de neige, et s'y creuser un lit vaste et profond.

Dans les murs, hors des murs, la désolation, l'épouvante, le
vertige et la terreur se répandent en un instant. Le laboureur
regarde et reste immobile. Il n'oserait entamer la terre qu'il sent
comme une mer flottante sous ses pas. Parmi les prêtres du soleil,
les uns tremblants s'élancent hors du temple ; les autres, cons-
ternés, embrassent l'autel de leur dieu. Les vierges éperdues
sortent de leurs palais, dont les toits menacent de fondre sur
leurs têtes, et courant dans leurs vastes enclos, pâles, échevelées,
elles tendent leurs mains timides vers ces murs d'où la pitié même
n'ose approcher pour les secourir. — (*Id.*)

81.

NIDS DES OISEAUX.

Une admirable Providence se fait remarquer dans les nids des
oiseaux. On ne peut contempler, sans être attendri, cette bonté
divine qui donne l'industrie aux faibles et la prévoyance à l'in-
souciant. Aussitôt que les arbres ont développé leurs feuilles,
mille ouvriers commencent leurs travaux : ceux-ci portent de
longues pailles dans le trou d'un vieux mur, ceux-là maçonnent
des bâtiments aux fenêtres d'une église ; d'autres dérobent un
crin à une cavale, ou le brin de laine que la brebis a laissé sus-
pendu à la ronce. Il y a des bûcherons qui croisent des branches
dans la cime d'un arbre, il y a des filandières qui recueillent la
soie sur un chardon. Mille palais s'élèvent, et chaque palais est
un nid. Chaque nid voit des métamorphoses charmantes : un œuf

brillant , ensuite un petit couvert de duvet. Ce nourrisson prend des plumes ; sa mère lui apprend à se soulever sur sa couche ; bientôt , il va jusqu'à se pencher sur le bord de son berceau , d'où il jette un premier coup-d'œil sur la nature. Effrayé et ravi, il se précipite parmi ses frères qui n'ont point encore vu ce spectacle ; mais , rappelé par la voix de ses parents , il sort une seconde fois de sa couche , et ce jeune roi des airs qui porte encore la couronne de l'enfance autour de sa tête , ose déjà contempler le vaste ciel , la cime ondoyante des pins et les abîmes de verdure au-dessous du chêne paternel.

82.

ANECDOTE.

Deux petits garçons d'un laboureur suisse couraient l'un après l'autre sur la neige. C'était à la fin d'octobre , et vers quatre heures du soir. Un bois de sapins assez épais était auprès de la cabane ; ils s'y engagèrent sans y songer ; et, comme ils allaient toujours en avant, la nuit tomba tout-à-fait ; ils se perdirent et ne purent regagner la maison. Ne les voyant pas revenir, le père ressent les plus vives alarmes. Il prend avec lui des voisins , et court dans la forêt à la recherche de ses enfants. On va de tous côtés ; on les appelle , mais vainement ; ils ne répondent point, on ne parvient pas à les découvrir. Enfin , on allume de longs bâtons résineux , et l'on parcourt le bois dans toutes les directions. Ce ne fut qu'après trois heures d'inquiétudes qu'on aperçut les deux petits garçons endormis dans un trou rempli de feuillage , et couchés l'un sur l'autre. L'aîné, nommé Augustin, âgé de neuf ans , s'était dépouillé de sa veste , et en avait habillé Colas , son petit frère, âgé de six ans , et vêtu d'un simple gilet. Ensuite, il s'était étendu de son mieux sur lui , à dessein de réchauffer son petit corps , et de le protéger , au péril de sa vie , contre les atteintes de la gelée.

83.

LE BOSQUET.

Reçois-moi sous les ombres de tes grands érables , ô bosquet protecteur. La tempête mugit à travers les arbres du jardin , qui ne peuvent lui opposer aucune résistance, passe en sifflant sur le parterre, et jonche impitoyablement le sol de la poussière diaprée des fleurs. Séjour de trouble et d'agitation ! ou bien, ce qui est également fâcheux, le soleil du midi darde ses rayons brûlants contre lesquels nulle ombre ne vous protège ; ou bien enfin, le vent d'ouest gronde en rasant les plaines de ses ailes humides, et pas un arbre à l'épais feuillage n'offre un abri au voyageur. Mais ici, quelle différence ! Sous cette voûte épaisse règne une nuit de verdure que nul rayon ne peut percer, qu'aucune tempête ne trouble. Pendant les ardeurs du jour, celui que la fatigue accable trouve ici de fraîches ombres et les soupirs de la brise. Si une tempête s'élève, il se promène libre de toute inquiétude sous les colonnades aériennes des arbres, et il a peu à souffrir de la violence du vent qui déchaîne sa rage sur les cimes les plus élevées.

C'est ainsi que le vrai sage chemine en paix dans l'obscurité protectrice d'une vie simple et sans prétention, qui l'arrache à l'éclat trompeur d'une fausse félicité, et le reçoit paisiblement sous son ombre quand le destin déchaîne ses tempêtes menaçantes. — (Carol. Pichler.)

84

ASPECT DE LA MER.

Pour la première fois depuis douze ans, je saluai ici la mer. Il m'est impossible de décrire ce qui se passa en moi à cette vue. Tout entier à l'impression que cet aspect produisait sur mon être, je fis involontairement, pour ainsi dire, un retour sur moi-même, et l'image de ces trois années que je passai sur l'Océan, et qui décidèrent de ma destinée entière, se réveilla dans mon âme. A l'aspect de l'immensité de la mer, le saisissement du spectateur est plus profond et plus sombre qu'à l'aspect d'un ciel étoilé. Là, sur cette scène silencieuse et immuable, étincellent des flambeaux à tout jamais inextinguibles ; ici, au contraire, rien n'est essentiellement séparé : c'est un grand tout, et les vagues ne sont que des phénomènes passagers. Elles naissent, s'amoncellent, écument et disparaissent : l'immensité les a dévorées de nouveau. Nulle part la nature n'est plus formidable qu'ici dans toute la rigueur inexorable de ses lois ; nulle part on ne sent d'une manière plus évidente que, par rapport à l'espèce, l'individu n'est qu'une vague qui, séparée du néant par un point de la personnalité, rentre de nouveau dans le néant, tandis que le tout persiste dans une immuable unité. — (G. Forster.)

85.

LA GOUTTE DE PLUIE.

Trois enfants jouaient dans une prairie diaprée , auprès d'un bosquet de hêtres ; ils furent surpris par une ondée de printemps , et se réfugièrent dans le bois. A peine le soleil a-t-il percé les nuages , qu'une lueur vive , éclatante , merveilleusement colorée , se montre dans l'obscurité du bois. « Ah ! quelle admirable lumière ! s'écria Charles. Regarde donc là-dedans ! vois , Frédéric , là-bas dans le buisson , vois ! Oh ! quel bleu incomparable ! — La lumière qui brille là-bas dans le buisson d'églantiers ?.... Je la vois bien aussi ; mais , sur mon honneur , c'est un magnifique vert doré. — Vert , bleu ! s'écria Auguste ; comme on peut se tromper cependant. La lumière merveilleuse a l'éclat pourpré du rubis : ne le voyez-vous donc pas ? » Ils approchèrent : cette lueur chatoyante n'était pas autre chose qu'une goutte de pluie éclairée par un seul rayon de lumière qui s'était glissé dans l'épais feuillage.

A une certaine distance, la vérité brille à nos yeux de couleurs diverses ; mais quand elle est plus rapprochée , nous la voyons dans sa pure lumière. — (C. Schmid)

86.

LE CHEVAL DOMPTÉ.

Voyez ce cheval ardent et impétueux, pendant que son écuyer le conduit et le dompte ; que de mouvements irréguliers ! C'est un effet de son ardeur , et son ardeur vient de sa force , mais d'une force mal réglée. Il se compose, il devient plus obéissant sous l'éperon , sous le frein , sous la main qui le manie à droite et à gauche, le pousse , le retient comme elle veut. A la fin , il est dompté ; il ne fait que ce qu'on lui demande ; il sait aller au pas, il sait courir , non plus avec cette activité qui l'épuisait , par laquelle son obéissance était encore désobéissante. Son ardeur s'est changée en force , ou plutôt, puisque cette force était en quelque façon dans cette ardeur , elle s'est réglée. Remarquez : elle n'est pas détruite , elle se règle ; il ne faut plus d'éperon , presque plus de bride ; car la bride ne fait plus l'effet de dompter l'animal fougueux ; par un petit mouvement qui n'est que l'indication de la volonté de l'écuyer , elle l'avertit plutôt qu'elle ne le force , et le paisible

animal ne fait plus , pour ainsi dire , qu'écouter ; son action est
tellement unie à celle de celui qui le mène , qu'il ne s'ensuit plus
qu'une seule et même action. — (*Bossuet.*)

87.
PORTRAIT DE L'HOMME DE BIEN.

L'homme vertueux et sage , cet homme dont l'oracle d'Apol-
lon trouve à peine le pareil entre plusieurs milliers , cet
homme , se constituant son propre juge, s'examine tout entier
et sans réserve. Indifférent aux vaines rumeurs des grands et du
peuple , il pèse toute sa vie au poids de la justice , pour que
rien de fragile ne subsiste en lui-même , et de peur que le moindre choc du doigt n'indique un vide dans son âme. Jamais il ne
permet à ses yeux de se fermer sous la douce influence du sommeil , avant d'avoir repassé dans son esprit toutes ses actions du
jour : « Quel précepte ai-je violé? Qu'ai-je fait ou que n'ai-je
pas fait à propos ? Pourquoi cette action a-t-elle manqué de dignité , et cette autre, de justice ou de raison? Pourquoi ai-je
adopté un sentiment qu'il eût été mieux de changer ? Ai-je ressenti assez de pitié pour l'indigent , accordé assez de secours à
l'homme injustement frappé du sort ? Qu'ai-je voulu qu'il eût
mieux valu ne pas vouloir ? Ai-je , en homme pervers , sacrifié
l'honnête à l'utile ? Ai-je blessé qui que ce soit du regard ou de
la bouche , et mon cœur n'a-t-il point oublié les lois de l'é-
quité ? » C'est ainsi que repassant en lui-même tout ce qu'il a
dit et fait , il blâme le mal , et donne au bien la louange et le
prix que le bien mérite.

88.
PORTRAIT DU GASTROMANE.

Cliton n'a jamais eu en toute sa vie que deux affaires, qui sont
de dîner le matin et de souper le soir , il ne semble né que pour
la digestion ; il n'a même qu'un entretien , il dit les entrées qui
ont été servies au dernier repas où il s'est trouvé ; il dit combien il y a eu de potages , et quels potages ; il place ensuite le
rôt et les entremets ; il se souvient exactement de quels plats on
a relevé le premier service ; il n'oublie pas les hors-d'œuvre, le
fruit et les assiettes ; il nomme tous les vins et toutes les liqueurs
dont il a bu ; il possède le langage des cuisines autant qu'il peut

s'étendre, et il me fait envie de manger à une bonne table où il ne soit point : il a surtout un palais sûr qui ne prend point le change, et il ne s'est jamais vu exposé à l'horrible inconvénient de manger un mauvais ragoût, ou de boire d'un vin médiocre. C'est un personnage illustre dans son genre, et qui a porté le talent de se bien nourrir jusqu'où il pouvait aller ; on ne reverra plus un homme qui mange tant et qui mange si bien : aussi est-il l'arbitre des bons morceaux, et il n'est guère permis d'avoir du goût pour ce qu'il désapprouve. Mais il n'est plus, il s'est fait du moins porter à table jusqu'au dernier soupir ; il donnait à manger le jour qu'il est mort ; quelque part où il soit, il mange ; et s'il revient au monde, c'est pour manger. — *(La Bruyère.)*

89.
L'ÉLÈVE NÉGLIGENT.

Quelle est cette chambre d'un aspect si rebutant, où l'araignée suspend ses toiles sans crainte d'être jamais troublée? Quelle est désagréable à voir ! C'est la chambre d'un écolier négligent. Si ses parents n'y font pas une inspection fréquente, la malpropreté s'y accroît tous les jours. Les effets de diverses sortes traînent sur les chaises qui, elles-mêmes, tournées dans tous les sens, encombrent le passage, ou ferment l'accès des portes et des fenêtres. Le linge, les vêtements que ce paresseux a quittés depuis longtemps, au lieu d'être mis à l'écart, sont dispersés au grand jour. Le matin que fait-il ? Négligeant les soins de la propreté la plus vulgaire, il répond aux reproches de ses parents, à cet égard, par cette ridicule excuse : « Je n'y ai pas pensé, » ou « Je n'ai pas eu le temps. » Quelque ennui que lui cause le travail, et quelle que soit sa répugnance, il est obligé de se remettre à l'étude. Mais quelle peine il a à retrouver ses cahiers ! ils sont décousus, tout tachés ; les coins en sont roulés et noircis; les couvertures arrachées ou froissées ; et ses livres qu'il a laissés traîner ou qu'il a oubliés dans quelque coin, les trouvera-t-il ? Je ne sais. En vérité, c'est pour un maître un grand plaisir d'avoir des leçons à donner à un tel élève.

90.
LE CARACTÈRE DU SOLDAT FRANÇAIS.

Pour bien apprécier le caractère du soldat français, il faut

que vous voyiez les bataillons arriver haletants, mais tout joyeux,
au bivouac, après une marche longue et pénible. Dès que les
tambours ont cessé de battre, les havre-sacs, déposés en rond
derrière les faisceaux d'armes, dessinent le terrain où la cham-
brée doit passer la nuit. On n'aperçoit de toutes parts que des
soldats qui, vêtus seulement de leurs capotes, courent aux
vivres, au bois, à l'eau, à la paille. Pendant que les baraques
s'élèvent, l'air retentit en mille endroits à la fois des coups de
hache et des cris des travailleurs. On dirait la ville d'Idoménée
bâtie par enchantement sous l'influence inaperçue de Minerve.
En attendant que la viande soit cuite, nos jeunes gens, impa-
tients de l'oisiveté, recousent les sous-pieds à la guêtre, visitent
les gibernes, nettoient et éclaircissent les fusils. La soupe est
prête, on la mange. Qu'un tonneau de bière ou un autre de vin
ait été apporté dans le camp, sur les épaules de coureurs qu'on
avait envoyés chercher de l'eau, la veillée se prolonge. Alors,
que de prouesses, que de traits de bravoure racontés avec admiration ! Que de quolibets lancés par un esprit caustique !
Quelquefois, la diane retentit, et l'aurore commence à poindre
avant que les conteurs aient fini. Cependant, on a souvent hu-
mecté le récit, et il est aisé de s'en apercevoir à la contenance
de l'auditoire ; mais l'ivresse des Français est gaie, scintillante
et téméraire ; c'est pour eux un avant-goût de la bataille et de la
victoire.

91

DE L'HYGIÈNE.

Une des sciences que doit connaître toute personne se desti-
nant à l'éducation, c'est l'hygiène : beaucoup d'instituteurs ha-
bitant la campagne se seraient trouvés dans l'embarras s'ils
avaient négligé d'étudier la propriété de certaines herbes. Il ne
faut pas administrer sans discernement les drogues qu'un médecin n'aurait pas ordonnées ; mais il est une foule de petites plantes
dont il est bien de connaître l'emploi, et le peu de connaissances
qu'on aurait acquises en ce genre, ne seraient jamais perdues.
Ainsi, quelques gouttes de laudanum employées en frictions,
apaisent les douleurs, quelles qu'elles soient ; il serait dangereux
de boire de la camomille, quand on a des dispositions à l'inflammation.

Je pourrais vous signaler d'autres plantes, mes enfants ; mais
je m'en suis abstenu, parce que l'orthographe de certains mots
aurait pu vous embarrasser.

92

UNE INSTITUTRICE A UNE DE SES ÉLÈVES.

As-tu bien compris, ma chère fille, l'importance des obligations que tu t'es imposées quand tu t'es destinée à l'enseignement? Sais-tu quel fonds de patience il te faut pour supporter et pour corriger les défauts des enfants? N'as-tu pas cédé à la considération du peu de fortune que nous a départi la Providence, plutôt qu'à toute autre pensée? Est-ce bien le dévouement à l'intérêt public qui t'a suggéré une telle résolution? N'oublie pas que tout honorable que peut être la carrière où tu t'engages, elle est toute hérissée d'écueils et semée de mille difficultés. Néanmoins, quelles que soient ces difficultés, et quelque dangereux que soient ces écueils, si tu ne t'en effraies pas, si tu trouves au fond de ton âme assez d'énergie pour préférer cette profession austère à une vie plus douce et à des délices que ton enfance avait rêvées peut-être, persévère dans ces bonnes dispositions, et sois sûre que Dieu et ta conscience te dédommageront amplement des sacrifices que tu auras faits.

93.

CELUI-LA A BESOIN DE DÉVELOPPER SES FACULTÉS INTELLECTUELLES — QUI — VEUT — INSTRUIRE LES AUTRES.

Il ne faut pas qu'on croie qu'il est facile d'instruire les autres; il ne faut pas qu'on se rie de ces hommes consciencieux qui ont regardé la position d'instituteur ou d'institutrice comme des plus délicates qui aient existé. Quelle que soit l'instruction qu'on s'est acquise, quelque diverses sciences qu'on ait étudiées, il reste beaucoup à faire. Parmi les personnes appelées à la direction d'une école, quelques-unes, irritées des défauts inhérents aux enfants ont, si je puis m'exprimer ainsi, pris ceux-ci en grippe; d'autres n'ont voulu faire aucune concession, n'ont adhéré à aucun désir des parents, et ont perdu la confiance que ceux-ci leur avaient accordée. Il faudrait qu'on s'assurât, avant d'embrasser un état, si l'on en a la vocation, et qu'on ne dît pas: Je serai instituteur, quoi qu'il arrive, parce que telle est ma volonté. De même que des états manuels exigent un apprentissage, ainsi les facultés intellectuelles ont besoin d'être développées quand on veut instruire les autres.

94.

DE QUELQUES DIFFICULTÉS ORTHOGRAPHIQUES.

Les participes ont toujours offert de si grandes difficultés aux personnes qui étudient la langue française, qu'elles se sont exercées sans relâche à connaître facilement toutes les nuances prévues, quelque difficiles qu'elles soient ; et, nous devons le dire, beaucoup de ces personnes ont réussi ; mais on en a vu qui, après s'être identifiées avec toutes les règles du participe, sont venues échouer quand il s'est agi d'orthographier certains verbes irréguliers d'un usage peu fréquent, tout français qu'ils sont ; on les a vues hésiter pour écrire les phrases suivantes : « Je requiers de toi un service, c'est que tu extraies pour moi ce volume d'histoire ; extrais-le d'une manière toute simple, mais claire ; laisse de côté des pages tout entières qui sont inutiles ; n'es-tu pas apte à juger ce qui doit être omis ou conservé ? Quels que soient le temps et la peine que cette analyse requerra de toi, elle te sera utile ; tu acquerras, en la faisant, un jugement exact ; tu t'identifieras avec nos maîtres dans l'art d'écrire. Et qu'on ne conclue pas de tout ceci que je veux faire de toi un demi-savant ; je désire simplement que tu aies du goût et un peu de ce tact littéraire qui donne du charme à la plus simple production. »

95.

RÉFLEXIONS SUR LES LETTRES DE Mᵐᵉ DE SÉVIGNÉ.

En écrivant les lettres si spirituelles que nous avons tous lues, madame de Sévigné était loin de s'imaginer que de simples causeries avec sa fille, quel qu'en pût être l'intérêt historique, deviendraient un titre à l'immortalité. Ces saillies que nous avons vues s'échapper de sa plume, devaient être fugitives, comme la pensée d'où elles émanaient ; mais quelque embarrassantes qu'aient dû être la recherche et la réunion de ces trésors épars, l'amitié et l'amour-propre en sont venus à bout. Le recueil de sa correspondance devint un modèle parfait de style épistolaire. Cette femme auteur s'est placée, dans son genre, au même rang que La Fontaine dans le sien ; mais, quelque supériorité qu'elle ait eue, elle l'a due à l'ignorance de sa célébrité future ; si elle eût pensée qu'elle écrivait en présence de la postérité, sa diction eût été dépouillée de cette spontanéité et de ce laisser-aller qui en font les principaux charmes. Néanmoins, à son insu, sa réputation littéraire s'est établie de son vivant.

96.

DESCRIPTION DE LA VIE QUE MÈNE AUX ROCHERS
MADAME DE SÉVIGNÉ.

Nous faisons une vie si réglée, qu'il n'est guère possible de se mal porter. On se lève à huit heures ; très-souvent, je vais jusqu'à neuf heures que la messe sonne, prendre la fraîcheur des bois ; après la messe, on s'habille ; on se dit bonjour ; on retourne cueillir des fleurs d'oranger ; on dîne, on lit ou l'on travaille jusqu'à cinq heures.

Depuis que nous n'avons plus mon fils, je lis pour épargner la petite poitrine de sa femme ; je la quitte à cinq heures, je m'en vais dans ces aimables allées, j'ai un laquais qui me suit ; j'ai des livres, je change de place, et je varie le tour de mes promenades ; un livre de dévotion et un livre d'histoire, on va de l'un à l'autre ; cela fait du divertissement ; un peu rêver à Dieu, à la Providence ; posséder son âme, songer à l'avenir ; enfin, sur les huit heures, j'entends une cloche, c'est le souper, je suis quelquefois un peu loin ; je retrouve la marquise dans son beau parterre, nous nous sommes une compagnie ; on soupe pendant l'entre chien et loup ; je retourne avec elle à la place Coulanges, au milieu de ces orangers ; je regarde d'un œil d'envie la *Sainte Horreur* au travers de la porte de fer que vous ne connaissez pas ; je voudrais y être ; mais il n'y a pas de raison. J'aime cette vie mille fois plus que celle de Rennes ; cette solitude n'est-elle pas bien convenable à une personne qui doit songer à soi et qui veut être chrétienne ? Enfin, ma chère bonne, il n'y a que vous que je préfère au triste et tranquille repos dont je jouis ici ; car j'avoue que j'envisage avec un trop sensible plaisir que je pourrai, si Dieu le veut, passer encore quelque temps avec vous.

97.

MADAME DE SÉVIGNÉ A SA FILLE.

Vous savez que je suis toujours un peu entêtée de mes lectures. Ceux à qui je parle ont intérêt que je lise de bons livres. Celui dont il s'agit présentement, c'est cette morale de Nicole : il y a un traité sur les moyens d'entretenir la paix entre les hommes, qui me ravit ; je n'ai jamais rien vu de plus utile, ni si plein d'esprit et de lumière : si vous ne l'avez pas lu, lisez-le ; et si vous l'avez lu, relisez-le avec une nouvelle attention : je crois que tout le monde s'y trouve ; pour moi, je suis persuadée qu'il a été

fait à mon intention ; j'espère aussi d'en profiter, j'y ferai mes
efforts. Vous savez que je ne puis souffrir que les vieilles gens
disent : « Je suis trop vieux pour me corriger ; » je pardonnerais
plutôt aux jeunes gens de dire : « Je suis trop jeune. » La jeunesse est si aimable qu'il faudrait l'adorer, si l'âme et l'esprit
étaient aussi parfaits que le corps : mais quand on n'est plus
jeune, c'est alors de se perfectionner, et tâcher de regagner, par
les bonnes qualités, ce qu'on perd du côté des agréables. Il y a
longtemps que j'ai fait ces réflexions ; et, par cette raison, je
veux tous les jours travailler à mon esprit, à mon âme, à mon
cœur, à mes sentiments. Voilà de quoi je suis pleine, et de quoi
je remplis cette lettre, n'ayant pas beaucoup d'autres sujets.

98.
MADAME DE SÉVIGNÉ AU COMTE DE BUSSY.

J'apprends, mon cher cousin, que ma nièce ne se porte pas
trop bien. C'est qu'on ne peut point être heureux en ce monde :
ce sont des compensations de la Providence, afin que tout soit
égal, et qu'au moins les plus heureux puissent comprendre, par
un peu de chagrin et de douleur, ce qu'en souffrent les autres qui
en sont accablés. Le P. Bourdaloue nous fit l'autre jour un ser-
mon contre la prudence humaine, qui fit bien voir combien elle
est soumise à l'ordre de la Providence, et qu'il n'y a que celle du
salut, que Dieu nous donne lui-même, qui soit estimable. Cela
console et fait qu'on se soumet plus doucement à sa mauvaise
fortune. La vie est courte, c'est bientôt fait ; le fleuve qui nous
entraîne est si rapide, qu'à peine pouvons-nous y paraître. Voilà
des moralités de la semaine sainte.

99.
LETTRE DE MADAME DE MAINTENON A SA NIÈCE.

Je vous aime trop, ma chère nièce, pour ne pas vous dire des
vérités ; je le dis bien aux demoiselles de Saint-Cyr ; et comment
vous négligerais-je, vous que je regarde comme ma propre fille ?
Je ne sais si c'est vous qui leur inspirez la fierté qu'elles ont,
ou si ce sont elles qui vous donnent celle qu'on admire en vous.
Quoi qu'il en soit, vous serez insupportable si vous ne devenez
humble. Le ton d'autorité que vous prenez, ne convient pas.

Vous croyez-vous un personnage important parce que vous
êtes nourrie dans une maison où le roi est tous les jours ? Le

lendemain de sa mort, ni son successeur, ni tout ce qui vous caresse, ne vous regardera, ni vous, ni Saint-Cyr. Si le roi meurt
avant que vous soyez mariée , vous épouserez un gentilhomme
de province avec peu de bien et beaucoup d'orgueil. Si, pendant
ma vie, vous épousez un seigneur, il ne vous estimera, quand
je ne serai plus, qu'autant que vous lui plairez; et vous ne lui
plairez que par la douceur, et vous n'en avez point. Je ne suis
pas prévenue contre vous, mais je vois en vous un orgueil
effroyable. Vous savez l'Évangile par cœur, et qu'importe si vous
ne vous conduisez point par ses maximes.

Songez que c'est uniquement la fortune de votre tante qui a
fait celle de votre père, et qui fera la vôtre, et moquez-vous des
respects qu'on vous rend. Vous voudriez vous élever, même au-
dessus de moi : ne vous flattez point ; je suis très-peu de chose,
et vous n'êtes rien.

Je vous parle comme à une grande fille , parce que vous en
avez l'esprit. Je consentirais de bon cœur que vous en eussiez
moins , pourvu que vous perdissiez cette présomption ridicule
devant les hommes et criminelle devant Dieu. Que je vous retrouve, à mon retour, modeste, timide, douce, docile, je vous
en aimerai davantage. Vous savez quelle peine j'ai à vous gron-
der, et quel plaisir j'ai à vous en faire.

100.

J.-B. ROUSSEAU A UN DE SES AMIS SUR LA MORT DE SON FILS.

Quelle perte, bon Dieu ! et à quelle épreuve , monsieur , la
Providence a-t-elle voulu mettre votre vertu ! c'est ainsi qu'elle se
joue des projets qui nous paraissent les plus légitimes. Vous avez
joui jusqu'à présent de tous les avantages de cette vie ; une
longue et constante prospérité, une fortune établie, une famille
digne de vous ; voilà bien des grâces que Dieu n'était pas obligé
de vous faire, et peut-être n'avez-vous pas assez songé que c'était
à lui seul que vous les deviez ; on ne lui attribue que la mauvaise
fortune, et on croit ne devoir la bonne qu'à soi-même. Il faut
pourtant tôt ou tard payer nos dettes et se mettre dans l'esprit
qu'il ne nous envoie point dans le monde pour être heureux.
Recevez votre affliction comme une expiation des fautes auxquelles nous sommes sujets en cette vie , et comme un gage du
bonheur que Dieu nous prépare dans une autre. Il vous reste
un fils ; donnez tous vos soins à en faire un aussi honnête homme

que vous ; en un mot, consolez-vous avec celui qui vous reste ; et priez pour celui que vous n'avez plus.

Vous serez peut-être surpris de recevoir de pareils conseils d'un faiseur d'épigrammes ; mais, Dieu merci, j'en ai porté la peine, et je m'estimerais malheureux si je n'en avais pas été puni.

101.

DE RACINE A SON FILS.

Monsieur de Bonrepaux, qui est arrivé, nous a donné de bons témoignages de vous. Il nous assure que vous aimez le travail, que la promenade et la lecture sont vos plus grands divertissements, et surtout la conversation de monsieur l'ambassadeur. Je n'ai osé lui demander si vous pensiez au bon Dieu. J'ai eu peur que la réponse ne fût pas telle que je l'aurais souhaité : mais enfin, je veux me flatter que, faisant votre possible pour devenir un parfait honnête homme, vous concevrez qu'on ne peut l'être sans rendre à Dieu ce qu'on lui doit. Vous connaissez la religion ; je puis même dire que vous la connaissez belle et noble comme elle est ; ainsi, il n'est pas possible que vous ne l'aimiez.

Pardonnez-moi si je vous mets souvent sur ce chapitre : vous savez combien il me tient au cœur ; et je puis vous assurer que, plus je vais en avant, plus je trouve qu'il n'y a rien de si doux que le repos de la conscience, et que de regarder Dieu comme un père qui ne nous manquera pas dans nos besoins.

102.

A ROME.

Rien ne l'égale, ô Rome, quoique tu ne sois plus guère qu'une vaste ruine : ce que tu valus, intacte et florissante, tes débris l'apprennent au monde. Le temps a renversé ton orgueil, et les palais de tes Césars gisent dans la fange des marais avec les temples de tes dieux. Il est tombé, ce colosse qui, debout, faisait trembler autrefois les peuples farouches de l'Araxe, et dont la chute les fait maintenant gémir. Elle est tombée cette ville dont on ne peut dire qu'une chose qui soit digne d'elle, c'est que Rome a été. Non, ni le long cours des âges, ni la flamme, ni le fer, ne pouvaient effacer l'éclat éternel de sa gloire. La main des hommes a édifié le colosse romain, ce colosse, si grandiose que la main des dieux n'a pu le détruire. Qu'on apporte de toutes parts de nouvelles richesses , des marbres nouveaux, et la nouvelle faveur des dieux ; que les artistes enfantent dans leurs veilles de nouveaux prodiges , et néanmoins , jamais il ne se pourra faire ni que l'œuvre récente s'élève à l'égal de ce qui survit de l'ancienne , ni même qu'une seule ruine soit dignement restaurée. De cette Rome , il reste tant encore , il en est tant tombé , que ce qui reste ne peut être égalé , ni rétabli ce qui est tombé. Si sa fortune a péri , sa renommée subsiste ; on va visiter l'ombre de ce grand cadavre , et son tombeau la rend encore sacrée à tous les regards.

103.

A UN AMI.

Non, les dieux ne me sont pas tellement contraires que je puisse ou que je doive me croire justement digne de ton oubli. Ton image est là, devant mes yeux, toujours présente , et il me semble toujours revoir en moi-même les traits de ton visage. Je me rappelle encore tout ce que nous avons fait ou dit de sérieux ensemble , tout ce que nous avons donné de temps à d'agréables bagatelles. Souvent les heures paraissaient trop rapides à nos longs entretiens ; souvent le jour s'écoulait avant que je t'eusse achevé mes confidences. Souvent un poème de fraîche date venait retentir à ton oreille, et je soumettais à ton jugement ce nouveau fruit de ma muse. Ce que tu louais, je le croyais digne aussi des éloges du public, et c'était pour moi la plus douce récompense d'un récent travail. Plus d'une fois, pour rendre meilleure l'œuvre de ton ami, ta plume savante a marqué mes vers d'une obligeante rature. Le forum nous a toujours vus ensemble, ensemble les portiques et les rues , et les trois théâtres qui se touchent. Enfin, cher ami, telle était notre mutuelle tendresse que nous semblions de nouveaux Achilles et de nouveaux Patrocles. Non, quand même tu boirais les eaux du Léthé qui verse l'oubli dans nos cœurs ; non jamais je ne croirais que ces souvenirs puissent s'effacer du tien. — (Ovide.)

104.

OVIDE EXILÉ A UN AMI.

Votre lettre m'engage à répandre le charme de l'étude sur

les ennuis de mes jours , pour ne point laisser périr mon génie
dans une honteuse oisiveté. Votre conseil , cher ami , n'est pas
facile à suivre : les vers sont enfants de la joie ; et les muses
veulent avant tout la paix de l'âme. La tempête ballotte sans
cesse la barque de ma vie, et jamais plus triste sort ne pesa sur
un mortel. Ajoutez que mon génie, rouillé par une longue inac-
tion , languit sans rien produire , et qu'il est loin de valoir ce
qu'il valait autrefois ; c'est ainsi qu'un champ, naturellement fertile , si la charrue ne renouvelle pas sa vigueur native, finit par
ne plus donner que du gazon et des épines. Le cheval qui reste
longtemps en repos, ne sait plus courir, et lancé dans la carrière,
il n'arrive au but que le dernier. De même encore la barque,
privée longtemps de ses eaux accoutumées , s'entr'ouvre , et son
bois, disjoint par mille fentes ; tombe bientôt en pourriture. Et
moi aussi, je n'espère plus , après avoir été jeune et brillant , de
pouvoir revenir à l'éclat de ma première jeunesse. Mon génie
s'est usé dans de trop longues souffrances, et il ne possède plus
qu'un faible reste de son ancienne vigueur. Souvent, néanmoins,
comme aujourd'hui même , j'ai pris mes tablettes et voulu soumettre mes paroles à la mesure des vers ; mais , ou je n'ai rien
écrit, ou je n'ai écrit , comme vous le voyez ici , que des vers
dignes du sort de leur maître , dignes des tristes lieux qu'il
habite.

105.

A PAULA , SUR LA MORT DE BLÉSILLA , SA FILLE.

Qui donnera de l'eau à ma tête, et à mes yeux une source de
larmes, et je pleurerai, non pas , comme dit Jérémie , les morts
de mon peuple, ni, comme Jésus, les malheurs de Jérusalem ;
mais je pleurerai la sainteté, la miséricorde, l'innocence, la chasteté , je pleurerai toutes les vertus ensevelies dans un même
tombeau avec Blésilla. Ce n'est pas qu'il faille donner des pleurs
à celle qui s'en est allée ; mais on ne saurait trop s'affliger de ce
que nous avons cessé de voir celle qui réunissait tant de perfec-
tions. Comment, en effet, se rappeler, sans répandre des larmes,
cette jeune femme de vingt ans , qui porta l'étendard de la foi
avec une vérité si ardente ? Comment redire sans gémissements ,
et son assiduité à la prière , et la grâce de son langage , et la
fidélité de sa mémoire, et la pénétration de son esprit ?... Mais
que fais-je là ? Je veux arrêter les larmes d'une mère , et je
pleure moi-même. J'avouerai ma faiblesse ; ce livre est écrit
tout entier avec mes larmes. Jésus , lui aussi , pleura Lazare,

parce qu'il l'aimait... Ma chère Paula, j'en atteste et Jésus que
Blésilla suit maintenant, et les saints anges, en la société desquels
elle se trouve ; je ressens les mêmes douleurs que vous ; j'étais
son père selon l'esprit, son nourricier selon la charité , et je ne
puis ne pas dire quelquefois avec Job : Périsse le jour où je suis
né !... — (St-Jérôme).

106.

HENRI VOSS A CHRISTIAN DE TRUCHSESS.

Que ta lettre m'a rendu content, cher Truchsess ! Je ne puis
te décrire les alternatives de joie et de tristesse qui avaient lieu
en moi en la lisant. Quand je suis arrivé au bout ; mes yeux
étaient pleins de larmes. Je rêvais, dans une délicieuse tranquillité, aux jours heureux passés à Stuttgard, et je sentais le bonheur
qui m'avait conduit vers toi, ô mon unique ami ! Je m'étais pro-
posé de t'écrire de temps en temps ; mais puisque tu me demandes des lettres, je me félicite de pouvoir t'écrire plus souvent.

Que la première soit encore datée de l'année écoulée ! Elle a
été bonne, et je prends congé d'elle comme d'un ami qui ne re-
viendra plus.

Tu as été malade, cher ami. Oh ! pourquoi n'étais-je pas là
pour te soigner, te veiller, te faire la lecture ! Schiller, qui me
savait excellent infirmier , aurait toujours voulu m'avoir auprès
de lui dans les longues insomnies de sa maladie mortelle. Dieu
soit loué ! tu es rétabli.

Comment te remercier de l'amour que tu témoignes à mes
parents ! Non, les remerciements seraient superflus. C'est chez
moi une foi indélébile que l'amour sans réciprocité ne saurait être
conçu, serait une chimère. L'amour est l'action et la réaction
réciproques de deux âmes montées au même diapason ; il est
éternel du moment qu'il a commencé à germer. Comme cette
croyance est consolante ! elle me garantit l'immortalité de la
meilleure partie de moi-même. Encore en ce moment , j'aime
Schiller et mon oncle Boie, comme s'ils vivaient encore au milieu
de nous. Si, du sein du royaume des esprits, cette affection n'é-
tait pas payée de retour , ou s'il n'y avait pas de royaume des
esprits après notre pélerinage terrestre ; il me faudrait cesser
d'aimer, et je sens que je ne le pourrais pas. L'amour est le lien
de l'univers. Par l'amour, les amis se voient les uns les autres
au-delà du vaste gouffre de la mort. Bien plus, l'amour rattache

les nations actuelles à celles qui ont disparu depuis bien long-temps.

Et là-dessus, reçois les souhaits et les embrassements de ton Henri Voss.

107.

UN JEUNE HOMME A SON FRÈRE AGÉ DE QUATORZE ANS.

Mon cher Charles, j'ai appris par notre cousin ta conduite envers Julie. Quoi ! notre pauvre sœur remplace ma mère malade ; elle a eu le courage de se mettre à la tête de la maison ; elle , habituée à ne penser à rien quand notre mère pouvait penser à tout, elle veille activement sur vous tous ; après avoir passé une partie de la nuit près de ma mère, elle se lève avant le jour pour penser à vous. A votre réveil, lorsque vous trouvez prêt et le repas et tout ce qui vous est nécessaire , croyez-vous que personne ne s'en soit occupé ?

Et pourtant, loin de seconder Julie au milieu de tant de soins et d'inquiétudes, tu lui résistes, tu lui parles avec humeur. Si je ne connaissais ta légèreté, je croirais que tu as un mauvais cœur. Loin de comprendre la tâche qu'elle s'est imposée par amour pour ma mère et pour vous , tu doubles sa peine ; elle est dévorée d'inquiétude et tu lui donnes un nouveau tourment. Notre mère est fatiguée de ses plaintes continuelles ; car Julie est souvent obligée d'en appeler à son autorité. Veux-tu prolonger sa maladie par ta conduite ?

Tu n'as pas réfléchi probablement à la gravité de ta faute ; je suis sûr qu'en ce moment tu en gémis. Ne t'attriste pas , mon ami, mais répare tes torts par une conduite tout opposée. Sois soumis et prévenant pour une sœur à qui tu dois tant ; dis-lui combien tu regrettes de lui avoir fait de la peine ; elle t'aura bien vite pardonné , et je reconnaîtrai alors les bons sentiments qui animent le cœur de mon petit frère.

Adieu. — (M. Sommer).

108.

UNE SŒUR A SON FRÈRE.

O mon frère ! comment te peindre toute la joie que ta lettre a causée à ta sœur ? C'est cette lettre qui m'a retirée de la tombe et

qui m'a rendue au bonheur. Les ténèbres qui m'enveloppaient, se
sont dissipées depuis que je vois luire l'espérance de retrouver ma
mère. Je pourrai donc la serrer encore dans mes bras, essuyer la
trace des pleurs qu'elle a répandus, lui dire tous les maux que j'ai
soufferts, entendre ses douleurs passées ! O mon frère ! l'univers
où j'étais s'est transformé en un autre univers, et je ne suis plus
sur une terre où l'on ne verse que des larmes. Croirai-je qu'en
effet ma mère se soit laissée fléchir, que les longues souffrances de
sa malheureuse fille l'aient attendrie ?

Elle est enfin arrivée cette mère dont j'ai si longtemps désiré
le retour. A la vue de ma mère, je suis tombée sans connaissance. J'ignore combien cet état a duré ; je n'ai même aucune
idée distincte de l'instant où les secours qu'on m'a donnés m'ont
fait revenir à moi. Enfin, j'ai reconnu ma mère, et je me sou-
viens parfaitement de son discours, parce qu'à mesure qu'elle le
prononçait, mes idées se sont éclaircies ; j'ai senti mon sang re-
prendre sa chaleur, et mon cœur, son mouvement, ô ma mère !
me suis-je écriée, je vous ai cruellement affligée ; mais le Ciel
m'en a horriblement punie !

109.

LETTRE D'UNE DAME A UNE DE SES AMIES.

Hommes et choses semblent s'être entendus pour m'empêcher de vous voir jeudi dernier ; et, quelque envie que j'en
eusse, je me suis vue forcée de remettre la partie. Le matin,
les visiteurs se sont succédé à l'envi, ce fut d'abord votre cousine
qui s'est longuement excusée de m'avoir négligée, et n'a levé le
siège qu'après plusieurs sommations ; puis, mes filleuls que j'eus
bientôt éconduits, malgré leurs gentilles câlineries ; puis mon
médecin dont les savants discours faillirent me redonner la fièvre
dont il m'a guérie. Pourtant, j'allais partir, quand tout-à-coup
le ciel se fond en eau ; pas un ruisseau guéable, pas un chétif
cabriolet à quatre roues sur la place ! Enfin, quelques éclaircies
se montrent à l'horizon ; je m'esquive, et j'arrive tout essoufflée
pour le dernier départ du bateau à vapeur ; mais l'orage qui
m'avait claquemurée dans ma chambre, n'avait pas suffisamment
grossi la rivière ; notre bateau s'arrête sur un bas-fond. A ce
contre-temps sans remède, qui couronnait le chapitre de mes
petites misères, j'ai failli pleurer, et peu s'en est fallu que je ne
me sois dépitée comme un enfant.

110.

LETTRE D'UNE DAME A UNE DE SES AMIES.

Mille remerciements, Madame, pour l'affectueuse visite que vous vous êtes plu à me faire ; je m'en suis sentie tout attendrie ; l'affection toute particulière que vous m'avez témoignée, ne m'a point trouvée ingrate ; je me suis laissée aller à une douce reconnaissance que n'auraient pu m'inspirer l'étiquette et la cérémonie, mais que j'ai ressentie, dès que j'ai vu le tendre intérêt que vous semblez m'accorder. Vous avez remplacé près de moi l'amie que j'ai eu à pleurer l'année dernière ; et quelle n'était pourtant pas la douleur que m'a inspirée sa perte ! Le peu de résignation que j'ai eu à cette époque, a beaucoup altéré ma santé ; et je me suis crue près de mourir ; je ne me suis senti rappeler à la vie que par mes enfants que j'ai vus pleurer autour de moi, et qui se sont jetés à mes pieds pour me supplier de ne pas les abandonner ; quand je les ai entendus gémir ainsi, quelque fût mon chagrin, j'ai pris une ferme résolution, et je me suis peu à peu laissée revenir à la vie.

111.

REPROCHES D'UN MAÎTRE A SON ÉLÈVE.

Aurais-je jamais dû penser, Eugène, que vous me donneriez sitôt du mécontentement, et que je verrais arriver si promptement le moment où j'aurais à me plaindre de vos sentiments, ou du moins de votre conduite ? Je me vois donc, bien malgré moi, forcé d'informer vos parents de l'étourderie dont vous donnez tous les jours de nouvelles marques, ainsi que du peu d'attention que vous avez donné pendant tout le cours de la semaine aux leçons que je vous ai prodiguées et que je n'ai cessé de mettre à votre portée par tous les moyens possibles. Quel déplaisir, quelle déception pour eux ! Certes, ils ne croyaient pas qu'un tel chagrin leur fût réservé, ni que votre maître dût se plaindre si amèrement de vous. Ils vous aiment tant ! Le peu de fortune qu'ils ont gagnée par leur travail, s'épuise pour votre éducation ; ils ne pensent qu'à vous. Que votre manière d'aimer diffère de la leur ! qu'elle ressemble à l'indifférence ! quel rapport elle a avec l'égoïsme ! quand votre père vous présenta à moi, il dut m'avertir que vous lui aviez déjà donné du mécontentement. C'est ce qu'il fit, en effet ; un enfant bon et sensé ne voudrait pas que son père renouvelât de tels reproches ; il les renouvellera cependant bientôt, puisque, quelle qu'ait été jusqu'à ce jour ma patience, elle doit enfin faire place à une juste sévérité.

112.

UN INSTITUTEUR A UN DE SES ÉLÈVES.

Quelle que soit ma tendresse pour toi, de quelque indulgence que je sois disposé à user à ton égard, je ne puis te cacher tout le mécontentement que j'ai éprouvé en voyant le peu d'énergie que tu as montré dans les diverses épreuves qui te sont survenues depuis quelque temps. J'attendais de toi une tout autre conduite. Ta mère peut-être appellerait le malheureux défaut par lequel tu te laisses dominer, un excès de sensibilité ; mais toute autre personne qu'une mère devra l'appeler d'un autre nom ; souffre donc que je lui donne une tout autre qualification, et que je dise sans ménagements que c'est de la faiblesse. Aussitôt que quelque obstacle imprévu vient t'entraver dans la route que tu avais jusqu'alors suivie avec succès, tu te dépites ; et dès que, dans les concours, tu te trouves dépassé par un de ceux que tu étais accoutumé à vaincre, tu ne mets aucune borne à l'explosion de ton chagrin, et tu pleures. Ah ! réserve-les, ces larmes, pour des sujets qui soient plus dignes de les faire couler ; combats courageusement cette malheureuse disposition qui te ferait juger défavorablement par ceux qui ne connaissent pas comme moi tout ce que ton cœur renferme de qualités précieuses. Sache te maîtriser davantage. Rends-toi digne, par un caractère plus courageux et plus ferme, du nom d'homme pour lequel tu échangeras bientôt le nom d'enfant. Je ne te répéterai pas combien d'avantages procure à l'homme, dans toute la suite de sa vie, la fermeté de caractère. Je te l'ai dit assez souvent. Me croiras-tu ? Je l'espère. Quoi qu'il en soit, en te rappelant à ta dignité d'homme, j'aurai rempli un de mes devoirs envers toi.

113.

UNE INSTITUTRICE A LA SŒUR D'UNE DE SES ÉLÈVES.

De quelque ardeur que votre jeune sœur se soit sentie animée aux approches des examens qu'elle a eu à subir, elle ne m'en a pas moins paru tout effrayée, et j'ai craint que son initiation ne

fût pour longtemps différée , quand je l'ai vue aborder les
éléments de la cosmographie. C'est que , pour l'étude du ciel ,
les livres et les maîtres suppléent difficilement à deux yeux clairvoyants ; et par malheur , la pauvre enfant étant myope , les
plus belles nuits de l'année ont été inutiles à son zèle . Elle n'a
donc pu voir que dans les planisphères ces constellations qui
donnent la mesure du temps ; son imagination fait tous les frais
du peu de connaissances qu'elle a montrées. Que de peine n'a-t-
elle pas eue à concevoir les systèmes qui se sont succédé ! Et ce
n'est pas seulement son instruction qui a souffert de ce qu'elle n'a
pu voir dans le ciel toutes les lignes que la science a dessinées ;
car ce magnifique spectacle touche le cœur ; la contemplation du
firmament ennoblit la pensée ; en face du ciel comme sur le rivage de la mer , un sentiment infini remplit l'âme et fait taire
toute mesquine présomption.

114.

LETTRE D'UNE INSTITUTRICE A UNE MÈRE DE FAMILLE.

J'ai tardé bien longtemps , madame , à vous adresser les ren-
seignements que vous m'avez demandés ; c'est que , tout habituée que je suis par un long exercice à diriger l'enfance , les
difficultés que j'ai rencontrées auprès de mademoiselle votre
fille ont dépassé tout ce que vous m'aviez fait présumer. D'a-
bord , je n'ai trouvé qu'un esprit présomptueux , irascible , rancunier , sur lequel toutes remontrances , quelque douces qu'elles
fussent, étaient impuissantes. Quelque répugnance que j'aie pour
les voies disciplinaires , quelque peu que j'en espère habituelle-
ment , je me suis vue forcée d'y recourir pour briser ce caractère
hautain et cruel ; mais j'ai trouvé de nouveaux obstacles auxquels je ne m'étais pas attendue ; aux façons acerbes et caus-
tiques , aux coups de tête , aux taquineries de toute espèce , j'ai
vu succéder une atonie décourageante , une torpeur , une insouciance qui n'opposaient plus à mon zèle que la force d'inertie.
Depuis quelques jours seulement , une lueur d'activité a brillé.
En viendrai-je à mon honneur ? Votre enfant sortira-t-elle bientôt de cette nouvelle crise , s'éveillera-t-elle au goût de l'étude ,
et pourrai-je bientôt vous mander que je l'ai vue entrer dans une
voie d'amélioration ? Je l'espère , madame , et je ne renonce
pas encore à l'œuvre que vous m'avez confiée.

115.

LETTRE D'UNE INSTITUTRICE À UNE DE SES ÉLÈVES.

Quelque ravie que je sois, ma chère enfant, des changements que votre petit voyage a produits sur votre santé, tout heureuse que je suis de savoir vos couleurs revenues, et votre embonpoint quelque peu accru ; j'ai été étonnée du peu de détails que vous m'avez donné sur votre changement de séjour, et je suppose que quelque chose dont vous ne me parlez pas, aura occupé votre esprit, naturellement pensif et observateur.

Ainsi que les objets environnants sont raccourcis ou effacés par l'éloignement, et que le peintre, pour mieux juger son œuvre, se recule à distance ; ainsi, à mesure que vous vous éloigniez de nous, tous ces petits bruits du monde pour lesquels l'assiette de votre âme était parfois dérangée, ont dû s'éteindre peu à peu.

En vous rappelant les picoteries que vous avez eu à supporter, vous aurez reconnu le peu d'attention qu'elles auraient mérité ; ces succès d'amour-propre que vous n'avez pas toujours dédaignés, vous vous serez demandé s'ils valaient ce qu'ils vous ont coûté ; et sans doute, quand vous vous rapprocherez de nous, vous ne retrouverez plus de sympathie dans votre âme que pour les travaux doux et utiles par lesquels la plupart de vos journées ont été si noblement remplies, et pour le bien petit nombre des affections vraies et sérieuses que l'absence n'aura pas amoindries.

116.

LETTRE D'UNE INSTITUTRICE À UNE DE SES ÉLÈVES.

Ma chère enfant, vous vous êtes trop souvent plainte à moi ou à vos parents des petits ennuis que vous dites avoir soufferts, pour que je ne croie pas, malgré que j'en aie, à une fâcheuse disposition d'esprit qui vous a fait prendre en mauvaise part la moindre contrariété que vous avez éprouvée. Quelque douce existence que nous nous soyons efforcés de vous faire, nous ne nous sommes pas dissimulé que vous auriez quelque peine à vivre loin de nous ; mais, nous ne nous étions pas imaginé que vous, vous croiriez sans cesse en butte à une sorte de persécution ; au contraire, nous sommes tout à fait persuadés que les personnes dont nous vous avons entourée, ne cherchent à l'envi qu'à vous être agréables. Tout inexpérimentée que vous êtes , vous n'avez pas manqué de remarquer dans les compagnes que vous avez eues jusqu'à ce jour, certains caractères antipathiques ; contre lesquels il vous a fallu faire ressource de toute la douceur, de toute la patience dont vous êtes douée. Eh bien ! que n'employez-vous ces mêmes moyens ? Pourquoi avez-vous cessé d'être confiante et résignée ? Vous vous seriez bientôt convaincue que les petits obstacles qui vous ont rebutée tant de fois, tout autre , avec un peu de patience et de courage, les eût facilement renversés. Quelques bonnes qualités que nous ayons entendu louer en vous, si vous vous êtes imaginé qu'elles devaient suffire à votre bonheur sans le courage et la résignation , vous vous êtes réellement trompée.

117.

LES INSTITUTEURS DE L'ARRONDISSEMENT DE L...
A M. D...., INSPECTEUR D'ACADÉMIE,

Monsieur l'Inspecteur d'Académie,

Depuis longtemps, vous nous aviez fait pressentir cette solennelle réunion des Instituteurs primaires de l'arrondissement chef-lieu, pour leur adresser des paroles d'encouragement. Nous attendions avec impatience cet heureux moment. Aujourd'hui , nous avons le bonheur de le saluer , et de nous presser autour de notre vénérable Supérieur. Si nous nous sommes crus un moment délaissés ; nous nous trouvons aujourd'hui abondamment dédommagés par l'accueil si cordial dont vous voulez bien nous honorer.

Permettez-nous donc , Monsieur l'Inspecteur , de laisser un libre cours à tous les sentiments dont nos cœurs sont pour vous pénétrés. Laissez-nous louer, avec le sentiment de l'admiration, ce zèle éclairé avec lequel vous présidez à l'instruction publique dans ce département , cette tendre affection que vous daignez témoigner à tous les Instituteurs sous votre dépendance. Nous sommes heureux et fiers , Monsieur l'Inspecteur , de trouver en vous, non pas un maître, mais un père, mais un protecteur bienveillant et éclairé que son profond savoir et son expérience consommée ont initié à tous les embarras et à toutes les difficultés de notre position ; nous sommes donc assurés que vous saurez toujours nous comprendre ; nous aimons à reconnaître et à publier que votre préoccupation habituelle est l'amélioration de notre sort, et qu'en nous réunissant aujourd'hui, auprès de votre personne, vous n'avez d'autre intention que de partager , et la joie de ceux qui ont obtenu quelques succès, et la désolation de ceux dont les efforts et le zèle n'ont été payés que d'ingratitude. Vous savez aussi, Monsieur l'Inspecteur, qu'un travail continuel et assidu épuise les forces, que l'insuccès décourage; c'est pourquoi, dans votre sollicitude pour vos Instituteurs, vous voulez, par la sagesse de vos conseils, relever leur courage abattu, et rendre à leur âme toute son énergie. Nous comprenons, Monsieur l'Inspecteur, cette attention toute paternelle, et nous venons vous en témoigner la reconnaissance la plus sincère et la plus vive. A ce témoignage de notre gratitude, souffrez que nous joignions l'hommage de notre respect, de notre amour et de notre dévouement sans borne. — (*Jacquiot.*)

118.

AUX ÉLÈVES DE L'ÉCOLE NORMALE DE LAON.

Élèves-Maîtres, le Conseil-général, qui apprécie les services éminents que vous êtes appelés à rendre au pays, regrette de ne pouvoir assister à cette fête de famille; il a voulu, dans sa sollicitude, y être représenté par sa Commission d'instruction publique, et que nous puissions applaudir à vos succès et vous encourager dans la carrière qui s'ouvre devant vous.

Vous allez, en effet, quitter les maîtres qui s'appliquent incessamment à aplanir les obstacles qui se présenteront sur votre route. N'oubliez pas les conseils qu'ils vous ont donnés; songez qu'entre vos mains sont placées les plus belles espérances du pays, et soyez bien convaincus de toute la gravité de la mission que vous avez à remplir. Faites pour les enfants confiés à vos soins ce que vos maîtres ont fait pour vous avec tant de zèle et de dévouement; sachez surtout inculquer dans leurs âmes le respect envers Dieu, envers la religion et l'amour du bien; rappelez-vous que si la société fut un jour en danger, c'est qu'elle oublia ces bases fondamentales de toute prospérité.

Plus heureux que les collègues qui vous ont précédés, vous débutez dans la vie par un temps calme et tranquille qui vous permettra de vous livrer à vos travaux à l'abri de toute préoccupation; mais n'oubliez pas, messieurs, que vous avez une dette de reconnaissance à acquitter; n'oubliez pas que l'Empereur seul, par sa main puissante, nous a fait ces biens. Apprenez donc à la génération nouvelle à l'entourer de ses respects et de son dévouement; qu'elle sache qu'aimer l'Empereur, c'est encore aimer la patrie, puisque c'est lui qui, suscité par la Providence, est venu la tirer de l'abîme profond vers lequel elle était fatalement précipitée.

Allez, messieurs, recevoir les couronnes qui vous sont destinées; mais, au milieu de vos joies, souvenez-vous de vos parents qui ont tout sacrifié pour votre éducation, et de vos maîtres qui avant tout se sont appliqués à faire de vous d'honnêtes citoyens.
— (M. Geoffroy de Villeneuve.)

119.

DISCOURS ADRESSÉ A SA MAJESTÉ L'EMPEREUR PAR M. LE PRÉSIDENT DU CORPS-LÉGISLATIF, A L'OCCASION DE L'HORRIBLE ATTENTAT DU 14 JANVIER 1858.

Sire,

Nous avons tenu à vous voir, afin de vous dire combien nous remercions la Providence d'avoir préservé vos jours et ceux de l'Impératrice.

Mais nous avons pensé aussi que vous nous permettriez un langage dicté par une légitime indignation et par un profond attachement à votre dynastie.

Nous ne pouvons vous le cacher, les populations que nous venons de visiter récemment s'inquiètent des effets de votre clémence, qui se mesure trop à la bonté de son cœur ; et, lorsqu'elles voient d'aussi abominables attentats se préparer au dehors, elles se demandent comment des gouvernements voisins et amis sont dans l'impuissance de détruire ces laboratoires d'assassinat, et comment les saintes lois de l'humanité peuvent s'appliquer à des bêtes féroces.

Sire, votre gouvernement qui s'est fondé sur deux principes, l'autorité et la protection des honnêtes gens, doit faire cesser à tout prix ces convulsions périodiques. Pour atteindre ce but, le concours du Corps-Législatif vous est assuré.

Vous n'êtes ainsi attaqué que parce que vous êtes la clef de voûte de l'ordre public. Aussi, nous vous supplions de ne pas suivre seulement les inspirations de votre courage, et de ne pas oublier qu'en exposant votre personne, vous exposez le repos de la France.

Sire, je suis naturellement l'organe des Députés, et par respect et par convenance, mes paroles ne sont que l'expression affaiblie de leurs sentiments.

120.

EXTRAIT DU DISCOURS ADRESSÉ, LE 31 JANVIER 1858, PAR SON EXCELLENCE MONSIEUR LE MINISTRE DE L'INSTRUCTION PUBLIQUE, AUX OUVRIERS SUIVANT LES COURS DES ASSOCIATIONS PHILOTECHNIQUE ET POLYTECHNIQUE.

Messieurs,

.... Napoléon III, brisant du pied toutes les ambitions vulgaires, sauvant la France que l'anarchie voulait asservir et souiller, est venu donner au peuple l'étreinte d'une main puissante et amie. Sacré par le suffrage universel, il a ramené le pays au sentiment des grandes choses; il l'a convié à toutes les idées de justice et de dignité nationale. Dans ses mains, le drapeau de la France a retrouvé son ancienne gloire, et le monde étonné a salué chez nos jeunes soldats la discipline et la bravoure des vieilles phalanges de la grande armée! Tant de splendeurs et de services, tant de dévouement et d'intelligence ont assuré à l'Empereur l'amour du peuple, mais ils n'ont pu conjurer ces passions sauvages qui, déshéritées de toute nationalité, comme elles devraient l'être de tout asile, se ruent sur les princes et sur les gouvernements pour assouvir je ne sais quel épouvantable besoin de meurtre et de destruction. Dieu n'a pas donné de nom à ces hontes et à ces délires de l'esprit humain, et les nations ne les désignent que par l'horreur qu'ils inspirent. Nos enfants refuseront de croire à ces lamentables récits de machines infernales semant la mort surtout un peuple assemblé, afin d'atteindre plus sûrement un noble et loyal Souverain et sa Compagne bien-aimée, que sa grâce, sa confiance et son inépuisable bonté n'ont pu protéger contre l'implacable haine des régicides. Mais qu'ils trouvent au moins dans nos annales, l'expression de notre universelle indignation. Messieurs, le peuple tout entier s'est levé pour flétrir les assassins. Il se serait levé tout entier pour écraser leurs criminels succès et pour protéger l'Enfant héritier du plus grand nom populaire des temps modernes. J'en atteste sa loyauté, son honneur et son patriotisme, et vous répéterez avec moi, ouvriers et patrons, riches et pauvres, ces paroles que la France a ratifiées : « *Mépris et malédiction à ceux qui déshonorent l'humanité!* »

Article additionnel.

————

Page 12, ligne 16, ajouter *parallèle, violoncelle.*

id., ligne 19, ajouter *asile, codicille, concile, crocodile, domicile, fossile* et quelques autres peu usités.

Page 17, ligne 11, ajouter *file, île.*

Page 20, au renvoi, ajouter *deleatur.*

Page 38, au renvoi, ajouter *astragale, châle, hâle, scandale.*

Page 46, au renvoi, ajouter *frêle, grêle.*

Les substantifs féminins en *ale* ne prennent le plus souvent qu'une *l.* Exemples : *cale, cavale, écale.*

Sont exceptés les substantifs *balle, dalle, galle* (noix de), *halle, malle, salle.*

————

ERRATA.

Page 20, ligne 8, au lieu de *pillule*, lire *pilule*.

Page 22, ligne 55, au lieu de *abondantia*, lire *abundantia*.

Page 55, ligne 9, au lieu de *la voie de salut*, lire *la voie du salut*.

Page 65, ligne 5, au lieu de *remplacées*, lire *remplacée*.

Page 76, ligne 25, au lieu de *souciions*, lire *soucions*.
id., ligne du renvoi, au lieu de *les substantifs dérivés d'un verbe en* YEN, lire *les substantifs masculins dérivés*, etc.

Page 119, ligne 2, au lieu de *tout âme*, lire *toute âme*.

Page 185, troisième colonne, au lieu de *non-pareil*, lire *nonpareil*.

Page 189, troisième colonne, au lieu de *abrupte (ex ab)*, lire *abrupto (ex, ab)*.

TABLE DES MATIÈRES.

FIN.

Laon. — Imp. A. Oyon.

www.ingramcontent.com/pod-product-compliance
Lightning Source LLC
Chambersburg PA
CBHW070757270326

41927CB00010B/2172